CC戦略の理論と実践
<small>コーポレート・コミュニケーション</small>
―環境・CSR・共生―

猪狩誠也／上野征洋／剣持 隆／清水正道 共著

同友館

はしがき

　組織体を取り巻く経営環境は，21世紀を迎える前後から急速に変わってきた。地球温暖化や格差・貧困問題，食糧危機，資源・エネルギー問題などが一斉に語られ，コミュニケーション戦略が企業価値を左右する時代を迎えている。その中で，企業や社会はどのように変化しつつあるのだろうか。広報・コミュニケーション活動にはどんな課題が待ち受けているのだろうか。明日に向けて，トップおよびスタッフの打つべき手は何か。

　本書は，前著『コーポレート・コミュニケーション戦略』（2002年）の問題意識や理論的枠組みを受け継ぎながら，この間の組織内外にわたる急速な状況変化を検討し，広報・コミュニケーション部門の担当者やトップマネジメントに必要な内容を加えて大幅に書き改めたものである。

　企業，行政，NPOなどの広報・コミュニケーション戦略の実務担当者のみならず，トップから部門長，経営企画や財務・IR，人事，環境，CSRなどの関連部門の方々，また向学心に燃える専門家や学生の皆さんにもぜひ手に取っていただきたいと願っている。

　本書の内容について簡単に紹介する。
　まず第1章では，企業を取り巻く環境変化を考察し，これからの企業に要請される社会的役割を明らかにしつつ，社会的責任の枠組みから共生社会へ向かうコミュニケーション戦略の要諦を展望する。
　戦略の鍵となる概念がコーポレート・コミュニケーション（CC）である。CCは企業の社会的責任を担保しつつ社会的適応を支援する機能であり，またステークホルダーとの双方向のコミュニケーションを促進し，組織の自己改革も支えていく活動である。
　第2章ではCCの枠組みについて解説する。これからの企業戦略の中心課題は「社会との対話」であるが，どのようにCC戦略を展開していくべきか，その方向性を提示するとともに，日本の組織コミュニケーションの特質を整理して企業変革のあり方を述べる。

第3章では，わが国における企業の社会的責任論の系譜をたどりつつ，まずそれらの基盤の上に環境経営，CSR経営が確立されたことを指摘する。次に，情報開示や対話を含む環境や社会的なコミュニケーション活動の役割や国際規格化，テーマ特有の課題，手法活用の留意点などについて提起する。

　第4章及び第5章では，グローバル化や情報化に伴う新たな課題として，従業員とのコミュニケーション，インターネットを含むメディア環境の変化，IRや危機管理に伴う広報・コミュニケーションの課題を展望する。また，社会変容とともに官民連携や市民協働など新たな枠組みによる発展の方向が模索される中で，新たな行政コミュニケーションやNPO，市民団体など非営利セクターのコミュニケーション活動を分析し，今後のあり方も展望する。

　第6章では，企業広報活動の現状や最近の変化動向を踏まえて，広報・コミュニケーション活動にマネジメント手法を導入し，経営戦略と連動しつつ現状調査から広報効果測定までの業務を効果的に行うための考え方から業務の進め方，さらには留意点まで，企業事例や様々なチェックリストを交えて整理する。

　第7章では，プラトンから現代社会学まで，古今の優れた思想や言葉と対話のエッセンスを紹介するとともに，広報・PRの歴史を概観しながら，広報・コミュニケーション活動が企業や行政・NPOなどの組織体の中で果たしてきた役割を確認する。

　理論や歴史が広報・コミュニケーションへの知識や洞察力を高め，経営戦略や企業行動に新たな発想を生むのである。そのことを，何よりも私たちが痛感していることを申し上げたい。

　執筆に当たって，私たちは，改めて企業などの組織体が自らの広報活動や多様なコミュニケーション活動を通じて，予測を超えた変化に俊敏に適応し，新たな成長・発展の方向を探り出していくための視点と方策を提案したいと考えた。

その試みが成功しているとは言えないかもしれない。筆者同士の検討もさらに必要である。とくに，前著執筆に参加した城義紀氏が2006年に逝去されたため，改めて本書の分担を見直し，彼の主張を尊重しつつ，新たな事実を取り入れて深化させるよう務めたつもりであるが，いかがであろうか。

　私たちは，今日のみならず次世代の組織に求められるCC戦略の全体像やコミュニケーション手法の探求を今後とも続けていきたいと願っている。ぜひ読後感やご意見をお寄せくだされば幸いである。

　最後に，財団法人経済広報センターと社団法人日本パブリックリレーションズ協会には，資料提供等でご協力いただいたことを付記しておきたい。また，出版事情の厳しい折に，引き続き本書の刊行を引き受け，内容や構成にも数々のアドバイスをくださった同友館・山田富男会長に心からの御礼を申し上げたい。

　　2008年7月吉日

著　者　一　同

目　　次

はしがき　*i*

第1章　企業社会の変容と広報戦略への視点 ……………………… 3

プロローグ ………………………………………………………………… 3
1．経営と情報の「新世紀」へ ………………………………………… 3
　（1）　20世紀システムへの訣別　*3*
　（2）　組織とコミュニケーションの機能　*5*
　（3）　フェアネスと大競争　*6*
2．企業と広報を変容させる「大潮流」——グローバル，情報，環境 …… 9
　（1）　グローバリゼーションと日本企業　*9*
　（2）　高度情報化とグローバリゼーション　*11*
　（3）　広報・コミュニケーション活動の変容　*12*
　（4）　電子社会の到来と広報の変容　*13*
　（5）　電子化の進展と企業広報の新たな地平　*14*
　（6）　環境問題から環境広報へ　*16*
　（7）　環境広報への視点　*18*
3．企業の社会的責任とコーポレート・ガバナンス ………………… 20
　（1）　社会的責任のレベルとテーマ　*20*
　（2）　コーポレート・ガバナンスと倫理　*23*
　（3）　アカウンタビリティが示唆するもの　*24*
　（4）　ワークライフ・バランスの時代へ　*27*

第2章　コーポレート・コミュニケーション ………………………… 31

プロローグ ………………………………………………………………… 31
　（1）　「広報」の変容　*31*
　（2）　「コーポレート・コミュニケーション」への道　*32*
1．企業と社会のコミュニケーション ………………………………… 33

（1）コーポレート・コミュニケーションの登場と定義　33
　　（2）パブリック・リレーションズとコーポレート・コミュニケーション　35
　　（3）コーポレート・コミュニケーションの基本的な枠組み　37
　　（4）「社会性」の高い企業像をめざして　39
　　（5）「コーポレート・クオリティ」の向上へ　40
　2．経営とコミュニケーション……………………………………………43
　　（1）企業組織のコミュニケーションの特性　43
　　（2）フォーマル・グループとインフォーマル・グループ　44
　　（3）重要な情報は現場にあり　45
　　（4）日本的経営とコミュニケーション　46
　　（5）CIによる企業変革　48
　　（6）企業変革と社内コミュニケーション　49
　　（7）企業変革と対外コミュニケーション　51
　　（8）コーポレート・コミュニケーション戦略の実際　52
　3．企業危機と広報・コミュニケーション……………………………55
　　（1）広報の起源は危機　55
　　（2）コミュニケーション・リスク　56

第3章　企業の社会活動とコミュニケーション……………59

　1．企業の社会的責任とCSR……………………………………………59
　　（1）企業の社会的責任とコミュニケーション　59
　　（2）CSR前史としての企業の社会的責任　60
　　（3）企業の社会的責任に関する議論　61
　　（4）反企業運動　62
　　（5）経済界の対応　63
　　（6）行政の対応　65
　　（7）企業の広報対応　65
　2．企業市民………………………………………………………………66
　　（1）企業市民として求められるもの　66
　　（2）企業の社会貢献活動　68
　　（3）メセナ活動　71
　　（4）グローバル化と環境経営の登場　72
　3．CSR経営と広報・コミュニケーション……………………………74

（1）　CSRの定義とコミュニケーション　*76*
　　（2）　CSR経営の特徴　*77*
　　（3）　CSRコミュニケーションの基盤と手法　*80*
　　（4）　CSRコミュニケーションの２つの側面　*84*
　　（5）　CSRコミュニケーションと環境コミュニケーションの規格　*86*
　　（6）　求められる対話型コミュニケーション手法の開発　*91*
　　（7）　戦略環境コミュニケーション計画　*93*

第4章　新しい時代の広報・コミュニケーション　97

1．押し寄せる変化の波　97
　　（1）　移行期の混迷　*97*
　　（2）　ボーダーレス社会　*98*
　　（3）　国際的な「共生」から「多文化共生」へ　*100*

2．組織変革とインターナル・リレーションズ　101
　　　　　──カギを握るエンプロイ・コミュニケーション──
　　（1）　あらためて重視される従業員──従業員は最重要のステークホルダー─　*101*
　　（2）　比重が高まるエンプロイ・コミュニケーション　*102*
　　（3）　エンプロイ・コミュニケーションの障害　*103*
　　（4）　多文化共生の波　*104*
　　（5）　組織変革　*106*

3．変化するメディア　109
　　（1）　メディア・リレーションズへのアプローチ　*109*
　　（2）　メディアと社会的責任　*115*
　　（3）　インターネットと広報　*119*

4．IR　125
　　（1）　IRの意義と背景　*125*
　　（2）　IR活動の歩み　*127*
　　（3）　IR活動の対象と実践　*128*
　　（4）　IRとコーポレート・ガバナンス　*134*
　　（5）　IR活動の課題　*136*

5．危機管理コミュニケーション　138
　　（1）　多様化する危機　*138*
　　（2）　危機管理マニュアルの実際──危機への対応　*141*

（3）メディア対応　*145*
　　　（4）平時の取り組み——企業行動規範・コンプライアンス・IR活動との連動　*148*
　　　（5）内部通報と危機管理　*151*

第5章　行政・NPOのコミュニケーション……………………*157*

1．行政における広報・コミュニケーション………………………*157*
　　　（1）行政広報の変容と自治体の現状　*157*
　　　（2）行政広報の原点　*159*
　　　（3）広報広聴のテーマと変容　*160*
　　　（4）IT化の急速な進展——媒体の変容　*162*
　　　（5）情報循環による広報広聴の一体化　*163*
　　　（6）地域の主体性を発揮するために——課題と方向性　*164*

2．非営利組織と広報………………………………………………*167*
　　　（1）今なぜNPOか　*167*
　　　（2）非営利組織——世界と日本　*169*
　　　（3）非営利組織の広報と広報課題——大学と病院　*172*
　　　（4）NPOの情報発信　*175*
　　　（5）CSR時代のパートナーシップ　*176*
　　　（6）非営利組織の広報課題　*180*

第6章　広報・コミュニケーションマネジメント……………*183*

1．広報活動の現状とマネジメント課題……………………………*183*
　　　（1）ダブル・ムーブメント時代とCSR　*183*
　　　（2）企業責任自主アプローチとコミュニケーション活動　*184*
　　　（3）戦略化と多様化——広報・コミュニケーション活動の現状　*185*
　　　（4）広報部門の活動領域とコーポレート・コミュニケーション　*188*
　　　（5）広報・コミュニケーション部門の将来像　*191*
　　　（6）21世紀初頭の経済社会と企業広報実務　*193*

2．広報マネジメント・プロセス……………………………………*198*
　　　（1）不確実性とリスクの拡大時代を担う　*198*
　　　（2）情報のコミュニケーション・プロセスへの変換　*199*
　　　（3）コミュニケーション・プロセスと変容性　*199*
　　　（4）広報・コミュニケーションのマネジメント　*201*

（5）コミュニケーションの自己組織化機能　*202*
　　（6）広報・コミュニケーション活動の4ステップ　*204*
　　（7）問題解決に取り組む順序　*207*
　3．現状分析の方法……………………………………………………*209*
　　（1）戦略計画立案と調査の役割　*209*
　　（2）現状分析の手法　*212*
　　（3）現状分析の3ステップ　*215*
　　（4）現状調査のためのさまざまな手法　*216*
　4．計画立案と業務設計………………………………………………*219*
　　（1）「How to Say」から「What to Do」へ　*219*
　　（2）経営戦略部門としての役割　*220*
　　（3）シャープはどのように「液晶広報」を進めたか？　*221*
　　（4）広報・コミュニケーション計画　*224*
　　（5）計画立案・実施のチェックリスト　*226*
　5．広報・コミュニケーション活動の実践……………………………*227*
　　（1）報告担当者の役割変化　*227*
　　（2）広報ツールを効果的に活用する方法　*230*
　　（3）広報・コミュニケーション活動での「誤解」　*232*
　　（4）危機管理における「知行合一」　*233*
　　（5）メッセージ作成の要件　*236*
　　（6）経営者の期待と計画への反映　*238*
　6．広報・コミュニケーション業務の評価……………………………*240*
　　（1）広報測定・評価の現状と課題　*240*
　　（2）従来型効果測定の方法とその限界　*242*
　　（3）アウトカムも測定する　*244*
　　（4）価値概念の拡大と無形資産の効果測定　*245*
　　（5）測定・評価とは，どういうことか　*247*
　　（6）広報活動の最終的成果を測定する　*249*

第7章　広報・コミュニケーションの理論と歴史……………*255*

「情報社会」変容の時代に……………………………………………*255*
　1．コミュニケーション思想の源流……………………………………*256*
　　（1）プラトンの「対話」とは　*256*

（2）アウグスチヌスとネットワーク　*257*
　（3）東洋思想の中のコミュニケーション形態　*258*
2．コミュニケーション理論の揺籃 ………………………………………*260*
　（1）マルクスとウエーバーの視点　*260*
　（2）ジンメルとタルド　*262*
3．アメリカ社会学の成果から ………………………………………………*263*
　（1）デューイとクーリィ　*263*
　（2）「相互作用」論の登場　*264*
　（3）パーソンズのAGIL図式　*266*
4．日本におけるコミュニケーション研究 …………………………………*267*
　（1）アメリカ社会学から日本の研究へ　*267*
　（2）コミュニケーション総過程論　*268*
5．広報の歴史 …………………………………………………………………*271*
　（1）ローマ時代に遡る　*271*
　（2）アメリカにおけるパブリック・リレーションズの誕生　*272*
　（3）「近代ＰＲの父」アイヴィー・リー　*273*
　（4）戦争による手法の発展　*274*
　（5）テレビの時代　*277*
6．日本における広報の歴史 …………………………………………………*279*
　（1）日露戦争で国際広報に目覚める　*279*
　（2）戦後のパブリック・リレーションズ導入　*282*
　（3）民間企業への導入　*283*
　（4）パブリック・リレーションズからピーアールへ　*285*
　（5）マス・メディアの時代　*286*
　（6）批判される企業　*287*
　（7）摩擦の時代──高まる海外広報への関心　*291*
　（8）バブル経済と空白の10年　*292*

CC戦略の理論と実践
―― 環境・CSR・共生 ――

第1章
企業社会の変容と広報戦略への視点

プロローグ

　私たちは21世紀の世界に生き，個人や組織の未来に思いを馳せている。しかし，周囲に眼を向けると地球温暖化は進行し，貧困や格差は拡大を続けている。地域社会の再生が叫ばれ，行政とNPOの連携も進みつつあるが，新たな社会像はまだ透視できていない。

　人々の多くは，企業や行政などの組織体に身を置き，その組織と個人の未来を重ね合わせて発想するが，その価値意識や組織の様態もまた多様化の一途を辿っている。

　そこで，まず，企業社会の変容を考察し，企業をとりまく課題と広報・コミュニケーション活動の視点を整理しておこう。新たな展望を見出すためのキーワードは「環境」「CSR」「共生」である。

1. 経営と情報の「新世紀」へ

（1） 20世紀システムへの訣別

　20世紀の世界は「戦争」と「経済」の100年間であった。二度にわたる世界大戦と50カ国以上にわたる民族紛争，さらにその民族間紛争を利用した大国の代理戦争。その度に，兵器や産業技術は技術革新を遂げ，経済は規模の拡大を続けた。いま，世界のシステムを支配するコンピュータ，核融合に象徴されるエネルギー技術，生命の支配をめざすゲノム解析や分子生物学……いずれも戦争を念頭に置いて開発された技術が人類を制御する道具へと進化した姿である。

これらの技術は莫大な投資と膨大な利益をいくつかの国にもたらし，その富を享受した国家は，市場においても企業の支配力を支えた。生産システムの革新，国家経済の変容は産業社会に波及し，ほぼ30年間ほどのサイクルで産業界の様相も変貌してきた。

　1900～1930年代は，自動車，航空機が発明と同時に商品化され，フォーディズム，テーラーシステムなどアメリカで生まれた大量生産方式，そして産業技術の世界化への揺籃期であった。その次の30年間は，第2次大戦，朝鮮戦争，中東戦争の陰で，兵器と産業が二人三脚で世界の支配へ乗り出した時代であった。ロケット，核兵器の技術は交通システムやエネルギー技術へ，さらに通信や民生用機器の開発・生産も長足の進歩をみせた。朝鮮戦争を契機にアメリカから技術移転を果たし，独自の創意工夫で商品開発に成功した日本経済が急速に成長をみせたのは，まさにこの時期であった。

　製鉄所の黒煙は産業成長の証しと讃えられ，労働者は滅私奉公ならぬ「社畜」への道をひたすら突き進んだ。そして日本的経営は世界から羨望の眼差しを受け，いくつかの先進国を追い抜いてGNPは世界第2位となった。

　問題は最後の30年間である。1970年代，得意の絶頂期にあった日本経済は2度のオイル・ショックを切り抜け，海外進出を果たした。経済の高度成長は企業を肥大化させ，政府も経済政策を楽観視した。まず家電が，そして自動車が世界市場を席捲するや，直ちに日本バッシングの反撃を受ける。さらに豊富な資金力で欧米の不動産まで買い漁った日本経済の繁栄は，それが「泡沫（バブル）」であったことをやがて思い知らされる。あとはここに記すまでもなく1990年代の10年は，多くの識者が「失われた10年（lost decade）」と表現し，21世紀初頭までその再生は図られることなく持ち越されてしまった。

　20世紀システムは大量生産，大量消費を実現させ，国家間，個人間の貧富の差を拡大させた。東西問題も南北格差も，国家と二人三脚の企業集団が常に富の偏在を演出してきた。1980年代以降，世界的な潮流として，この富の偏在に異議申し立てをしたのは，「地球環境問題」である。

　「地球環境問題」はグローバルな課題となり，サミットやダボス会議ではテーマのトップに「気候変動」が挙げられ，地球環境への配慮が企業行動の

あらゆる側面で求められるようになった。92年の国連環境会議（地球サミット），97年の京都会議（COP3）などがひとつの契機となって，99年には国連事務総長アナンによる「グローバル・コンパクト」の提唱，GRIによる「トリプル・ボトムライン」の提起など，世紀末の動向が，21世紀にCSR（企業の社会的責任）という新しい局面を生み出す胎動となった。

　他方，国内では，95年の阪神淡路大震災を機に，企業市民活動やボランティア，NPOなどの社会活動の機運が高まり，のちに95年は「ボランティア元年」と呼ばれることになった。これは，企業経営にも大きな意味を持つ。すなわちこれまでは重視されることのなかったNPOや市民グループがステークホルダーとしての重要性を高め，企業広報においても協働や共生がキーワードになりコミュニケーションのベクトルが多様化する契機になったからである。

（2）　組織とコミュニケーションの機能

　20世紀システムにおける成長神話，利益志向は企業組織においても多くの痕跡を残した。その典型は，談合，偽装，不正融資などに象徴される不祥事の数々である。こうした問題は，その根源に倫理や商道徳の課題が存在するのは無論だが，そこに至る組織内コミュニケーションや社内広報の問題を孕んでいる。ハイアラーキーな経営体の構造，倫理感の低い商慣行や業界内取引など，こうした経営のあり方は，そのまま日本的経営のアキレス腱にもなる。とくにバブル経済崩壊以降10余年にわたる構造不況の波は，しだいに道徳観を蝕んで，21世紀に入っても組織的な不正や事件は後を絶たない。

　何よりも致命的なのは，自省なき組織は，情報に対する感度が鈍いことである。視野狭窄に陥り，外からの異議や不祥事の発生によって初めて気づく鈍感さは，多くの破綻した企業の共通項である。すぐれた経営者は情報とコミュニケーションに対して，独自の哲学と視野を持ち，カットリップではないが，「一片の黒雲から嵐の襲来を予知する」ような情報参謀を周囲に配置する。資金も商品流通も情報化した今日，それは当然のことであり，情報とコミュニケーションが企業の命運を左右することは，多くの国家や企業で証明されている。しかし，組織も個人も，わが国では未だ黎明の域を出ない。

ヒトはコミュニケーションの動物である。判断も行動も脳裏で独自の情報処理が行われる。

組織を組織たらしめているのはコミュニケーションである。ヒトはなぜ集い，目標を共有し，行動を共にするのか。そこに情報があり，共有されるからである。

現代の組織は巨大な情報体であり，意思決定から現場の作業まで情報がコントロールしている。CSR（企業の社会的責任）も，CS（顧客満足）もES（従業員満足）も，すべて情報と行動様式によって成立している。

にもかかわらず，日本の組織では重要な情報は極力「暗黙知」，すなわち「言わずもがな」のレベルで処理されようとする。理由は明白である。重要な情報は少数による独占を図ることで組織のコントロールが可能になること。そしてもう１つは「暗黙知」の範疇に入らない人間を排除するためである。前者を「支配の論理」，後者を「ムラの論理」と呼ぶ。

かくて情報は，支配と排除の道具として有効に機能し，人間の疎外と非人間的な組織の増長を促進する。

これは社会的なコミュニケーション現象においても同様である。意思決定は極秘であるほど価値があると錯覚する経営者や行政官，情報公開を標榜する企業や官公庁が真の情報公開をしている事例はない。同様に商品購入者と取引先だけが市場であり社会であると錯覚している経営者，地図上に引かれた線で区分された範囲の住民だけが市民だとうそぶく首長，倫理も責任も含めて，その視線は本当の「社会」には届いていない。「支配」「排除」の論理はこれからもその有効性を信じる者が跡を絶たないだろう。「権力」の魅力がそれをさせるのである。

こうした事象をふまえて，情報とコミュニケーションの本来の意味と役割を企業経営の上に照射しつつ，新たなコーポレート・コミュニケーションのあり方を検討しようとするのが本書の目的である。

（3） フェアネスと大競争

われわれは，企業経営におけるコミュニケーションのあり方を視野に入れ，21世紀システムへの展望を考えるとき，2つの視点から，これを透視す

る作業を試みる。1つは,「フェアネス(公正な経営)」,もう1つは「大競争(メガ・コンペティション)」である。

「フェアネス」について考えてみよう。

フェアネスとは価値の源泉となる空間認識である。ゴーイング・コンサーンとしての企業は,その従業員から市場に至るまで多くの人々に責任を負う。すべてのステークホルダーから求められるのは,企業の適正な存続であり,利益の源泉としての組織体の有効な機能である。存続し機能し続ける基盤はこのフェアネスの上に築かれるべきである。社会や企業社会の中で,自らの位置や役割を認識するための視点,それがフェアネスである。フェアネスは,「ジャスティス(正義)」ではない。正義の審判ほど危ういものはない。為政者や国民の「正義」の名のもとに血を流した人の多さを考えれば(フランス革命,第2次大戦のように)正義の犯した不正義ほど始末の悪いものはない。

フェアネスとは,美しいことである。語源的にも用語法でも美(beautiful)とほぼ同義語であり,公正取引(fair trade)とは,貧困を救う「美しい取引」のことである。シュンペーターは『企業家とは何か』(Entrepreneur, 1928年)で,彼は,企業家の克服すべき任務として「洞察力」と「人格」を挙げている。われわれの考えるフェアネスとは,この企業家の「洞察力」と「人格」によってもたらされる価値の源泉である。

フェアネスを検討するためのフィールドを3つ措定した(図表1-1参照)。「経営」「事業・取引」「行動様式」である。これらは,企業のドメインでもあり,改革の対象分野でもある。さらに重要なことは,この分野はコーポレート・ガバナンスの領域であることだ。

次に「大競争(メガ・コンペティション)」について考えてみよう。「大競争」とは持続可能性の追求による生存戦略である。すなわち20世紀に成長を遂げた日本の多くの企業が直面している21世紀初頭の課題を示すものでもある。

「大競争」が持続可能性の視点からクローズアップされる理由は大きく2つある。1つは,日本型経営システムの崩壊であり,もう1つは企業活動の国際的流動化である。

図表1-1　「大競争」と「フェアネス」による経営課題と
コミュニケーション・テーマ

外部＼内部		フェアネス（公正な経営）		
		経営	事業・取引	行動様式
大競争（持続可能性の追求）	グローバル化（国際経営）	・グローバル・アライアンス ・国際会計基準 ・CSR	・グローバル市場戦略 ・系列外取引 ・国際SCM ・排出権取引	・文化摩擦，文化貢献 ・情報公開と公正取引 ・多文化共生
	情報革命（IT戦略）	・組織のフラット化（分社化を含む） ・IT投資，人材育成	・電子商取引の急速な展開（B to B） ・ITによる技術革新 ・流通革新	・イントラネットとES ・ワークライフ・バランス
	環境問題（社会対応）	・ISO14000，26000シリーズ ・環境会計 ・環境IR	・循環型事業ドメイン ・グリーン調達 ・SCM	・コーポレート・シチズンシップ ・途上国への支援 ・CO_2削減

　日本型経営システムについて，本間正明（大阪大学）は，系列間取引，メインバンク制，終身雇用の三種の神器によって継続されてきた「相対型信認社会の所産」，と指摘している（『新・日本型経済システム』1994年）が，さらに重要なことは，これらのシステムが官僚機構による護送船団方式によってもたらされてきたことではないか。すなわち，ここで指摘する「日本型経営システムの崩壊」とは，護送船団方式の官民一体となった経済成長の終焉を意味する。「構造改革」の必然性がここにある。むしろ，こうした従前のシステムが機能し得ないほど企業の直面している課題は急展開をみせ自己変革と課題解決が求められているといってよい。「CSR」「情報革命」「地球環境問題」などがそれである。
　「企業活動の国際的流動化」は，いうまでもなく市場の拡大に伴う生産・流通そして労働力の国際化がもたらす競争現象から派生している。大量生産・大量消費をめざす企業の基本的戦略は，排出権取引や関税の問題から人

種差別，文化摩擦，さらには国際訴訟の激増と，企業環境に大きな変化をもたらし，その対応は，一歩誤ると死命を制すとまでいわれている。

その多くの課題は，かつて日本企業が経験したことのない分野でもある。すなわち，従来の市場競争や企業間競争とは質も規模も異なる位相をみせていることがメガ・コンペティションのゆえんでもある。こうした課題は21世紀型の社会変容の中でサスティナビリティを高め，乗り越えなければならないハードルとなる。

このようなことから，「大競争」のサブテーマとして3つの課題，すなわち「グローバル化」「情報（IT）革命」「環境問題」を措定した（図表1-1参照）。

それぞれの個別テーマは，経営課題でもあり，コミュニケーション課題でもある。こうした課題をすべて解決し企業の存続を図っていくには，社会的な取り組みが必要である。そして新たな21世紀型社会システム創出への道をどう歩むべきか。それは「情報とコミュニケーション」をどう考え，どう活用していくのか，経営者と情報参謀たちへの問いでもある。

2．企業と広報を変容させる「大潮流（メガ・トレンド）」——グローバル，情報，環境

(1) グローバリゼーションと日本企業

グローバリゼーションを考えるとき，そこには多様な視点が存在する。まず，日本企業のグローバリゼーション。これは，多くの場合，日本の製造業の海外展開とともに語られてきた。次に，諸外国，とくに欧米からの圧力または要請によるグローバル化。これは市場開放，あるいは国際入札制度，そして金融市場の国際化による国際会計基準の導入などとともに進展し「グローバリズム」と呼ばれてきた。この2つの大きな位相のほかにも，技術移転，CSR（企業の社会的責任），さらには文化摩擦や人種問題，宗教問題と多様なグローバル化の課題が存在し，一部の国や組織による「反グローバリズム」の動きもある。さらに，後述する「IT化」，すなわち電子メディアの発達と情報通信のグローバル化に伴う電子商取引の急速な展開は，受発注システムの迅速化や電子決済の高度化を促す反面，電子認証の課題やコンカレ

ント・エンジニアリングの仕組みなど，新たな課題や技術開発のあり方への模索などが，新展開をみせている。

　1980年代半ば，わが国の経済学，経営学の論考の中に「日本企業の国際競争力」「世界市場における日本企業の強さ」などをテーマにした論文や著作が急速に浮上する。その多くは，日本企業，とりわけ製造業における技術水準の高さやJIT（ジャストインタイム）方式など省力化，効率化に邁進した成果や，世界市場を席捲した過程をトレースしたレポートである。

　確かに，日本企業特有の緻密な技術開発と生産システムは当時の世界市場では他を圧倒していた。とくにそれまで世界市場の覇者であったアメリカにとって，それは脅威でもあり，ジャパン・バッシングの誘因ともなりつつあった。とくに70年代に対米進出を果たしたホンダ，次いで日産，トヨタの現地生産は，当時のビッグ・スリーにとって足元を揺るがしかねない予想以上の脅威と受け止められていたようである。

　当時の日本企業のこうした強さに対し，青木昌彦らは「従来日本企業の強みとされてきたコーディネーションの柔軟性や人材育成の方法は果たしてグローバルな規模で通用するであろうか」「日本が技術的なフロンティアに到達するに至り，基礎研究の充実の必要性が叫ばれているが，日本企業は従来の研究体制や人事制度のもとで，このチャレンジに答えることができるであろうか」という2つの仮説的命題を挙げ，分析に取り組んだ（青木ほか，1989年，233頁）。

　多くの論文や報告をみる限り，こうした大きな命題に対して，日本企業の成果は，おおむね肯定的評価を受けてきた。とくに，日本企業の強さの深淵には，「企業構成員の間の非常に密度の高い情報共有，あるいは価値観の共有がある」というのが多くの専門家の指摘であり，この視点は，そのまま「企業文化論」へと通底する。

　他方，情報共有システムが日本企業の強さの源泉とするなら，グローバル化においては，それが逆に障害になる，という逆説的な課題も浮上する。すなわち，日本的経営というローカリズムがグローバルな舞台で，どこまで通用するのか，とする視点である。

(2) 高度情報化とグローバリゼーション

　グローバル化の波に乗って，80年代からわが国の大企業は，諸外国の機関投資家による参入もあって，膨大な数の外国人株主を抱えるようになっていた。90年代になると，こうした投資家の要求に沿って，情報公開や国際会計基準の導入など，企業の存在基盤にかかわる改革が相次いで導入されるや，情報活動の内容は大きく変容する。IR（インベスターリレーションズ）の急浮上である。

　まずは，株主よりもアナリストや格付機関などへの対応が重視され，これまた国境を越えて決算内容の広報や設備投資計画の発表などの様式や方法の変革が一気に加速された。本来，横並び意識の強い日本企業は，こうした新分野における広報・コミュニケーション活動に新たなノウハウを求めて，組織やスタッフの投入を強化し，1997～99年の2年間でIRの専任担当部門を新設した企業は上場企業中200社を超える。このIRブームが企業の広報・コミュニケーション戦略に新たなドメインの変容をもたらすことになる。IRは国内においては，その手法やノウハウが確立されておらず，従前は総務部，財務部の株主担当者の片手間業務として実施されてきた事例が多い。しかし，1998年以降，こうした株主対応で培ったノウハウだけではIRの全面的な展開は困難とばかりに，広報部門への移管，あるいは総務部門と広報部門の連携といった事例など，そのポジショニングをめぐって試行錯誤が繰り返された。

　もう1つ広報部門の業務を大きく変化させたのが高度情報化，すなわちインターネット普及に伴う広報業務の電子化である。1993年以降，各企業はこぞってインターネットの利用に乗り出した。アメリカのゴア副大統領が93年に発表，主導する「NII構想」の余波もあって，急速な拡大をみせる。これに先立つ1991年，（財）ニューメディア協議会がパソコンネットの本格的な調査・運営実態の把握に乗り出したが，当時は商用，個人用を含め，すべての利用者数は合計で約100万人で，全人口の1％にも満たなかった。しかし，5年後の1996年，その数は一挙に600万人に増え，98年末には，ついに1,000万人の大台へと進展する。2007年末でのインターネット利用者は「通信利用動向調査」の推計では9,000万人を超すとみられている。

この急速な普及は，多くの企業にインターネット広報の重要性を認知させ，96年頃から，続々と企業のホームページが開設された。これと同時に，従前の広報活動の主流を占めていたプレスリリースや広報誌など，いわゆる紙メディアによる情報発信の量と範囲は次第に縮小されていくことになる。この高度情報化に伴う広報・コミュニケーション戦略の変容は後述するが，インターネット広報が企業広報の手法として，グローバリゼーションの波の中で主流に躍り出た観は否めない。

（3） 広報・コミュニケーション活動の変容

ここで，グローバリゼーションが広報・コミュニケーション活動に与えた影響，あるいは活動内容の変容について簡単にまとめておくと，次のような流れと特徴をみることができる。

① グローバリゼーションの初期（1970～80年代前期）の特徴
- 市場の国際化，輸出の拡大に伴う商品広報，企業広報の海外展開
- 生産拠点の海外展開に伴う現地対応のコミュニケーション活動
- 労働力確保のための現地広報，拠点拡大のためのロビイングなど情報活動の拡大

② グローバリゼーション中期（80年代後期～90年代中期）の特徴
- バブル期の広報・実施活動の極端な肥大化とその海外展開
- バブル崩壊に伴う生産拠点の縮小と現地対応広報のシュリンク
- インターネット広報の台頭とホームページ開設ブームの到来
- 企業のM&Aや合従連衡，国際提携などに伴う広報活動のマルチ・ランゲージ化

③ グローバリゼーション後期（90年代後期～2010年頃）の特徴
- CSR（企業の社会的責任）や国際会計基準の導入に伴う海外広報，情報公開の変容
- IR，とくに格付機関や機関投資家向けの情報提供活動の活発化と国際広報，CSRをめぐる国際的議論
- 「IT」の導入に伴う「電子商取引」の急速な発展と企業広報の迅速化
- プレスリリース，広報資料などの電子化と世界同時発信の日常化

・危機管理，IR，広報などの統合の推進とメディアリレーションの変容

「グローバリゼーション」という用語は，多様な使われ方をしてきた。しかし，企業広報を語るタームとしては，おそらく2020年頃には死語と化するであろう。それは企業の広報・コミュニケーション活動の中で，国際化あるいは世界市場を意識することが，もはや非日常ではなく，日常化することを意味する。その時点で企業社会における広報・コミュニケーションのパラダイムが大きく変容を遂げることになる。

（4） 電子社会の到来と広報の変容

グローバリゼーションが急速な展開をみせた1990年代，その加速器として登場したのが「電子社会」(electronic society) の到来である。すでにこの分野に関する論述は限りなく提起されているが，ここでは経営と広報にかかわるインパクトについて考察しておこう。

「電子社会」とひと口にいっても，そこにはあまりにも多様な側面がある。インターネットに代表される仮想空間は生活者にとってヒトやモノとの接点というリアリティを持つことによって，バーチャルな大衆社会の基盤へと脱皮した。企業広報にそのインパクトが及んだのは20世紀最後の数年間であった。

1960年代に成立したわが国の大衆社会（mass society）は，大量生産・大量消費という都市化がもたらした消費文明とテレビの視聴を中心にしたメディア情報の受容をその背景に背負っていた。大衆は常に「受け手」であったのだ。それから40年も経たぬうちに，人々は，情報の受容者から発信者へ，情報の消費者から生産者へと位相を大きく変えた。マクルーハンが予言した『グーテンベルクの銀河系』は，かなりの精度で的中しつつある。

（財）経済広報センターが会員企業を対象に実施している「企業の広報活動に関する意識実態調査」によれば，1996年6月の「第6回調査」では，ホームページの開設率は36％，「検討中」と回答した企業は41％であった。この時点で，わが国の主要企業の8割近くが，インターネット広報に着手あるいは高い関心を寄せていたことをうかがい知ることができる。

3年後，1999年6月の「第7回調査」になると，「既に開設した」と回答した企業は実に95％に達し，残り5％もほとんどが「検討中」あるいは「準備中」といった意思表示をしており，わが国の主要企業においては，96～99年の3年間にインターネット広報が急展開をみせたことを示している[1]。

　しかし（財）経済広報センターの加盟企業は，そのほとんどが上場企業，あるいは一流企業と呼ばれる大企業であり，膨大な数に上る中小企業を含めて考えれば，1999年当時で全企業の50～60％前後であった。

　この「企業の広報活動に関する意識実態調査」の結果にも示されていることだが，ホームページの大半は「企業概要」「リクルート用企業情報」「新商品情報」「プレスリリース」の4種類の情報で占められており，実態は電子版の「企業概要」と「パブリシティ情報」といった側面をみせている。ホームページ上に，消費者や取引先とインタラクティブな情報交換を行っている企業は，URL開設企業全体の33％にすぎなかった。

　こうした90年代後半の実態が示唆することは，インターネットの特性である双方向性のコミュニケーションを活用している企業の少なさと，広報部門あるいは情報部門の対応力の脆弱性である。多くの場合，その担当者は「ホームページ運営の社内体制が整っていない」「複数の部署が関係するので連携や業務分担が難しい」[2]などの理由を挙げ，インターネット広報の現実的苦悩をさらけ出しているが，メディアの進展に対して社内の担当者や責任者の意識改革が追いつかなかった，というのが実情のようである。

（5）　電子化の進展と企業広報の新たな地平

　2001年初頭，政府が2000年秋に立法化した「IT基本法」に示された戦略がいよいよ実践段階に入ることによって，わが国におけるネットビジネス，あるいはインターネット利用の社会変革がかまびすしく論じられた。その背景には98～99年に，時代の寵児ともてはやされたITベンチャー企業が，2000年後半から相次いで経営失敗，あるいは急激な株価低落に見舞われ，「ネットバブルの崩壊」という言葉すら新聞紙上に躍った。しかし，こうした事態は，いずれにせよ，本格的なIT時代の到来への「産みの苦しみ」の表出であり，製造業や金融機関におけるネットビジネスへの取り組みやサー

ビス開発は大きく進展した。「ウェブ2.0」と呼ばれるこれからの高度情報社会の進展を左右するのは，個別の技術や価値の所有によるリーディング企業の独走ではなく，企業グループや業界によるネットビジネスへのビジョンの共有，あるいは情報の受発信における「価値」の再構築となろう。

世界トップクラスの「モノづくり」のインフラを持つわが国の産業社会は，それゆえに情報化に乗り遅れた中小企業を生み出し，産業構造の中にデジタル・ディバイド（情報格差）を内包させてきたともいえよう。こうした格差を解消しつつ，社の内外にわたる広報活動の中で電子情報が自在に活用されることが，企業活動全体のパラダイム変換，あるいは従業員の意識変革への近道であることを忘れてはならない。

ここで，電子化の進展に伴う企業広報の新たな時代の到来に向けて，課題とポイントを簡潔にまとめると，次のようになる。

① 広報活動のパラダイムシフトの必要性――従来の広報活動の多くは，マスメディアへの対応（パブリシティ）や記者，オピニオンリーダーとのパーソナルなリレーションシップの構築に力を注いできた。電子化の進展によって，インターネットの利活用が他の媒体との均衡や役割分担の再編成を促すことは明らかであり，電子情報の受容者，すなわちステークホルダーの変容や多様化を視野に入れた新たなスキームの確立が必要である。

② 既存メディアとの役割構成の再構築――既存の紙メディア（プレスリリース，広報誌など）と電子メディアの役割交代を意識する広報担当者はきわめて多い[3]。しかし，これは必ずしも紙メディアの消滅を予測するものではなく，広報活動におけるメディアミックス，あるいは受容者の変容を視野に入れて再構築しようとする姿勢である。情報発信において，企業がどのようなメディアを活用しようとするのか。これは，ステークホルダー層の問題でもあり，広報活動におけるコストの問題でもある。

③ 「ウェブ2.0」時代への対応――電子化の進展は，2000年以降，ブロードバンド化，モバイル化が進展し，さらに2006年以降「ウェブ2.0」時代が注目されるようになった。「生活者一人ひとりの参加によるアーキ

テクチェアとしてのウェブ」であり，生活者の声をマーケティングや商品開発に直結させる「ウェブ2.0」の活用は企業広報において極めて重要である。とくにブログ（blog）による情報流通の加速やSNS（Social Networking Service）と呼ばれるウェブ上のコミュニティ・サービスなどを活用して生活者の囲い込みやレピュテーションの向上を図るなど，新たなコミュニケーション戦略の構築が展開されている。

④　経営戦略と広報戦略のシンクロ化——電子社会の進展によるコミュニケーション活動の高速化は，従来にも増して広報活動と経営戦略の同時化，そして同期化を促すようになりつつある。緊急性を要する事件や事故への対応の迅速化は当然であるが，これまではルーティン・ワークとして，じっくり取り組まれていた消費者対応や商品広報なども，躊躇なく実行されることが求められるようになった。消費者の反応はホームページやブログを通じて瞬時にどんどん流入するようになり，多様な声への対応がますます重要性を帯びている。さらに経営への意思決定と広報活動に一刻の猶予も許されなくなったのが，M&Aや買い占めのケースである。ライブドア事件や村上ファンドの事例，さらに2008年に起こった英国ファンドによるJパワー株の大量取得など，規制緩和や資本の国際化による経営課題の複雑化は，広報活動の態様にも大きな影響をもたらしていると言えよう。言うまでもなく，こうした経営課題は危機管理の問題でもある。電子化によるネットワークが急速に拡大するにつれ，リスク・コミュニケーションもまた広い視野と緊急対応が要請されることになった。

以上，電子化の進展に伴う企業広報の変容をいくつかの視点から考察したが，社会全体の構造や生活者の意識変化が電子メディアの普及によって急速な変化を遂げつつある中，企業の情報参謀ともいうべき広報部門の役割と意識の覚醒が，ますます求められていくことになろう。

（6）　環境問題から環境広報へ

1974年に日経連が提起した「企業と地域社会についての行動指針」の中には，「地域社会との対話」に続いて「クリーンな環境づくり」が明記されて

いる。こうした環境問題への企業姿勢のシフトは，当時は，地域社会の中に企業の存在意識を確立することが前面に押し出されており，必ずしも今日のような，「地球市民」的見地から言及されたものではない。しかし，高度経済成長の果実の甘さに酔っていた産業社会に対して，一定の警鐘の役割を果たし，こうした見解を基軸に，産業廃棄物や緑化保全に対する企業の取り組みが促進されていった。

1989年1月，米誌『TIME』が，それまでの"Man of the Year"に代えて"Planet of the Year"として病める地球を登場させた。そして，その2カ月後，アラスカ沖で「バルディーズ号」が座礁した時，わが国の政府や企業関係者の中には「戦慄が走った」と語った人も少なくなかった。しかし，その緊張感も長続きはしなかった。

その後，環境問題をめぐる論議は，緑の保全，大気汚染，産業廃棄物，消費生活におけるゴミなど，多様な広がりをみせてはいるものの，その根幹にある近代文明の，あるいは産業社会の病理にはあいも変わらず深く言及されず，変革も中途半端のままである。

すでに1970年代には，今日の社会病理に対する数多くの提言や行動が展開されていたにもかかわらず，「近代化」の論理はそのままであった。すなわち，大量生産・大量消費は，そのまま，地球資源の大量消滅であり，自然の生物資源や鉱物資源には限界があることは誰もが知っている。にもかかわらず，目先の市場競争や開発促進を行動原理にしてきた産業社会は，21世紀に，大きな付けを残したままである。

私たちは，可処分所得の増大や「豊かさ」という幻想と引き替えに，自らの子孫や地球の未来に大いなる「貧しさ」を残そうとしているのである。

1987年，ノルウェーのブルントラント女史を議長とするWCED（環境と開発のための世界委員会）が，「持続可能な開発（Sustainable Development）」というキーワードを打ち出し，さらに92年のリオ・サミット（国連環境開発会議）において，この言葉は国際社会の常用語として定着した。

この言葉の示す意味を，ブルントラントはこう述べている。「われわれは天然資源を祖先から引き継いでいるのではない。子孫の世代から借りているのだ。」

すべては，この説明に凝縮されている。天然資源の枯渇，地球温暖化，大気汚染など，あらゆる環境問題の害を被るのは，子どもや孫の世代である。企業の戦略はどうか。「われわれは，子孫に借りをつくりながら製品をつくり続け，消費を促進しているのではないか」すなわち「未来への責任」が問われているのである。こうした思いの中から90年代に生まれてきたのは「環境マーケテイング」「グリーン・マーケテイング」などの言葉である。これは21世紀の商品や企業のコミュニケーション活動を大きく変容させる可能性を秘めている。

（7） 環境広報への視点

環境広報は1990年代から企業広報の多様な展開の中で急速に浮上してきた大きなテーマである。とくに90年代後半以降，ISO14000シリーズの取得を告知する広告や広報活動，さらにCSR活動や社員の環境ボランティアへの参加などが広報素材として増加した。こうした動向をふまえて，環境問題のポイントを整理してみると次のようになる。

① 環境広報は理念のコミュニケーション活動である――環境にかかわるコミュニケーション活動が地球環境への取り組み，あるいは「未来への責任」として展開される以上，企業理念や経営方針に，その思想や哲学が明示され，組織を挙げてそれを遵守していく決意が必要である。キヤノンはその企業理念に，NECやトヨタは企業行動憲章などにそれを明示し，全従業員への周知徹底を行っている。その意味で，環境問題への対応は企業の将来や経営を左右する可能性すらある。

② 戦略的な思考と行動が必要である――単なる一過性の手法として，あるいは企業批判の回避手段などのレベルでは環境広報は成功しない。原材料～生産～販売～回収といった企業活動の総体とかかわってくるため，全社を挙げての戦略的取り組みと，中・長期的な見通し，展望に基づくコミュニケーション活動の展開が不可欠である。

③ リーダシップなき環境広報は失敗する――前述の①とも連動するが，組織を挙げて取り組まなければ実効性が薄いのが環境問題への取り組みである。CEOのリーダシップはもとより，各事業部門のトップが率先

して取り組むという「競争と協調」がなくては成功はおぼつかない。製造部門だけがリサイクルに取り組んでも購買や販売部門が連動し情報を共有しなければ意義も薄れる。社内の部門間ネットワーク，そして取引先とのネットワークなど，広汎な協力体制を構築し，情報発信を円滑に行うためにも，リーダシップが不可欠なのである。

④　CSRを担う総合戦略として――京都議定書が採択された1997年のCOP 3以降，「サスティナビリティ（sustainability）」は企業の環境コミュニケーション活動においてもキーワードになった。サスティナビリティは，企業活動のトータルプロセス，すなわち資源の調達，生産，流通，販売に至るすべての過程にかかわる課題であり，リサイクルやリユースまで含めると，その総過程はさらに拡大してゆく。これは，企業の社会的責任（CSR）もまた，その範囲が拡大していることを示唆している。2005年に政府が京都議定書の発効を受けて，その目標達成計画を閣議決定するや，環境省を中心に「チーム・マイナス6％」キャンペーンが始まり，産業界は，これに全面的な協力をした。数多くの企業が活動メンバーに登録し，自社の得意分野，すなわち植樹やリサイクル，さらにクールビズなどの活動テーマでキャンペーンに参加した。環境省の発表によると2007年10月までその参加企業・団体は15,188社に上り，すべての業種にまたがっており，活動参加人員は約165万人と報告されている[4]。その主要な活動はそれぞれ企業の「環境報告書」「CSRレポート」の形で報告書やホームページによって公開されているが，ほとんどの企業が，「環境コミュニケーションはCSR活動の主要分野である」という認識を示している。

　すなわち「環境広報」は，すでに「CSR活動そのもの」と認識されており，その活動自体が「企業のサスティナビリティ」に直結するテーマである。企業の未来像を示唆するものとして，これからのコーポレート・コミュニケーション活動をリードするテーマとなったのである。

　なお，「環境コミュニケーション」の活動内容については，第3章で詳述する。

3．企業の社会的責任とコーポレート・ガバナンス

（1） 社会的責任のレベルとテーマ

　企業行動には，環境問題に象徴されるようなグローバルな視点からの取り組みを含め高い倫理性や社会的責任の遂行が求められている。2002年以降，グローバル・コンパクトやGRIガイドラインの影響でCSR（企業の社会的責任）が急速にクローズアップされ，経営戦略の主要課題となった。

　企業の社会的責任や透明性の高い企業経営もまた，企業広報にとって大きなテーマである。

　ここで，さまざまな背景から導き出される企業の社会的責任の考え方とレベルを今日的視点から簡単に整理しておくと図表1‐2のようになる。

　まず強調しておきたいのは，「社会的責任」の根底において考えなければならないのは「企業文化」，すなわち組織の特性や従業員の行動様式によって形成される組織風土の問題である。原材料や労働力の確保から生産，流通，販売といった一連の事業活動を通じて，従業員の個々人や組織の行動様式の中に，常に「社会との共存」が意識されているかどうか，すなわち，基本的責任である「遵法責任」や「経済的責任」に加え，企業の価値観として「社会との共存責任」が確立されているかどうかが，きわめて重要である。

　この根幹がなければ，企業がどのように広告や広報活動で「環境保護」や「資源の保全」を訴えても，それは単なる戦術としかみなされないであろう。なぜならば，企業の社会的な評価や価値というものは，すべからく「企業の存在意義」に帰趨されるべきものであるからだ。その意味で企業の社会的責任とは，「企業の存在そのもの」を問う課題である。このことを，まず第1の認識としたい。

　次に，その実体化においては，企業内部のコミュニケーション活動を重視しなければならない。すなわち，社会的責任が企業存在の問題である以上，いかにして組織の中に新しい「共生」の視点や価値観を確立させていくかがポイントになってくる。

　「社会的責任（CSR）」の推進を単に企業の対外的なコミュニケーション

図表1-2　社会的責任のテーマと対象

対象 （ステークホルダー）	基本的責任 （ガバナンスの基本要件）		社会的責任 （CSRの展開）	
レベル	I．遵法責任（コンプライアンス）	II．経済的責任（企業本来の役割）	III．社会との共存責任（企業としての市民性）	IV．社会貢献（社会の役に立つ）
1．株主　など	商法など	適正かつ安定的な配当の維持	IR活動による説明責任	株主のCSR参加
2．従業員・グループ社員　など	労働三法 男女雇用機会均等法	従業員と家族の生活水準の向上促進	市民性の高い従業員の育成 ワークライフ・バランスの保全	ボランティア，ソーシャルサービス制度による貢献（マッチング・ギフトなど）
3．消費者・取引先など	消費者保護基本法 独占禁止法など	良質・安価な財とサービスの提供 公正な競争・取引 透明性の高い経営 サプライ・チェーン・マネジメント	消費者とともに社会貢献する理念や行動（コーズリレイティッド・マーケティングなど）	
4．地域社会・NPOなど	公害対策基本法 大気汚染防止法など	納税・雇用・調達による地域経済への寄与	公害・事故を起こさない 市民との連携を図る 産業廃棄物の保全	地域社会の活動や環境保全への貢献 経営資源の無償提供
5．一般社会・国家行政機関　など	憲法 民法	成長・納税・雇用による国民経済への寄与	資源の有効利用をする（リサイクル活動など） 市民社会を乱さない	文化・教育・福祉などへの貢献（メセナ・フィランソロピーなど）
6．国際社会・NGOなど	相手国の関連法律 国際条約	フェア・トレード 企業活動を通して経済開発に寄与する 雇用・調達による現地経済への寄与	現地慣行の尊重 地球環境の保全活動 多文化共生（外国人労働者） 人権の尊重	新しい国際社会の形成に貢献 貧困，災害，疫病などへの対応 地球資源の保全

出典：上野征洋（2002）を一部修正

課題として考えるのは早計であり，まず企業内のコミュニケーションテーマとして発想されなければならない。「認識の共有」が取り組みの前提となる。

一例を挙げれば，現在，数多くの企業で再生紙の利用が促進されており，名刺や封筒にそれを明記している事例も少なくない。しかし，そうした事実をもとに，それにかかわるコストや意義が社内的に共通理解されている企業は意外に少ない。古い事例だが，1974年に，当時の環境庁が打ち出した，自動車メーカーに対する厳しい排ガス規制の措置が，技術開発に拍車をかけ，日本の自動車産業を世界をリードする立場に押し上げた事実などもあまり理解されてこなかった。当時は2輪車が中心だったホンダが世界有数の自動車会社に成長したのも，厳しい環境規制に対して「これはチャンスだ」と叫んでCVCCエンジンの開発に結実させた本田宗一郎の考え方に負うところが大きい。

すなわち，一見，企業や産業社会に対して悲観的，かつマイナス要因になるような環境問題など「社会との共存責任」への対応は，企業や企業人の知恵や技術をさらに啓発する重要な契機になりうる。それを多くの従業員が共有し「市民」としての意識や行動をしているかどうかが，企業の未来を左右するのである。それを行うのが社内コミュニケーションの課題である。そのためには，まず企業内での意識や行動の活性化が不可欠であろう。この表で示したいくつかの考え方の中で，企業コミュニケーション戦略の上でユニークな手法と思われる考え方や方策についてみておこう。

具体的な事例のひとつは"Cause-related Marketing"である。これは適切な和訳がないため「キャンペーン型マーケティング」とか「慈善型マーケティング」などと呼ばれている。すなわち，消費者の消費額の一定の割合を拠出して環境保全や社会貢献に役立てていこうとする方策で，かつてアメリカン・エキスプレス社が「自由の女神の修復基金キャンペーン」を展開して知られるようになった。

わが国では，90年代初頭に「緑の地球防衛基金」とダイエーファイナンスが協力して実施された「OMCエコロジーカード」がその典型といえよう。これはクレジットカードが商品の購入に使用されるたびに，その0.5％がエコロジー基金として蓄積され，環境保護団体へ寄付される仕組みである。

一方，環境美化運動や地域社会への協力活動では，ボランティアやソーシャルサービス制度が活用されている。

工場や事業所の立地する地域におけるボランティアの清掃活動や，CO_2削減のため自動車の利用を自粛する活動などがその事例だが，これは，従業員（ヒト）という経営資源を事業活動以外の行動様式などで積極的に社会化していこうとする試みである。コーズリレイティッド・マーケティングにせよ，ボランティアやソーシャルサービス制度，メセナなど，いずれも手法は異なるものの，企業が自らのCSR活動の方針や経営資源のあり方とを総合的に判断して，自社に合った，効果的な方策がとられなければならない。また，CSR活動の推進において広報部門は情報の受発信によって活動をリードする役割を果たすべきで，「CSRレポート」や「環境報告書」の作成に終始するべきでないことはいうまでもない。

（2）コーポレート・ガバナンスと倫理

企業の不祥事や経営者の不道徳を糾弾，あるいは慨嘆する報道は数多い。しかし，多くの場合，指弾された経営者当人の意識は，こうした論調の指摘とはかけ離れ，「なぜ，私だけが指弾されるのか」「私は何も悪いことをしていない」と申し開きをしては，事後処理を遅滞させているのが現実である。

しかし，わが国のマスメディアの得意とするところは，こうした経営者個人の糾弾であって，メディアが組織の構造的な欠陥や無意識に行われる不法行為を生み出す風土，そして企業文化に踏み込んで，問題提起することは少ない。メディアもまた同根の病に侵されているか，自らの病に気づいていないからであろう。その指摘が分析的であれ，皮相的であれ，企業と組織の倫理を照射するには確たる視座が欠けているのが現状である。研究者においても同様である。コーポレート・ガバナンス論，企業文化論から国際比較，さらには機能論まで援用して「企業倫理」を問うアプローチがみられるが，いずれも我田引水か体験に基づく経験的分析に終わっている例が多くみられる。

さて，コーポレート・ガバナンス論における最もオーソドックスな指摘の1つとして，「コーポレート・ガバナンスにおいて検討されるべき基準にな

るのは，企業経営の①効率性，②適法性，③倫理性である。(中略) 倫理性とは，法律の規定や市場のルールを超えて，社会や地球環境の要請に応えているかどうかを問題にする」(本間，1994年) という論がある。この論理においては，「倫理」は，法規制や社会的ルールよりも明らかに上位概念として捉えられている。しかし，問題は「社会や地球環境の要請」の中味であろう。

「コーポレート・ガバナンスとは，こうした戦略性，透明性，社会性，革新性によって自浄能力と競争能力を体現した『健全で強い企業』をつくるための制度的な枠組みである」(寺本，1997年) と定義する寺本義也は，コーポレート・ガバナンスの「基準」と「主体」を問題にする。さらに，さきの本間の所論を引用しつつ「一見すると適法性，効率性，倫理性という基準は，それぞれ組織，市場，社会によるガバナンスに対応しているように見える。すなわち組織は適法性を問題とし，市場は効率性を，社会は倫理性を主として取り扱う見方である」と整理した上で，組織，市場，社会，という3つの主体が適法性，効率性，倫理性の基準とそれぞれに相互関連を持つ「重層的・複合的なガバナンス」を実現すべきと提唱する。しかし，これでは，この論考の前段で力強く論じられた「主体」の問題が混沌としてしまう。そもそも，社会や市場という曖昧な存在が主体たりうるのか，また，そのような主体が自ら適法性や倫理性を問う営みを展開しうるのか，いささか牽強付会な印象は拭えない。市場や社会において優先されるテーマや基準は「効率性」であり，次いで「適法性」であろう。「倫理性」はこれらを超える存在と位置づけられている以上，ここでは倫理性が空洞化してしまうのである。

すなわち，問題となるのは「主体」の措定である。誰が，誰に向かって働きかけることで，企業や組織が保全されるのか，そしてその保全のために，主体は客体に向かって何を問いかけ，どう語るのか，という基本的視座が不明確のままでは，企業や組織の倫理性は「見えない次元」にとどまったままになってしまうだろう。

(3) アカウンタビリティが示唆するもの

コーポレート・ガバナンス論では，倫理性のほか，透明性や適法性が多様

なレベルで混在したまま，ガバナンスすなわち統治への奉仕，あるいは統治の道具として論及されることが多い。他方，同じ透明性や倫理性を問う視点としてクローズアップされているアカウンタビリティ論においては，遵法責任が1つの尺度として用いられることが多く，とくに，近年のアカウンタビリティ論が，行政における情報公開や談合事件などによって触発された経緯もあって，その視野はやや狭い。今日的な行政用語としての「説明責任」論は，サッチャーから路線を継いだ英国のメージャー首相が，エージェンシー制度の導入など一連の行政改革施策の中で，市民社会の行政に対する満足度を測る尺度を作成するために導入した「情報提供と事前評価の仕組み」づくりに，その原型をみることができる。すなわち，大量で複雑な行政サービスを市民に理解させるには，施策にかかわる膨大な情報を事前に公開し，その批判に耐える説明責任を果たすことで，市民の満足度評価を高めようと試みた一連の行政改革における施策の影響である。

　欧米におけるアカウンタビリティをめぐる論議とわが国の行政や企業におけるアカウンタビリティには若干の差異があり，論考によっては違和感を覚えることも少なくない。それは，責任能力を示すresponsibleという語と，accountableという語の用いられ方が，しばしば混同されていることに起因しているように思われる。

　この2つの語には共通して「責任を果たす」という訳語が付与されているが，そのニュアンスの違いを明記している辞書は少なく，逆に同義語扱いをしているケースの方が多い。しかし，このaccountという言葉は，しばしば聖書に登場する語であり，また，意味の微妙なニュアンスの違いにおいては，responseのほか，attribute（帰因せしめる），interpret（解説しうる）などの語とも隣接している。

　「説明責任」を意味するaccountableの原義は，神に対する自らの行いを説明する「申し開き」という意味が本来であり，アングロサクソン社会におけるアカウンタビリティとは，主に神に対して行われ（ということは，自分自身の心の中へ向かって……）たものであり，単なる過程や結果に対する「説明」とは少し異なるものがある。それは「初めに言葉ありき」が示唆するコトバの重さを背負う教義の徒にとって，「神と自己との対決」の場に通

じるものを感じさせる。気軽に使う「説明」とはニュアンスが異なることは確かであろう。

　ひるがえって，responsibleという語に少し分け入ってみると，こちらは，「職務を果たす責任」「遂行責任」であり，語源となるラテン語であるresponsusもまた，「回答」「履行」などの意味であることが如実にそれを物語っている。

　こうした背景の考察からわかることは，responsibilityは職務の「執行責任」や「成果責任」を問うもので，これは「終わり良ければすべて良し」とする考え方に通じる。他方，accountabilityは，「行い」に対する「申し開き」が求められるもので，ここで問われる「行い」とは，職務の遂行の過程や個々の処理について，十分な説明が行われなければならないことを示している。聖書を思考や行動の拠り所としている民族にとっては，日々の行い，1つひとつをきちんと説明づけることなしには，心の安寧は得られないのである。「八百万の神」という，しごくご都合主義的な神を戴く農耕民族の伝統に生きるわれわれからみると，accountabilityとは慮外の厳しさを感じさせるものである。

　こうして考えてみると，わが国の行政や企業に定着しつつあるアカウンタビリティは，その定義においても，キリスト教徒のそれと比較してゆるやかなものであると感じざるを得ない。行政学の専門家によるいくつかの定義は，「行政活動の合法性，正当性，効率性，合理性について報告，説明ないしは弁明しなければならない」（阿部，1999年；森田，1998年ほか）という記述にみられるように，アカウンタビリティを報告，説明，弁明というガイドラインで説明しており，必ずしもその主体（ここでは自治体，行政の執行責任者らが措定されている）が，その存在をかけて「申し開き」をするような形にはなっていない。せいぜい百年余にわたって，わが国の行政慣行であった「民は依らしむべし，知らしむべからず」では，もはや立ち行かないことを共通認識とするレベルである。キリスト教徒が「自己」という個を位置づける場所には，集団や組織を位置づけるのが，わが国の行政機構や企業組織の常套手段であり，倫理性や透明性を問う概念やガイドラインもまた責任は曖昧なまま推移しているのである。

（4） ワークライフ・バランスの時代へ

　80年代までの世界でわが国をGDP世界2位，そして最大のODA大国に押し上げたのは，企業がもたらした経済力にほかならない。政治が三流でも大国になれることを証明した唯一の国であり，官僚制度によるグランドデザインと日本的経営による富の再生産・再分配方式がその原動力となってきた。しかし，90年代以降，その原動力にも陰りや衰えが出た。

　グランドデザインにおいては，半世紀にわたって追っていたアメリカというモデルが魅力を失い，富の再生産・再分配方式においては，経営者，労働者の双方から異議申し立てが相次いだ。

　いずれも産業社会をとりまく地球規模の環境変化がその根底にあるが，肥大化した多くの企業は，市場観の再建築と従業員のモラールダウンに直面した。すなわち世界市場の制覇に乗り出した日本の企業システムは，異文化の市場やシステムによるカウンターパワーに対処しきれず，本来はドメスティックな課題をグローバルな視点で再検討する羽目に陥っており，従来の日本型経営を支えた「年功序列」「企業内組合」「終身雇用」の三本柱が，ネットワークが主流となる21世紀の企業経営では有効に機能しえないことを思い知らされたのである。

　このような変化が，強固な組織力を誇った日本型経営を痛撃することで，日本の企業は，従来の市場優位性，差別化の志向から市民主義経営，最適化志向へと転換が図られた。

　新しい潮流の代表的な事例が「ワークライフ・バランス」である。この概念が産業界で注目され，経済団体やシンクタンクによる研究を経て内閣府でも検討されるようになったのは2004年以降である。

　ワークライフ・バランスにはさまざまな定義や解説があるが，内閣府による定義を借りれば次のようになる。

　「老若男女誰もが，仕事，家庭生活，地域生活，個人の自己啓発などさまざまな分野において自らが希望する活動ができる状態」（内閣府「仕事と生活の調和（ワークライフ・バランス）憲章」2007年より）。

　この定義はかなり広い視野で捉えているが簡潔に言えば「サラリーマンの働き方と生き方」である。なぜ，このようなテーマがクローズアップされて

きたのか。それは，バブル経済の崩壊以降，「失われた10年」や「格差社会」と形容される時代の中で，精神を病んだり，事故や不祥事を起こす労働者やサラリーマンが増加していったこと，IT化の進展でビジネスのスピード化が加速し，過剰なストレスが加わったことなど，いくつかの社会的要因が挙げられている。内閣府の『国民生活選好度調査』（2007年）においても，アンケートに回答した社員の約3分の2が「この5年間で仕事上の責任や負担が増加した」の項目を肯定している。とくにサービス産業やテクノストレスなどの影響を懸念する専門家もいる。要は健全な人々を蝕む労働環境を「ゆとりある，充実した人生」につながるワークスタイルや職場のあり方へ転換することが求められたことに他ならない。企業側がめざすのは「労働生産性の向上」である。

　この「ワークライフ・バランス」がコーポレート・コミュニケーションのテーマとして注目されるようになったのはCSR活動への取り組みと軌を一にする。先掲の「企業の社会的責任のテーマと対象（図表1-2）」でもふれたように，これは最重要のステークホルダーとも言える従業員へ働きかける大きな課題であり，リクルート活動や福利厚生とも連関する「人的資源の保全」のことである。

　人的資源の保全は，単なる労働生産性の向上にとどまらず，優れた人材の確保や業務改善を通じて企業文化の変革に結実させるのが望ましい。対外的なコミュニケーション活動によるCSR活動の社会化と，組織内コミュニケーション活動による企業風土改善，この2つの課題を両輪にして，コーポレート・コミュニケーション戦略を確立してゆくことが，これからの経営で最も重視されるべき方向性であろう。

　本章では，わが国の企業社会が未曾有の繁栄から構造的破綻への道を歩んだ変容を検証し，再び蘇生するための視点を提案した。持続可能性を前提とするグローバリゼーション，高度情報化，環境問題はいずれも企業社会を包摂するマクロな課題であり，それに伴う価値意識や倫理観を企業の社会的責任（CSR）とコーポレート・ガバナンスの視点から考察した。これらはいずれも企業が社会や市場とのコミュニケーション活動の前提となる社会的枠

組みの変化であり，企業社会のパラダイムの変容は，そのまま企業広報やコミュニケーション戦略の変化を導き出す。果たして，その論理と行動は何をめざすのか。私たちは転換期の行方を注視しなければならない。

(注)
1) 調査結果に関するデータは，いずれも「企業の広報活動に関する意識実態調査報告書」(財)経済広報センター，1996年版，1999年版による。
2) いずれも(財)経済広報センター，前掲調査報告書，1999年版より。
3) (財)経済広報センター，前掲調査報告書。1999年版によると，電子メディアを「非常に重要」と回答したのは33％，しかし「将来は電子メディアが主流」との回答は実に68％に上っている。
4) 環境省「チーム-6％」国民運動報告書，2007年より。

(参考文献)
青木昌彦編『日本企業グローバル化の研究』PHP研究所，1989年。
猪狩誠也・上野征洋・剣持隆・清水正道・城義紀『コーポレート・コミュニケーション戦略』同友館，2002年。
上野征洋「広報とCSRの戦略化に向けて」，『経済広報』No.333，(財)経済広報センター，2007年5月。
寺本義也『日本企業のコーポレイトガバナンス』生産性出版，1997年。
本間正明『新・日本型経済システム』TBSブリタニカ，1994年。

第2章

コーポレート・コミュニケーション

プロローグ

(1)「広報」の変容

　20世紀は「戦争と経済」の時代であったが，皮肉なことに，わが国に「広報」の概念が導入された契機も「戦争」であった。1945年の敗戦とともに日本は主権を失い，GHQ（連合軍総司令部）による占領下の行政を余儀なくされた。1947年，GHQは各地方の軍政部を通じて，すべての都道府県にP.R.O.（パブリック・リレーションズ・オフィス）を設置するように求め，CIE（民間情報教育局）を通じてその指導に乗り出した。その経緯と内容は第7章に詳述するが，このP.R.Oの導入こそ，わが国へのパブリック・リレーションズ，すなわち広報広聴活動の導入であった。

　パブリック・リレーションズは，その字義どおり行政と住民における「公衆関係」の確立をめざすものであり，必ずしも「お知らせ」を意味する「広報」ではないが，当時，多くの県庁で，P.R.O.の訳語として「公報公聴課」「弘報・報道課」などの名称が用いられ，やがてサンフランシスコ講和条約による主権回復以降も，この用語が定着していった。すなわちPRは，19世紀以降のアメリカで"Public Relations"あるいは"Public Information"と呼ばれた行政広報の形態が，いささかの変容を伴いつつ，わが国に導入された経緯をもつ。

　パブリック・リレーションズ（公衆関係）は，日本では1960年代にPR（ピーアール）と略称されるようになって，本来の「公衆関係」との意味の乖離を招いてきた。すなわちGHQが，1947年にすべての都道府県にP.R.O.の設置を要請した時の理念は，行政の「民主化」「近代化」「人間性の尊重」

であり、そこにはタルド以来のPublicité＝公開性，の精神が生きていた。しかし，行政生まれのこの用語が企業社会で用いられるようになった時，propagandaとの区別が曖昧になり，かろうじて双方向性（two-way）の考え方だけが生き残った。これは行政レベルにおいても同様で，「行政広報は，くさい問題に対して，その情報開示を終始避けてきた」（辻清明『都市の広報活動』1962年）という批判もすでにあった。要するに，企業においても，行政においても，パブリック・リレーションズの本質は，すでに1960年頃から変容していたのである。

（2）「コーポレート・コミュニケーション」への道

　1960年代は，日本経済がめざましい発展を遂げた画期的な時代であった。朝鮮特需によって戦後の復興を乗り切った政府と企業の二人三脚は，次第にそのプレゼンスを拡大し，68年には自由主義経済国家で第3位，70年には第2位のGNPを達成し，経済大国の道を歩み始めた。この経済成長は，国民生活にさまざまな矛盾を生み出した。

　1960年代後半，アメリカにおいても，日本においても，高度経済成長の副作用として，あるいは社会の成熟化に伴う企業の「社会的責任」をめぐる論議が高まった。これは現在のCSR（企業の社会的責任）の原風景でもある。

　その背景にあったのは，欠陥商品，誇大・虚偽広告，企業による公害，有害物質（食品，化粧品）など，消費者と企業の商品やコミュニケーションをめぐるコンフリクトへの対処，とくに社会的責任に伴う情報開示の課題である。企業においても，行政においても「広報」の重要性が認識されるようになった。

　すでに「広報」あるいは「広報広聴」の用語は社会に定着していたが，広報活動に対する生活者の信頼は必ずしも万全ではなかった。広報の枠組みもまた変革の必要性が訪れていた。やがて時代は1970年代へ……。

　コーポレート・コミュニケーションという用語が一般に知られるようになったのは1972年，米誌"FORTUNE"が「コーポレート・コミュニケーション・セミナー」を開催して以降，毎年のように新しいテーマでセミナーが行われ，そのつどセミナー・レポートが発行されたことに負うところが大き

い。
　その基本的なスタンスは，編集主幹マックス・ウェイズの論文（1972年9月）に集約されているが，その視点を要約すれば，次のようになる[1]。
　「企業の社会的責任は2つある。1つは企業である以上，利益を上げること。もう1つは利他的な行動をとることである。もし，利益を上げることで，社会から非難を浴びるとしたら，その原因は，社会に対する情報提供のあり方にある。よって，企業はビジネスの仕組みに対する社会の理解を得られるようなコミュニケーション活動に力を入れなければならない」
　すなわち，この考え方は「社会に対する自社の効果的な説明の仕方」ともいうことができる。
　このマックス・ウェイズの論考にもあるとおり，日米のいずれにおいても企業の社会に対するプレゼンスの肥大化は，反面，その社会的責任を問う声を呼び覚まし，企業はその存立基盤である社会や市場に対する有効なメッセージの必要性に迫られる。さらに，従来の広報の枠組みに収まりきれなかった社内の活性化や組織のあり方，さらにメセナ，フィランソロピーに象徴される社会貢献，文化貢献などを総合的に訴求し，時代の要請に応えていく必要が生まれたのである。
　コーポレート・コミュニケーションという新しい枠組みの登場には，こうした背景があった。

1．企業と社会のコミュニケーション

(1)　コーポレート・コミュニケーションの登場と定義

　アメリカでは"FORTUNE"誌主催の「コーポレート・コミュニケーション・セミナー」が連続開催され，企業の広報部門の名称も"Public Relations Dept."から"Corporate Communication Dept."が徐々に増加していった1970年代，日本では万国博が成功を収める一方で，公害問題，オイルショック，列島改造ブームが社会的イシューとなる中で，企業の行動や責任が問われていた。経団連を筆頭に，各経済団体は企業の社会的責任や企業行動の適正化についてコメントを出し，「企業と社会との対話」がクローズアッ

プされた。こうした時代背景の中で，1978年経団連を母体に（財）経済広報センターが設立され，わが国の企業広報のナショナル・センターともいうべき役割を担うこととなった。

アメリカで生まれた「コーポレート・コミュニケーション」の概念は，"FORTUNE"による第1回セミナーの後，わが国でも次第に認識されるようになった。1977年，村田昭治編『コーポレート・コミュニケーションの構図』[2]が刊行され，その執筆には，ノースウェスタン大学のフェルナンド・マウザー，タイムライフ社の橋本卿夫，慶応義塾大学の嶋口充輝らが参画し，マーケティング論からのアプローチが強く投影されたわが国初の「コーポレート・コミュニケーション」に関する論集であった。しかし，共同執筆のせいもあって，執筆者のコーポレート・コミュニケーションに対する認識はいささかの乖離を内包したまま，黎明期の試行錯誤も表出していた。

80年代に入ると，わが国では多くの企業でCI（コーポレート・アイデンティティ）への取り組みが始まり，CIのコミュニケーション戦略化，あるいはコミュニケーション活動によるCIの実体化など，コーポレート・コミュニケーションに対する多様なアプローチと認識が展開されるようになる。

ここで，コーポレート・コミュニケーションにかかわる主要な定義，あるいはアプローチのあり方を発表された年代順に概観しておこう。

- 「製品・サービスを通じて，従業員を通じて，現実行動を通じて，一般大衆が知覚する全体像（totality）としての会社，存在意義，目標，行為，活動を的確に伝え合うこと」マックス・ウェイズ，1972年（『企業の心を伝えろ』1981年）
- 「コーポレート・コミュニケーションの目的は，企業と消費者が共に社会のメンバーとして相互に連動しながら社会発展に責任を負うための新しい秩序の形成」村田昭治（『コーポレート・コミュニケーションの構図』1977年）
- 「C.C.とは，企業の内外にわたるコミュニケーション活動の統合化にもとづく企業価値の伝達活動であり，さらに，そのフィードバックによって自己変革を行い，多様なステークホルダーとの良好な関係の保全をする行為」上野征洋（『CI計画ハンドブック』1986年）

- 「C.C.とは，自社を表現し，相手に知らしめ，一方，相手の発言すべてを汲み取って，より良い人間関係と同様の関係をつくるツーウェイ・コミュニケーションを行うこと」城義紀（『コーポレート・コミュニケーション』1988年）
- 「価値領域（経済・人間・生活・文化・社会）の個別価値の表現だけでなく，その統一的表現による固有の企業価値特性（人間・生活・社会の発達への道具性）への理解と共感の形成—これからのコーポレート・コミュニケーションは，顧客と『共同創造関係』を構築し，それを企業戦略や企業価値開発へと連動させていく必要がある」境忠宏（『企業変革とCI計画』1990年）
- 「各領域で行われている様々なコミュニケーションを，統一された方針，理念，目的によって有機的に結合し，組織的，計画的に展開することで，受・発信の量の拡大と質の向上を図ろうとするもの」大坪檀（『コーポレート・コミュニケーション』1992年）

このほかにも，いくつかの論考があるが，上記の定義あるいは解説をみてもわかるように，マックス・ウェイズや城義紀の視点は，企業と社会との「関係性」のあり方を重視し，上野征洋，大坪檀にあっては，多様なコミュニケーション活動の「統合」に着目している。また境忠宏と上野征洋に共通しているのは，「変革や価値認識を伴うコミュニケーション戦略」としていることである。

（2） パブリック・リレーションズとコーポレート・コミュニケーション

しかも，上述のような多様な定義とアプローチは，必ずしも従来のパブリック・リレーションズとの相違を明確にするものではない。そこで，これらの定義や解説を参考に，少なくとも1970年代までの「広報＝パブリック・リレーションズ」の枠組みで想定されていたパラダイムの内容と，コーポレート・コミュニケーションが志向する新しい広報展開の相違点をまとめたものが図表2-1である。

少し解説を加えておくと，パブリック・リレーションズの嚆矢とされているのは，第3代大統領トーマス・ジェファーソンであるが，他方，第2代大

図表2-1　パブリック・リレーションズとコーポレート・コミュニケーション

	パブリック・リレーションズ	コーポレート・コミュニケーション
出　自	行政広報（アメリカ第3代大統領トーマス・ジェファーソン以来）	企業の社会的責任（1972年のフォーチュンを1つの出発点とする）
主　体	個人，集団，組織，企業，政府	組織体（現状では企業，政府，自治体，NGO，NPOなど，あらゆる組織体）
対　象	対象として措定される公衆（集団）（集団≒パブリック≒消費者など）	企業環境を形成するあらゆる関係者（ステークホルダーズ），団体，公共機関を含む
目　的	好意の醸成，理解促進によるイシュー（争点）の解決と政策形成，戦略立案のための情報入手	企業の社会的存在を保全する，中・長期的な情報提供，とフイードバックによる自己変革
手　法	リニア型の情報の受発信（スキル重視）	サイクル型，またはスパイラル型のエンドレスな情報交換活動（行動重視）
担　当	広報部門（広報部，広報課，など）	経営者の直接的関与（CEO，CIO，など）

出典：上野征洋／1998年

統領ジョン・アダムスの片腕といわれ，財務長官を務めたアレクサンダー・ハミルトンという説，また第7代大統領のアンドリュー・ジャクソンが初めてこの語を用いた，という説もある。アメリカの歴史家アラン・ネヴィンズは，ハミルトンとともにジェファーソンが農地改革に取り組んでいたことを挙げ，ジェファーソンが用いたとするが，アメリカ史の中でも必ずしも確定しているわけではない[3]。

また「主体」については，わが国では，企業という認識が高いが，パブリック・リレーションズ，コーポレート・コミュニケーションの双方において，集団あるいは組織体（corporation）という認識が通常であり，企業は組織体の一形態にすぎない。

「担当」のあり方については，従来の企業組織では，広報部門を担当する

役員を配置する企業が多かったが，コーポレート・コミュニケーションにおいては，近年，ウェブ広報や危機管理，IRなどを統合して，CEOの直接関与，あるいはCIO（Chief Information Officer）を配置する企業が増加しつつある。

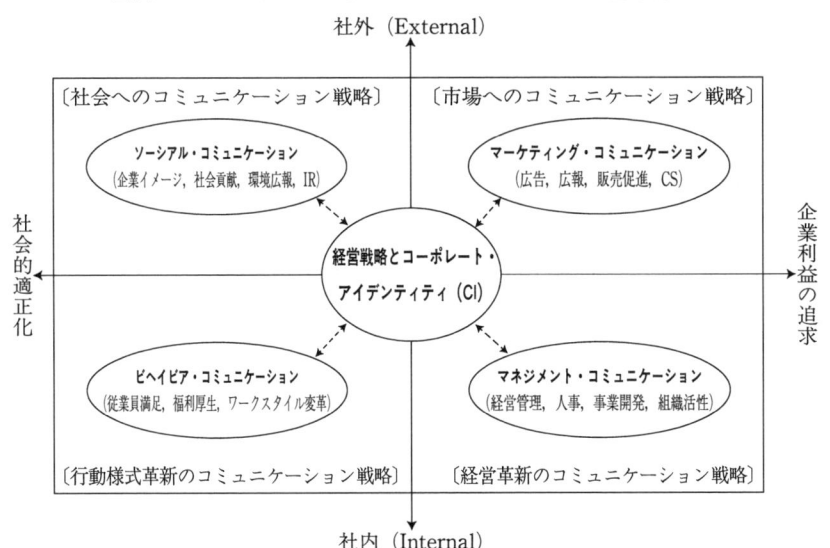

（3） コーポレート・コミュニケーションの基本的な枠組み

　コーポレート・コミュニケーションは，パブリック・リレーションズにみられるような商品広報，事業広報などの個別活動の次元を超え，企業総体としてのコミュニケーション活動という大きな枠組みの中で発想されることにその特徴がある。企業総体としてのコミュニケーション戦略を，どのような枠組みで措定するか，については，さまざまなアプローチが考えられるが，ここで図表2-2に示した「コーポレート・コミュニケーションの基本枠組み」は，筆者が作成した1つの典型である。

　ここに示した図では，企業をとりまく外的環境と内的環境で1つの軸をと

図表2-2　コーポレート・コミュニケーションの基本枠組み

社外（External）

〔社会へのコミュニケーション戦略〕　〔市場へのコミュニケーション戦略〕

ソーシャル・コミュニケーション
（企業イメージ, 社会貢献, 環境広報, IR）

マーケティング・コミュニケーション
（広告, 広報, 販売促進, CS）

経営戦略とコーポレート・アイデンティティ（CI）

ビヘイビア・コミュニケーション
（従業員満足, 福利厚生, ワークスタイル変革）

マネジメント・コミュニケーション
（経営管理, 人事, 事業開発, 組織活性）

〔行動様式革新のコミュニケーション戦略〕　〔経営革新のコミュニケーション戦略〕

社内（Internal）

社会的適正化 ← → 企業利益の追求

出典：上野征洋／1986年を一部加筆。

り，水平軸を「企業利益の追求」と「社会的適正化」によって区分し，4つの象限，すなわちコミュニケーション戦略のテーマ領域を俯瞰できるよう設定したものである。

　アメリカの社会でよく話題になるPA（パブリック・アフェアーズ）は，公共政策と社会との良好な関係を保持し，社会的最適化状況を創り出そうとする活動であるから，主として中央より左側の2つの領域に属する活動といえよう。

　従来，企業のコミュニケーション活動は，図中のマーケティング・コミュニケーションの領域に最もエネルギーが投入され，ソーシアル・コミュニケーション領域は，むしろ副次的領域であった。しかし企業の「社会性」やCSRが問われ始めて以来，徐々に重視される領域となった。

　従来，企業広報，あるいは社外広報と呼ばれる活動の大半は，社外に向けたマーケティング・コミュニケーションとソーシアル・コミュニケーション領域の情報活動といえよう。

　この図は一般的なあり方を俯瞰したものであるため，業種，業態によって，それぞれの領域の範囲や重要度が異なるのは当然である。消費財のメーカーなら，マーケティング・コミュニケーションが重視され，金融サービス業ならマネジメント領域，ビヘイビア領域が重視されよう。

　ここで重要なことは，企業広報の範囲を拡大したり内容を変更したりすることではない。まずトータルなコミュニケーション領域の中で，企業の経営戦略や業種，業態に合わせて，どのような対象，手法によってコミュニケーション戦略が構築しうるか，ということが重要課題であり，そのためには，それぞれの領域のバランスと内容の点検をふまえた戦略構築や情報発信が行われなければならない。

　バランスとは，図にも示されているように，すべてのコミュニケーション活動は，企業の経営戦略と企業におけるアイデンティティのあり方，企業目標が導き出される共有概念に，収斂あるいは投影されていなければならないことである。すなわち，あらゆる情報行動はここを原点にして発想されなければならない。

　企業文化の革新や社会性確立のためには，戦略やアイデンティティがいか

に共有されているのか，が大きな課題となり，そこから総合的な戦略展開への視点が確立されていくことになる。

（4）「社会性」の高い企業像をめざして

コーポレート・コミュニケーションの多様な展開が，企業における経営戦略とアイデンティティのあり方に収斂されることをふまえて，企業と社会とのコミュニケーションのあり方を考察してみよう。

企業イメージの良し悪し，あるいは企業評価は多くの場合，市場価値，社会価値という2つの側面からのアプローチがある。まず企業の市場価値とは，株価の時価総額やキャッシュフローによる経営評価の側面である。この評価は，1999年以降，多くの企業における国際会計基準の導入により，市場が企業の「強さ」を測定する尺度として利用され始めた。

他方「社会価値」とは，企業の持つ「社会性」あるいは巨大化したゆえに問われる「公器性」の評価である。多くの企業は，そのプレゼンスの大きさゆえに，地域社会，産業社会に対して雇用，福利厚生，社会貢献などにおいて責任ある存在となった。これは企業におけるマネジメントやビヘイビアを評価するとともに，その成果の表出として，前述のソーシアル・コミュニケーションの領域での企業の活動成果が問われることを意味する。問われているのは，企業と社会，企業と個人，個人と社会それぞれの「関係性（Relationship）」なのである。

コミュニケーションとは，本来，関係を創り出す行為であり，個人においても組織においても，その目的や内容は常に合理的かつ迅速に行われることによって，相互の「態度変容」をもたらす。

いま，この変動の時代にコーポレート・コミュニケーションのあり方が問われるのは，企業をとりまくさまざまな「関係」の再構築が問われていることにほかならない。すなわち，企業は自らの情報創出，すなわちマーケティング活動や広報，広告などによって市場や社会に対して働きかけを行い，そのフィードバックによって自らと消費者・生活者との間に横たわる，商品の付加価値性，CSRの展開，企業倫理など，さまざまなメッセージ交換の意味を問い，企業と顧客の関係を点検することを迫られている。従来の広報活

動においては，市場や社会の反応をみて，メッセージやメディアの転換，すなわち手を代え，品を代えてターゲットに繰り返しコミュニケートすることが行われてきた。いわば戦術レベルの多様化による波状攻撃である。しかし，こうしたコミュニケーション活動では，本来の「意味」は受け手に届かない。届いているのは，表現とそのメタファーである。

　いま求められているのは，そうした多彩なコミュニケーション戦術ではなく，企業の人格や品性，存在意義を理解させ，企業存在が受け手にとっても意味あるものとして受容されるコミュニケーション活動である。でなければ，送り手（企業）と受け手（社会）の関係は変わらない。社会（生活者）の価値観とかけ離れていれば，多くのメッセージは無視されるであろう。

　企業内におけるマネジメント・コミュニケーションやビヘイビア・コミュニケーションについても同様である。社会変化に対応しうる経営者や従業員は，市場や社会からの声に耳を傾け自己革新を遂げる意思から生まれる。そして自己変容は，必然的に新しい「関係」を生み出すことにつながる。

　あえて確認すれば，コーポレート・コミュニケーションとは，企業の内外にわたる価値伝達のコミュニケーションとそのフィードバックによって自己変革を行い，多様なステークホルダーとの良好な「関係」を保全する活動である。

　いかにすぐれたメッセージや広告表現を伝達し得たとしても，それはすぐに陳腐化する。しかし，企業の価値や人格，存在の意味を理解し得たステークホルダーは，長期間にわたって企業を支持するであろう。「意味」の伝達こそ，企業課題を解決し，企業存在を保全する最良のコミュニケーション活動なのである。

（5）「コーポレート・クオリティ」の向上へ

　では，なぜ「関係」がそれほど重要なのだろうか。
　企業の社会価値とは不可視のものであり，社会にあっては「企業イメージ」あるいはCSR活動の成果として支持や好感を獲得し，企業内にあっては経営者や従業員に共有された行動様式や意識の中で，「誇り」や「自信」として息づいている。また企業の持つ人格性を，企業文化にリプレースして

「企業人格（Syntality）」として評価する方法もあるが，レイモンド・キャッテルが説くように，個人の集合体としての集団行動特性として捕捉しようとすると困難が伴う。現代の企業人は，個人，企業人，そして地域社会の一員としての自己というトリプル・バインド状況にあり，よほど帰属意識の高い集団ならともかく，多価値化し多様な行動をみせる集団を人格の一言でくくってしまうと，自己変革の過程はみえてこない。すなわち，企業と社会，個人の間で共有されるべき「企業の社会的価値」や「企業人格」は，いつまでも「概念」のレベルにとどまって，具体的な姿をわれわれの前に見せることがない。

そこで，やや可視的なレベルで企業存在を問うべきではないだろうか，という問題意識と，コーポレート・コミュニケーション活動によって保全され支持される企業価値を具現化するものとして提言したいのが，「コーポレート・クオリティ」という考え方である。企業品質と直訳することもできるが，ここでのクオリティの意味は，水準，特性の意を含む。

すなわち，企業の自己革新とは，企業人や組織の意識や行動の変化とともに，その商品やサービスの質，ひいてはワークスタイル（労働時間，給与水準，福利厚生）や企業イメージをも向上させるものでなければならず，単なる集団特性や共有された価値観の向上では，社会的な意義が抽象的なレベルにとどまってしまう。企業の社会的価値を，その質や水準において検討していくことが重要なのである。また，企業の質や水準は企業独自の独善的な価値観に支配されることがない。なぜならば，クオリティを決定するのは，市場であり社会であり，一人ひとりの顧客であるからである。

いかに，高邁な理念を掲げ，商品開発を行い，広告宣伝による大量の情報伝達をし，従業員の労働時間を短縮しても，市場や顧客がそれを受容し，評価しなければ，企業利益も社会性も保全されないであろう。経営努力が図られても事態が好転しなければ，それは，企業のどこかにコーポレート・クオリティを損なう要因があり，市場や顧客にそれを見抜かれているのである。

規模は小さくとも，従業員が自信と誇りに満ちて行動し，優れた商品やデザイン政策を持ち，堅実な経営が行われている企業には良い人材が集まる。

こうした彼我の差は，まさに企業の質，水準の問題である。かつてエクセ

レント・カンパニーと評価されていた多くの企業は、市場に対する優位性（excellency）で評価された。これからの企業、とくに21世紀における優位性は、社会における質の高さによって決定されることになる。それを保全していこうとするのが、「コーポレート・クオリティ」の考え方である。

「コーポレート・クオリティ」は1つの社会評価であり、市場や社会によって、すなわち外部によって決定される。それを保全するのは、内部のコミュニケーションを含めたコーポレート・コミュニケーションのあり方である。すなわち、従業員と企業、企業と社会、あるいは個人をとりまくさまざまな相互関係をコミュニケーションによって、どう創り上げるのか、その成果が「コーポレート・クオリティ」として市場や社会に表出されていくのである。

「コーポレート・クオリティ」は、主として次のような企業活動の側面から評価しうる。

① 商品の質（機能、リサイクル素材、デザインなど）
② サービスの質（クイック・レスポンス、CS活動、マナー、表現、伝達能力など）
③ ワークライフ・バランス（労働時間、待遇・福利厚生、社会行動、ESなど）
④ 人的資源（創造性、ネットワーク力、メディア対応力など）
⑤ マネジメント（経常利益水準、労働分配率、ヒューマンウェアなど）
⑥ イメージ水準（広報システム、社会文化貢献、CSR評価など）
⑦ 情報対応力（ウェッブ広報、ITマネジメント、SNS活用など）

そのほか、細かな評価ポイントは数多くあるが、成果目標として数値化することも可能であり、さらに意味や意義など定性的なポイントをその評価にとり入れていくことが重要である。

コーポレート・コミュニケーションとは、常に「コーポレート・クオリティ」を高めてゆくための自己革新行動を伴うことによって、初めてその意義があることを強調しておきたい。図表2-3は、その考え方の一例を簡単に図示したもので、コミュニケーション戦略が、常にイノベーションを志向し、経営課題のすべてにかかわるテーマであることが何よりも重要なのであ

図表2-3　経営課題とコーポレート・コミュニケーション

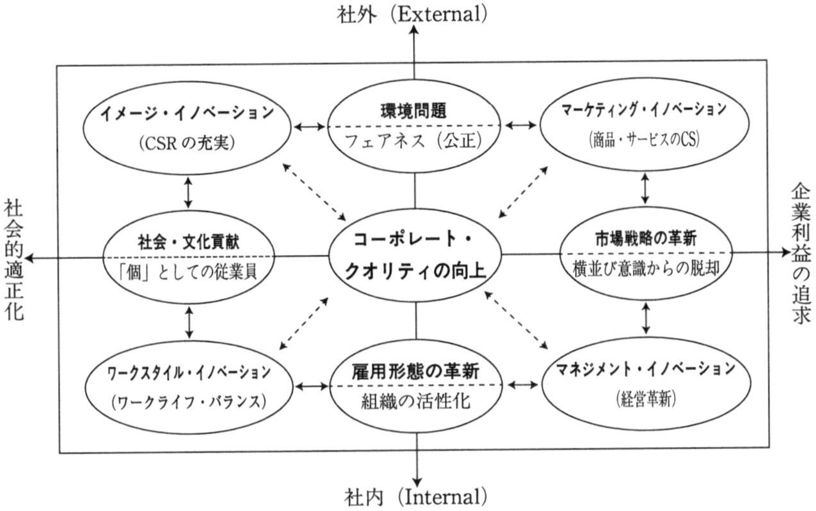

社外（External）

- イメージ・イノベーション（CSRの充実）
- 環境問題　フェアネス（公正）
- マーケティング・イノベーション（商品・サービスのCS）
- 社会・文化貢献　「個」としての従業員
- コーポレート・クオリティの向上
- 市場戦略の革新　横並び意識からの脱却
- ワークスタイル・イノベーション（ワークライフ・バランス）
- 雇用形態の革新　組織の活性化
- マネジメント・イノベーション（経営革新）

社会的適正化 ← → 企業利益の追求

社内（Internal）

出典：上野征洋／1992年を一部加筆。

る。

2．経営とコミュニケーション

（1）企業組織のコミュニケーションの特性

　企業目的の達成には明瞭かつ迅速なコミュニケーションが不可欠である。これまでも，そのためのさまざまな知恵が積み重ねられてきた。ここでは今後の広報・コミュニケーション活動の構築に必要な知恵を整理しておきたい。

　ハイアラーキー（階層）型の構造もその1つである。命令と報告を一元化し，コミュニケーションから生ずる混乱を避けようとしたものである。また，組織内部で使う言葉，概念を組織の成員すべてで共有できるように，その組織独特の言葉を新入社員の時から教え込まれることも1つの知恵であった。「共同体語」あるいは「隠語」が使えるようになった時，組織の中で一人前と認められることになる。これは，孤立した組織の中でのコミュニケー

ションを考えれば効率的であり，組織における一体感は強められるというメリットはあるが，独善的，排他的な組織になるという弊害も生まれる。

　組織が大きくなれば複雑になり，かつ多階層化し，管理者も増える。組織風土や管理者それぞれの管理のスタイル，情報への感度などによって上に報告すべき情報が報告されなかったり，下に伝えるべき情報が明確に伝達されなかったりすることが生じる。それが従業員の情報の軽視につながり，さらには企業危機の原因となることも少なからずある。とくに正確なコミュニケーションよりも"察しのコミュニケーション（暗黙知）"を重視する日本人にとって，こうした特性を十分認識しておかなければならない。

（2）　フォーマル・グループとインフォーマル・グループ

　1924年から32年にかけて，エルトン・メイヨーらハーバード大の研究グループはウェスタン・エレクトリックのホーソン工場で，能率に関するさまざまな実験を行っていた。例えば照明と作業能率の関係を調べるために照明を暗くしたが，能率は下がらなかった。その理由は，実験のチームに選ばれたことによって自分たちは認められていると感じ，モラールが上がったのである。さらにメイヨーたちの観察によって，労働者たちには公式的な仕事とは関係のない非公式なグループがあり，それが労働者たちに大きな意味を持っていることがわかった。

　企業内コミュニケーションには，企業目的の達成のためのフォーマル（公式的）なものとインフォーマル（非公式）なものがあり，フォーマルなコミュニケーションは組織の階層を上下左右に流れ，効率が重視される。それに対しインフォーマルなコミュニケーションは階層や職場と無関係な，同窓，同郷，趣味を同じくする，仲がよいといったことによるものであり，効率などとは本来無関係なものである。ただ皮肉なことに，効率を重視するはずのフォーマルなコミュニケーションはしばしば流れが悪くなることがあるのに，本来，効率とは無関係なはずのインフォーマルなそれの方が流れがよかったり，組織の活性化にプラスになることがある。経営学者のハーバート・サイモンはこう述べている。「組織の中にいかに精巧な公式のコミュニケーション体系がつくられているとしても，この体系はつねに非公式なコミュニ

ケーションの経路によって補われる。このような非公式の経路を通じて，情報，助言，そして命令さえも流されよう。」（H・サイモン，1989年）。

　お正月には部下が連れ立って上司の家を訪ね，酒を飲んで無礼講になりかねない光景，あるいは終業後，部課長が部下を引き連れて居酒屋などで飲みながら，仕事中の会議よりはるかに活発な意見が飛び交うといった光景は，多分70年代くらいまでの日本企業にはよく見られたものだった。こうしたコミュニケーションのスタイルが組織の活性化に十分意味を持った時代だったのだろうが，こんにちでは，群れたがらない若い世代からも嫌われ，もはや職場からは消えているかもしれない。時代によって，あるいは組織のタイプによって，インフォーマル・コミュニケーションが組織の成果に大きな影響をもたらす場合もあることを認識しておく必要はあるだろう。

　また今日，オフィスではほとんど一人1台与えられているパソコンによって社内にイントラネットが構築され，フォーマルな情報はもちろんだが，フォーマルとインフォーマルの境界にあるような情報が行き交うようになっている。例えば，ある社員が業務上困っている問題があり，それをネット上で発信すると，組織の上では関係はないが同じ経験をした社員から，すぐに解決策が届くというようなことが多くみられるようになった。インフォーマルな形で知識の共有が可能になっている。トップへ平社員がネット上で直接訴えるシステムを持つ企業もかなりみられるし，従来の，命令は直属の上司から，報告は直属の上司へという「命令報告一元化の原則」もイントラネット時代には通用しなくなりつつある。

（3）　重要な情報は現場にあり

　工業化社会における経営と情報化社会における経営にはさまざまな違いがあるが，決定的な違いは，経営を左右するような重要な情報は工業化社会では上層部に集まりやすい傾向があるのに対し，情報化社会では企業の最前線＝現場に集まり，しかも多様化したことである。80年代に入り，消費者の欲求の多様化・個性化が進み，戦略の転換を迫られた。その時さかんに唱えられたことばが「Product outからMarket inへ」というものであった。上層部で決定して生産したものを市場に出すのではなく，市場から得た情報に

基づいて生産したものを市場に出さなければ売れないという意味であった。

今井賢一は次のように述べている。「企業のなかで処理しなければならない情報の次元が広がり，異質の情報を組み合わせたり，徹底した細部の現場情報を重視しなければならなくなると，肝心な情報は社内に分散的に存在し，組織の下部ないし現場にあるという情報観をとらざるを得なくなるのである。上層部からの情報だけでは人は動かなくなる」（今井賢一・金子郁容，1988年）。

経営者が最前線の情報を的確に収集・分析することが，意思決定を誤らないことにつながるのである。問題は，現場の情報が管理者を経由しながら戦略意思決定の場である上層部に上がってくる間に，情報が減衰・変質することである。管理者が自分に都合のわるい部分をある程度隠して，あるいは上司が読むと機嫌がわるくなりそうなマイナス情報を改ざんして届けることがあるからである。

一方，経営者がどんなに時宜を得た戦略を立案しても，それが最前線の社員の行動につながるように正確に届き，かつ理解されなければ意味を持たない。しかし階層型組織では，管理者が部下に対して権威と体面を保つために戦略に関する情報を独占して，部下に全体を明らかにしないということも起こるのである。

最近，カンパニー制をとって意思決定の権限をできるだけ現場に近い場に移そうという企業が増えていることは，多層化した組織を流れる間に情報が正確に伝わらず，結果的に戦略の立案と遂行が進まないことを避けるためにほかならない。また，情報の共有化が叫ばれている要因の1つでもある。

（4） 日本的経営とコミュニケーション

1960年頃から日本経済は急速に成長していった。そして，2度の石油危機，円高の危機を乗り切った80年頃には，世界から称賛の眼で見られ，その要因は日本の集団主義にあるというようにいわれてきた。確かに外的環境の変化から企業が危機に見舞われた時，企業は社内や下請企業に対し危機感を訴えながら，集団を1つの方向へ向け，徹底的にコストの削減，売上の増大を図るという方法で危機を乗り切ってきた。

かつて政治学者の丸山真男は，日本の近代的組織の「タコツボ化」という分析をした。「その集団の内部だけで通用するものの考え方感じ方が発生し，それがだんだん沈澱してくる。つまりアウツに対してインズの了解事項が集団の下層に沈澱してきますと，お互いの間同士ではそんなことは当然で，いまさら議論の余地がないと思われることが，だんだん多くなってくる」（丸山真男，1961年）。

そして丸山は，組織のタコツボ化はクローズド・ソサエティといいかえられるが，日本全体はクローズド・ソサエティではない。それはタコツボ化した集団それぞれが，インターナショナルに外へ向かって開かれているからだ，という。そして，閉ざされた集団が危機になると一致団結して外敵に当たって成果をあげる，その総体が日本だったというのである。

諸外国はこうした日本に恐れをなし，日本バッシングが始まるが，その対象は例えば「系列」という外からは見えにくく，かつアクセスしにくいシステムであった。閉ざされ，外から見えにくい不透明なシステムが問題にされてきたのは国内でも同じであった。1992年，バブル崩壊の発端となった金融・証券の不祥事の際，ある証券会社社長の「社会の常識と会社の常識のズレに気づかなかった」という言葉は，企業と社会のコミュニケーションのズレを物語っている。企業はライバル企業との競争に勝つことのみが問題で，社会がどう変化しているか，人々の企業を見る眼がどう変化しているかにほとんど気を配っていない。自分たちが外からは不透明にしか見えないことにも気づかないのである。

損失補填，ヤミ勢力への不正融資，不良債権，バブル不況の中でコーポレート・ガバナンス（企業統治）の問題がクローズアップされてきた。この問題については後にあらためて触れるが，コーポレート・ガバナンスにおいて最も重要な経営者の意思決定に至るプロセスでも，この日本的といわれる現象は現れる。

ガバナンスの観点からいえば，株式会社では取締役会は重要な会議であるが，実際には株主総会同様，かなり形式化している。これまでは，取締役は社員時代の業績が社長に認められて就任するもので，社長には逆らえない。もう1つは，取締役の多くは各部門を担当あるいは管掌するが，それは取締

役の一人が部門を担当するというより，部門の代表者が取締役になるといった方が近いだろう。部門を代表する取締役の間では，「他部門に口出しはしないから，うちの部門にも口出しをしないでほしい」という相互不可侵条約が暗黙のうちに形成されていて，全社的立場に立ってのはげしい論議などはないのが普通である。

　最近，コーポレート・ガバナンスに関連して，現業を担当する執行役員と全社的立場に立つ取締役と分け，取締役の中に客観的立場に立てる社外重役を入れる企業が増えてきたのは，そうした欠陥に気づいたからであろうが，果たしてそれによって意識が変わり，かつガバナンスのあり方も本当に変わるのか。

(5) CIによる企業変革

　1950年代の労働組合運動の激しい時期に，組合の情宣（情報宣伝）活動に対抗して，帰属意識を高めるための管理手法としての社内報の発行や提案制度などが導入されたことを除けば，社内コミュニケーションがとくに経営活動の中で重要課題とされたことは，1980年代まではなかったといってよいだろう。

　オイル・ショック，ニクソン・ショックと続き，それまでの高度成長を支えた重化学工業中心の産業構造の時代が終わり，当時の言葉でいえば「軽薄短小」産業へ，さらに「遊創美感」産業中心の時代へ変化していった。「感性の時代」や「少衆」「分衆」という言葉がはやって，若者の感覚がもてはやされた。そして年功序列型の経営構造にも亀裂が入り始めた。80年代に入ると，多くの大企業で「CI」,「企業変革」の大合唱が始まる。それはとりもなおさず，企業が自らの論理だけで市場や消費者を捉えられる時代は終わり，社会や生活者の声に耳を傾けなければならない時代に入ったことを意味している。CI戦略（コーポレート・アイデンティティ，210頁参照）はコミュニケーションに主体をおいた経営戦略である。もともとアメリカにおいて，シンボル，ロゴ，パッケージ，広告，建物，名刺その他企業の外見を統一し，外部に強い印象を与えようとするイメージ戦略ないしデザイン戦略であった。それが，これまでの事業領域（ドメイン）を脱して新しい領域へ移

行せざるを得ない企業，多角化のゆえに自社のドメインをどう表現し，社会や市場にどう存在を訴求すべきか悩んでいた企業，「感性の時代」の中で時代には遅れていないことを示したい企業等々がCI戦略をすぐに積極的に導入した。

アメリカにおいては外面的なデザイン戦略だったものを，日本ではそれを内面化し，企業の成員の全員参加による，企業理念・ビジョンの見直し，企業文化の確立・革新，ドメインの再構築，未来戦略の構築，社員の意識・行動変革，デザイン・システムの統一……つまり企業全体の変革の戦略と位置づけされていった。折からのバブル景気の中でCI戦略はブーム状況になったが，バブル崩壊とともに急速に消えていった。

それはCI戦略そのものが意味を持たなかったというより，目の前に現れた不況対策に右往左往して，ある程度の時間をかけて組織と同時に意識をも変革していく精神的余裕も時間的余裕も経営者たちが失ってしまったというべきであろう。

(6) 企業変革と社内コミュニケーション

階層型組織におけるコミュニケーションの問題点として，上から下への情報も下から上への情報も往々にして，途中で減衰ないし変質，あるいは遅滞を起こすことについてはすでに述べた。情報が誤りなく，遅れなく必要な場所に届くことが経営の根幹をなしている今日では，否応なしに階層型組織は変化していかざるを得ない。命令や報告が階層の段階を1つ飛ばすことは，例えば広報部門などではすでに当然のこととされていたが，今後は全社的に広がっていくだろうし，インターネットやイントラネットなどがコミュニケーションの中心メディアになった時には，階層型組織はネットワーク組織にとって代わられるだろう。ただ現実にはまだそこにおけるリーダーシップのあり方，管理のあり方は明らかにはみえていない。おそらく過渡期的には，社内コミュニケーションには若干の混乱は生じるかもしれない。

CIにおいて重視された社内コミュニケーション戦略の実践の1つにトップと社員たちの対話があった。オムロンの社長を社員が車座に囲んで懇談をする「ザ・クルマザ」，資生堂の福原社長の「ザックバラン会」，INAXのや

はり社長を囲む懇談会「テルコミュニケーション」（伊奈輝三社長〈当時〉の名前にちなんでいる）等々の直接の対話，三菱商事の槙原社長のイントラネットによる社長への「直訴OK」等々，かなり多くの企業で試みられた。イントラネットが普及してからは，社長のブログで社員と話し合うことは決してめずらしいことではなくなっている。

　CIによる社内変革のためにもう1つ多くとられた方策は，さまざまな社内イベント，ミーティングである。一例を挙げると，日本たばこ産業（JT）では，民営化に当たって企業風土を変革するために，「JTヤングフォーラム」「ミドルフォーラム」，さらには他社の社員の参加も得た「ハイパーフォーラム」といった，いわば討論会を3年間に10回近く開催している。管理ではなく，社員たちの自主性を重んじた運動という形で意識の変革を促すという狙いであった。

　ただバブル崩壊後の多くの企業の再建過程で，組織・人事管理の基本を属人的成果主義，契約社員等がかなりの比率を占めるフラット型組織となり，チームによる協働システムは"時代遅れ"となった感があった。しかし，トヨタ自動車などでは，成果主義を見直し，07年に「小集団化」を導入，コミュニケーションやチームワークを見直しているといわれる。

　日本企業において社内コミュニケーションへの認識がどのように変化してきたかを見ると，50年代の労使関係のきびしい時には，「帰属意識＝わが社意識」を持たせるために，管理・監督者たちには，部下に個人的に親密なコミュニケーションを行うように訓練し，社内報の誌上で社員たちの趣味や子供たちの写真などを取り上げて，言葉は悪いが経営側が擦り寄っていったこともあった。60～70年代には，QCサークルやZD運動など職場の小集団による経営への参画によって職場のコミュニケーションを活性化させようとしてきたこともあった。

　知識の創造が重視される21世紀の組織では，コミュニケーションは，組織の垣根や上下の壁を感じさせない自由なものになっていかなければ，組織は衰退していくだろう。

　「新しい知識はつねに個人から生成される。(中略) 一人の個人的な知識が，企業全体にとって価値ある組織的な知識に転換される」（野中郁次郎，

1991年）といわれる。個人の創造した知識を組織共通の知識にする，つまり個人の頭の中に存在する"暗黙知"を，全員で共有できる"形式知"とすることが知識の時代のマネジメントにおいて最重要の課題になるが，ここでもコミュニケーションがキー・ファクターとなる。知識を組織的に創造し，それを組織内部で共有し，活用することは，今日「ナレッジ・マネジメント」として重要な課題であるが，これもまたコミュニケーション担当部門にとっての新しいタスクであろう。

　これまで広報部門の仕事とされてきた広報・PR誌の制作も「ナレッジ・マネジメント」の重要なツールである。これまで広報誌は一般誌を含めて他の雑誌からは得られない知識・情報を提供すること，同時に自社が持つ独自の知識資源を外部へ発信していくことが重要な役割であった。といって，どのような人たちがどのような知識・情報へのニーズを持っているかを知ろうとしなければ，広報誌の発行の意味がない。そのニーズを発見し，時には執筆を依頼するためにさまざまな人たちと情報を交換する。そこもまた知識創造の「場」を形成する。

　知識資源は自己増殖が困難であり，オープンにされ，多くの人々，とくに異質な人々も含めて論議される時に新しい視点が加わり，増殖していく。活字社内報，イントラネット，さまざまな社内集会や社外の人々を交えた会合など，すべて知識創造の場になりうるのである。したがって，簡単に編集・制作を外部に委託するのは知識創造の場を失っていることでもある。

（7）　企業変革と対外コミュニケーション

　企業の対外コミュニケーションの主たる目的は，ステークホルダーに理解を求め，好意を獲得し，それによって商品・サービスの販売を容易にし，資本，人材その他の経営資源の調達を容易にしようというものであった。したがって，広報はツーウェイだといわれてはいても，現実には発信中心であって，受信はつけたりといってもよかった。

　もっと社会の声に耳を傾けるべきだといわれたのは70年代の企業批判の時期であり，さらに80年代にはマーケティングの視点から，大衆消費の時代は終わり，生活者・消費者のニーズは多様化して，少衆，分衆の時代に入った

などといわれ，生活者の声を聴くことが金科玉条のようにいわれたことがあった。しかしいま振り返ってみると，企業全体で広聴を大事にしようというより，広報なりマーケティング担当者だけが広聴機能を持って，自分に都合のよい情報のみを聴くことだったといえるのではなかったか。

さらに80年代後半からいわれ始めたのは，企業人がタコツボから出て，もっと異質の人たちと積極的に交流すべきだ，そこで生じる摩擦や異和感が企業人，企業の中に揺らぎを与え，企業文化の変革につながるという考え方であった。社会貢献活動の一環でボランティア活動を行う中で障害を持つ人々と交流する，メセナ活動の中で芸術家とつきあう，そうした経験が企業人の思考と行動に影響をもたらし，ひいては企業行動を変えていくのではないかというのである。今後ますますグローバル化が進む経済の中で日本企業が生きていくためには，多面的かつ柔軟な思考・行動が要求されていくが，そのためにも異質と絶えず触れ合いながら，自分たちの座標軸が正しいかどうかを常に確かめていくことが求められているという考え方である。

こうしたプロセスから，社内コミュニケーションと対外コミュニケーションとを有機的に連動させて絶えず内部に刺激を与え，揺らぎをつくりだしながら，企業を変えていく，売上を，株価を高める，あるいは優秀な人材を集める，企業レピュテーションを高める戦略がみえてきている。あえて異なる世界の人びととコミュニケーションすることによって，自分の世界がいかに狭いかを知ることもコーポレート・コミュニケーション戦略の基本と考えるべきである。

(8) コーポレート・コミュニケーション戦略の実際

1980年代のある時期，鉄鋼会社が競って新卒採用のためのテレビCMを打ったことがあった。そのうちの1つに住友金属工業がタレントの山瀬まみをキャラクターに「やわらか頭してま〜す」というコピーでかなり話題になったものがあった。社内の関係者によると，リクルート広告としても効果はあったが，それよりも意外なところから反響が現れたということだった。それは自社の管理者クラスの中から，そのように外部に発信されると「自分たちは本当にやわらか頭しているだろうか」という反省が生まれ，それが管理者

の自己変革につながるという予期しない効果をつくりだしたというのである。

　これは外部への広告という情報の発信が内部にまったく予期していなかった効果をもたらしたケースであるが，外へ向けた情報の発信が社内へフィードバックされ変革のきっかけとなったり，社内の小集団による改革の動きがマスメディアに取り上げられることによって大きな変革の渦となっていくこともある。これを偶然性の産物ではなく，戦略的に組み立てていくことが，コーポレート・コミュニケーション戦略のきっかけとなる。

　企業戦略は事業戦略，商品戦略，財務戦略，人材戦略……を足したものではなく，企業戦略の下にそれぞれが有機的に統合されていなければならない。その全体を横串に貫いているのがコーポレート・コミュニケーション（CC）戦略である。ここでケースとしてトヨタ自動車の環境問題をテーマとしたCC戦略を取り上げる。これはトヨタ自動車自体がCC戦略として発表したものではなく，筆者が新聞，雑誌，書籍などの同社の記事，環境報告書などを収集したものからピックアップしたものである。同社の環境への取組み活動としてはかなりの洩れがあると思うが，CC戦略の好例として取り上げさせていただいたことを断っておく。

　1990年　リサイクル委員会設置。この年から92年にかけ，新聞の全頁企業広告「ドリトル先生シリーズ」。

　92年　環境委員会設置。トヨタ地球環境憲章制定。

　93年　第1次トヨタ環境取組みプラン制定。

　94年　全頁企業広告「話そう」シリーズ。

　96年　第2次環境取組みプラン制定。98年にかけて全工場でISO14001取得。

　97年　全広告に「エコプロジェクト」のマーク。公開シンポジウム「トヨタ環境フォーラム」開催。以後毎年開催。ハイブリッドカー「プリウス」発表。

　98年　第7回地球環境大賞（日本工業新聞者主催）受賞。

　99年　「トヨタ環境教科書」作成。職場環境リーダー育成スタート。第1回トヨタEMS（海外事業体の環境マネジメント連絡組織）開催。

「グローバル500賞（国連環境計画主催）受賞。
　01年　新・トヨタ地球環境憲章。第3次環境取組みプラン制定。
まず組織を立ち上げ，憲章を制定，取組みプランを数年置きに策定し，教科書・リーダーづくりなどの教育，そして企業広告による外部への情報発信（まだインターネットが普及していない時期だったので，この広告では読者との双方向コミュニケーションを試み，「話そう」シリーズ広告には，7千通以上の手紙が届き，返信は広報部全員の作業だったという），そして製品開発と，地球環境問題に企業全体で取り組む姿をさまざまなメディアによって発信（もちろん受信も含めて）したことによって，同社への信頼感は高まったと思われる。
　経営活動の外部への情報発信→社内へのフィードバック→新しい活動への取組みに拍車がかかる→新しい情報の発信，というスパイラルに効果を発揮するというＣＣ戦略の成功例といってよいだろう。
　このように企業戦略の立案から遂行に至るまで，広報・コミュニケーションが果たす役割はきわめて大きい。企業戦略の立案にあたっては，企業理念→企業目標→企業ドメイン→製品・市場戦略→資源・ポートフォリオ戦略の順に策定されていく（大滝精一ほか，1997年）。このプロセス全体に広報・コミュニケーションは関与するが，とくに企業ドメインの策定に重要な役割を持つ。
　企業ドメインの表現の代表的なものを挙げると，「C&C」（NEC），「ドキュメント・カンパニー」（ゼロックス）などがあるが，榊原清則は「経営者や管理者が主観的に定義するドメインは，組織のメンバーや外部の人びとによって広く支持されたときに，初めてドメインとして機能するようになる」という（榊原清則，1992年）。榊原は，ドメインに関する社会的合意を「ドメイン・コンセンサス」と呼ぶが，ここにおける広報・コミュニケーションの重要性は十分に理解されよう。企業戦略は社会的に理解され，受容されて初めて達成の可能性が生じる。その意味では，戦略策定のプロセスには広報部門の参加は必須である。

3．企業危機と広報・コミュニケーション

(1) 広報の起源は危機

　アイヴィー・リーが今日，近代PRの父として歴史に残るに至った業績の1つは，1906年ペンシルヴァニア鉄道の事故にあたり，それまでの慣行を破り，事故の現場を新聞記者に見せたことにあった。また1970年代初頭，日本の多くの大企業に広報部門が設置されたのも，公害やオイル・ショック後の買占めなどの企業行動への国民の批判に端を発している。今日では企業危機の防止も収拾も広報部門の重要な業務として位置づけられている。

　危機には地震，洪水などの天災，オイル・ショックやニクソン・ショック，急激な国際通貨の変動などの不可抗力によるもの，社長の急死，自社株の買占めなどの半ば責任のあるもの，自社施設の火事・爆発，欠陥商品・自社商品による中毒や事故など責任はすべて自社にあるものなどさまざまであるが，責任の所在のいかんにかかわらず，コミュニケーションの果たす役割はきわめて大きい。危機管理の実務については第3章でくわしく触れるので，ここでは広報部門の役割だけ簡単にふれておこう。

　アメリカのパブリック・リレーションズの泰斗スコット・カトリップがかつて来日した時に行った講演において「地平線上にかすかに現れた黒雲を発見し，それをトップに報告することは広報の重要な使命」と述べたが，21世紀の今日，地平線上のどこに黒雲が現れるかがまったく予測がつかなくなっている。10年，20年前には企業危機に結び付くとは考えもつかなかった問題が危機要因として浮かび上がってくる。環境問題，人権，差別問題，インターネットによる情報の漏洩あるいは告発，企業情報の開示の要求等々は今後より厳しくなるだろうし，新しい危機要因はこれからも生まれてくる。とくに経済，社会のグローバル化は新しい危機要因を創出するだろう。

　広報部門はこれらの問題を予測し，自社での発生可能性があるならば警告を発する「アーリー・ウォーニング・システム」(EWS＝早期警戒情報システム) を担当しなければならなくなっている。また社内各部門からの代表者によるリスク委員会でEWSを含めた危機対応を常時考える必要があるが，

この委員会の事務局も務めなければならない。

（2） コミュニケーション・リスク

　これまで起きた事件，事故，不祥事をみると，発生した事件そのものより，その事実をめぐる社内コミュニケーションのまずさがリスクを大きくし，マスコミ対応時にそれが露呈してリスクをさらに増幅させることが少なくない。正確な情報が迅速にトップに届かないことがいかにリスクを大きくするかについて，過去にいくつもの事例をみてきた。例えば1985年に起きたマンズワインの不凍液混入事件，三洋電機の石油ファンヒーター事件では両社のトップが引責辞任したが，その時二人のトップが異口同音に発した言葉が「この情報がもっと早く私のところに入っていれば……」だった。一方，1982年にアメリカで起きたジョンソン＆ジョンソン社の風邪薬タイレノールに青酸化合物が混入されて死者も出た事件では，トップが最初から前面に出て事件の拡大防止に努力したことが評価され，同社の企業イメージを傷つけることはなかった。

　リスクの発生に際して，当事者がマスコミや第三者に対して，専門用語など相手に理解しにくい言葉で説明して，かえってリスクを大きくあるいは難しくしてしまう時などをコミュニケーション・リスクと呼ぶことが多いが，リスク時における内部の，あるいは外部とのコミュニケーションが事態を好転も悪化もさせるという意味で，もっと広く捉える必要がある。ピーター・ドラッカーは「組織において，コミュニケーションは手段ではない。それは組織の在り方の問題である」といっているが（『プロフェショナルの条件』），コミュニケーションの技術を教育するというようなことではなく，組織のあり方そのものから考えていかなければならない。

（注）
1） このマックス・ウェイズの論文は「コーポレート・コミュニケーション No.1——その現状と明日を考える」フォーチュン社・プレジデント社共刊，1972年，に掲載されたものだが，のち，『企業の心を伝えろ』フォーチュン編，知道出版，1981年に再掲載された。

2) 村田昭治編著『コーポレート・コミュニケーションの構図』税務経理協会，1977年。この中で，橋本がマックス・ウェイズの「コーポレート・コミュニケーション・セミナー」の成果を紹介した。
3) この起源について，カトリップとセンターらもまた，独立戦争当時のハミルトンとジェファーソンの名を挙げてPRの黎明期を説明しているが，この語を誰が初めて用いたのかについては断定していない。S. Cutlip, A. Center & G. Broom, *Effective Public Relations*, 7th ed., 1994, p.90.

（参考文献）

Fortune, "Highlights of Fortune Corporate Communication Seminar", 1980. (最上潤訳『企業の心を伝えろ』知道出版，1981年)
Simon, H.A. (1976), *Administrative Behavior : A Study of Decision-Making Processes in Administrative Organization*, The Free Press. (松田武彦他訳『経営行動―経営組織における意思決定プロセスの研究』ダイヤモンド社，1989年)
猪狩誠也「現代日本の企業広報」津金澤聰廣・佐藤卓己責任編集『広報・広告・プロパガンダ』ミネルヴァ書房，2003年。
今井賢一・金子郁容『ネットワーク組織論』岩波書店，1988年。
上野征洋「関係の科学への里程標」『広報学への接近』日本広報学会，1998年。
上野征洋「企業のアイデンティティとコミュニケーション」『CI計画ハンドブック』日本能率協会，1986年。
上野征洋「コーポレート・クオリティの時代」『宣伝会議』第500号，1992年。
大滝精一・金井一頼・山田英夫・岩田智『経営戦略』有斐閣，1997年。
大坪檀『コーポレート・コミュニケーション』中央経済社，1992年。
境忠宏『企業変革とCI計画』電通，1990年。
榊原清則『企業ドメインの戦略論』中央公論社，1992年。
城義紀『コーポレート・コミュニケーション』日本能率協会，1984年。
辻清明『都市の広報活動』1962年。
野中郁次郎編『ネットワーク時代の組織戦略』1．2，第一法規，1989～91年。
丸山眞男『日本の思想』岩波書店，1961年。
村田昭治編『コーポレート・コミュニケーションの構図』税務経理協会，1977年。

第3章
企業の社会活動とコミュニケーション

1. 企業の社会的責任とCSR

(1) 企業の社会的責任とコミュニケーション

　企業環境における20世紀と21世紀との最も大きな差異は、企業行動が地球上の人類社会に及ぼす影響がとてつもなく大きくなったことであり、同時に、影響の大きさに比例して社会的責任も拡大してきたことである。ここで言う企業行動による直接・間接の影響には、技術革新を通じた医療や衛生の改善、生活利便性の向上、通信・情報処理の飛躍的進歩など「人類の進歩」を彩る側面が多々見られる一方、自然破壊や環境汚染、戦争、貧富の拡大、コミュニティ崩壊などの「退歩」とでも言うべき面も見ることができる。

　こうしたマイナス面の是正に向けて、近年、ILOや国連、OECD、ISOなど国際機関でさまざまな取り組みが行われてきたが、わが国では経済同友会が第15回企業白書「『市場の進化』と社会的責任経営」（2003年3月）を発表し、企業にとって「経済的責任と社会的責任とが別々に存在する」のではなく、市場の進化によって「総合的に評価され、社会の期待と企業の目的が自律的に調和する」社会へと発展していくという展望が示された。

　それは企業に対して、効率性だけでなく規律性（コーポレート・ガバナンス）を求めていく考えであり、広報・コミュニケーション活動は、企業情報の受発信活動を通じて、規律ある企業行動を確立・推進に加えて、確認し、評価するという経営機能の一翼も担うことになる。第15回企業白書において、コーポレート・ガバナンスを支える仕組みの一つとして「ディスクロージャーとコミュニケーション」が挙げられているのは、そのためである。

　また2010年秋に発行される予定の社会的責任規格（ISO26000）において

も，組織において社会的責任を実施するためには，組織に特有の社会的責任を特定し，ステークホルダーを絞り込みエンゲージメント（参加促進）をすすめ，社会的責任を組織の事業や活動に統合することや，ステークホルダーとのコミュニケーションを適切に行い，パフォーマンスを把握し，改善する一連の手順が示される予定となっている。

このようにコミュニケーション活動は，IT情報化が進展するグローバル経済社会において，企業が効率性を高め，規律ある活動のもとで持続可能な社会を形成する主体となりうるための，不可欠の機能として位置づけられるようになってきたのである。

（2） CSR前史としての企業の社会的責任

戦後の復興期を経た後の経済界の発展を企業側からみると，60年代はプロフィット・マキシマム，70年代はフリクション・ミニマム，80年代はクリエーション・マキシマム，90年代はボーダー・ミニマムの時代というようにキーワード的に整理することができる（加固三郎，1995年）。60年代は高度成長，70年代は企業批判，80年代はCIに代表される創造的な戦略経営，90年代は規制緩和の進展とグローバル化というように特徴づけられるということである。

企業の社会的責任は，60年代後半以降，高度成長の副産物である健康被害やさまざまな反倫理的行動が社会問題として大きくクローズアップされた。水や大気を汚染する公害，薬害などに加え，欠陥車などの欠陥商品，オイル・ショックに端を発する買い占めや売り惜しみなどの企業行動に対して反発が高まり，企業も真剣に対応せざるを得なくなったのである。

1980年代後半，日本企業は積極的に海外進出を進めたが，現地で遭遇した問題がコーポレート・シチズンシップ（企業市民活動）である。企業は現地化することが求められ，社会の一員としての役割を果たさなければ市民たる資格がないことを知らされたのである。企業市民活動とは海外から入ってきた言葉である。幸い，社会的責任について問われてきた企業は，その経営姿勢を一歩進めたものとして企業市民を理解し，その活動に取り組んだ。90年以降，企業市民活動は社会貢献活動とほぼ同義に使われていくことになる。

ここで付言しておきたいのは，企業市民活動の原型は日本においても探ることができることである。その原型とは，企業の草創期のころの経営者の巨人たちによる個人的な行為である。日本では明治・大正期にかけて行われた企業家による篤志活動と呼ばれたものがそれである。渋沢栄一などによって，教育機関や病院，孤児院，伝染病の研究所などの設立や支援活動がなされた。そうした活動が時代を経て，企業組織に問われてきたことも時代的な差はあるものの欧米と共通している。

企業は，本来ならば安価で優れた財とサービスを供給することで経済的責任を果たすと考えられてきたわけであるが，経済的責任だけではなく社会的責任，さらに社会貢献活動，つまり企業市民活動までも要求されるようになったのである。

そこで，企業の経済的責任，企業の社会的責任，企業市民というカテゴリーであるが，3者に共通するものとして「企業の社会的役割」というカテゴリーを上位概念に置いて括れば，それぞれが社会的役割の1カテゴリーとして位置づけることができるという指摘がある（梅澤正，2000年）。企業は社会的存在であるという理解がまず基礎になければならないということであるが，本書もこの理解に則して検討を進めたい。これらのカテゴリーは企業の発展によって生成してきたものとして歴史的な視点で理解することができるが，重層構造的に発展し，今日のCSRの議論につながっていく。

（3） 企業の社会的責任に関する議論

実は，企業の社会的責任についての議論は，すでに1920年代から始まっているといわれる。企業が発展して主要な経済制度の中に位置し，さらに社会制度としても巨大な存在となり，社会に対する影響力が増すにつれて，企業の社会的責任に対する関心が増し，経済学や経営学，社会学などで企業の社会的責任論がさまざまに論議された。アメリカでは1940年代から50年代にかけて議論が高まり，それらの諸見解はわが国には山城章教授によって早くから紹介されている（対木隆英，1979年）。

日本では1960年代以降本格的に取り上げられることになるが，企業の社会的責任が論じられるようになった背景として企業の変化を指摘しなければな

らない。つまり，資本の出資者が企業を支配する座を離れ，消費者や従業員と並ぶ利害者集団の1つになり，企業は資本家の所有物ではなく主体性を持つ社会制度となるにいたった。こうした変化を捉えてバーリ＝ミーンズは，資本の所有と経営の分離と指摘したが，大量生産・大量消費は人々の生活様式まで規定し，経済社会のなかで企業の影響力はかつてないほど巨大になったことから，企業の社会的責任が問われることになったのである。

もっとも企業の社会的責任について消極的な論者もいる。M・フリードマンやハイエクなどがそうした論者であるが，その論拠は古典的企業観にあり，企業の社会的関与を否定した主張になっている（ホワイトハウス産業社会会議，1974年）。

しかし，現実には企業の社会的存在が大きくなったがゆえに企業の社会的責任が問題になり，企業への批判も強くなる。70年代アメリカで企業批判が強くなった理由として，ジャコビは次のように指摘する。「国民が企業の能力を信頼しているからこそ企業批判が高まったのであり，信頼できなくなったからではない。社会的分野で企業ができること，その限界を理解することが今ほど重要なときはない」（ジャコビ，1975年）。

日本の経済界のなかでは，経済同友会が比較的早くから企業の社会的責任について提言している。1947年に「企業経営の民主化」を提言し，経営の基本理念として企業の公器性，経営者の社会的責任の自覚と実践を1955年に打ち出している。その後もこの路線は追求され，73年には「経営者の新使命」が提起され「これまでの企業効率の追求と並行して，新たに社会貢献を企業目標として位置づけ，その積極的推進を図る福祉的経営を樹立する」ことが提言されている。

（4） 反企業運動

日本において企業の社会的責任が社会問題として大きくクローズアップされるのは，1973年のオイル・ショック前後の経済的混乱の時期においてである。それまでも高度成長の副産物である公害の深刻化やニクソン・ショック，列島改造ブームによる経済的な混乱や投機的な企業行動が問題になっており，すでに70年には，主婦連など消費者5団体がカラーテレビの二重価格

問題で企業側に原価公表を申し入れ，1年間買い控えなどを決議したり，71年には全国地域婦人連絡協議会が再販商品の不買運動を開始し，メーカー16社の社名を公表したりしていた。欠陥車問題が起きた69年には「告発型」として有名になった日本消費者連盟，70年には日本ユーザーユニオンが発足している。

オイル・ショック時にマスコミは「悪徳商法」を攻撃し，企業を名指しで批判的に報道した。それが毎日のように報道されると，すべての企業が「諸悪の根源」とみられるようになる。関西でトイレットペーパーの買い急ぎがテレビで報道されると全国に波及し，事態はパニックの様相を呈するまでになった。さらに73年だけでも14件にのぼる石油コンビナートの事故が発生した。企業不信から反企業の機運が生まれるに十分な条件が揃う状況になっていた。

消費者団体は急速に増え，経済企画庁の「消費者団体基本調査」によると，72年の668団体が79年には2,565団体，81年には3,712団体になっている。消費者運動や反公害運動は，企業にとっては新しい競合者であり，企業の意思からは独立した行動原理を持ち，意志的，能動的な点が共通している。企業は新しく出現した社会的パワーである「消費者」に目を向け，これまでの企業優位の姿勢から転換して，新しい競合者との緊張を和らげ，社会との摩擦を弱め，企業への信頼を回復することが経営の重要項目として認識されるにいたる。

(5) 経済界の対応

1973年には，オイル・ショック前の3月に経済同友会「経営者の新使命」提言が出され，4月には日経連総会で代表幹事の桜田武が「提言より職場での実践活動を」と題し，3つのポルーション（通貨の汚濁，つまりインフレーション，環境汚染，道義の退廃）と闘うことが経営者の使命だと訴えた（岡崎哲二ほか，1996年）。

そして5月には経団連が定時総会で「福祉社会を支える経済とわれわれの責務」と題した決議を採択し，「社会の要請に応えて，企業として負うべき責任を果たすことは，企業の大小を問わず，今後，われわれ経営者にとって

特に重要な責務である。われわれとしては，この際，企業の責任体制を自主的に強化し，増大する企業の社会的責任を全うするよう全力を挙げるべきである」と決意を明らかにしたのである。

9月には日本商工会議所が総会で「いまやわれわれは，企業を取り巻く社会環境の大きな流れを直視して総論的な『社会的責任論』から進んで，これを具現化していくべき段階にきている」といい，「クリーン・ジャパン運動」を提唱している。

73年5月の経団連総会において，植村甲午郎会長は次のように述べている。「企業の社会的責任が理念の上では確固たる位置を占めているとはいえ，それを実際活動の中において，企業組織の末端に至るまで具現化するためには，経営管理制度の上で，それを可能ならしめるような方法手段が必要である。残念ながら，現在までのところ，この面での発達は十分とはいえず，試行錯誤を重ねている段階にあると言える。経営の上でこれを具体的に実現するかというノウハウが，経済界共通の財産として開発され，実施されていくことを期待している。」

総論賛成から各論へ，理念から実践への転換を訴え，企業は具体的な社会的責任の実行，その方法が問題になっていった。経団連ではアンケート調査を行い，465社から回答を得ている（「経団連月報」1973年10月号）。以下にその要点を紹介しよう。

① 「社会的責任を考慮に入れて個々の事業活動を行なっているか」という質問に対して，408社が「行っている」と答えた。具体的には事業の事前チェック，事後的検討を行う組織の設置，副社長クラスを委員長とする社会責任委員会のような組織の設置を通じて検討しているというような例である。

　責任担当役員の有無について，公害に関しては260社，消費者に関しては160社，地域社会に関しては188社が「有り」と答えている。
② 従業員に社会的責任について教育を実施している会社が103社，計画中が97社。
③ 社会との対話については，「地域住民や消費者と会社の事業に関して意見交換の場を設けている」が256社。労使合同を遂行するための場を

設けている企業が166社。
④　地域社会との融和対策に関して，地元住民を優先して採用している企業が372社，地元行事への資材および資金提供している企業が318社，工事の優先発注が316社，スポーツ，文化，保健等の公共施設への寄付や自社施設の開放などを行っている企業が324社。
⑤　「教育，文化事業に対する寄付を行っている」と回答した企業は387社，そうした目的のために財団法人を設立している企業が116社。
⑥　営業報告書に社会的責任の項目を設けることや，株主総会の内容を改善することについて，アンケートではそれらの実施に踏み切っている企業はまだ少ない。検討中と答えた企業もあり，増える傾向にはある。

(6)　行政の対応

　通商産業省（現・経済産業省）では，1973年ごろから「企業行動の適正化」をテーマに，「社会貢献度指標調査」「企業コンフリクトに関する調査」「企業の社会的責任についてのアンケート」などの調査を重ねて，1977年企業の社会的責任に関する見解を発表した。この中で「現代企業が社会的責任を自覚し，その実践に努力することは，単に企業体としての円滑な発展を確保するためのみならず，現代企業が社会の一構成員であり，かつ社会の多くの物的・人的資源を動員している事実から根拠づけられる」として，「企業内容の開示で不透明性を解消すること」「地域住民，消費者等との対話の推進」などの企業行動を盛り込んだ提言を出している。

(7)　企業の広報対応

　大企業は，マスコミ，消費者団体などの市民団体からかつてない批判を浴び，広報活動の必要性を認識することになる。
　調査方法が異なるので厳密な比較ではないが，1970年2月時点で「独立したPR部門」が12.9％にとどまっていた（上場，非上場主要企業217社，成城大学マスコミ学研究室調査）のに対し，1980年2月時点では，「広報部（室）として独立している」企業は33.8％に達していた（東証一部上場272社，経済広報センター調査）。

消費者対応についても，それ以前に比べると進んだといってよい。経団連が行った調査では，次のような結果が出ている（経団連，1973年）。
① 「製品やアフターサービスについての消費者からの苦情，問い合わせに応ずる組織を設けていますか」という質問に対し，「設けている」63％，「設けていない」17％，「検討中」13％。
② 「製品の安全チェック，安全基準確立を研究する組織がありますか」に対し，「設けている」53％，「設けていない」27％，「検討中」6％。
③ 「広告・宣伝における妥当性をチェックする組織はありますか」に対して，「設けている」41％，「設けていない」24％，「検討中」24％となっている。

日本企業のすべてが公害対策に注力したということはできない。消費者対応にしても同様である。しかし，公害については1970年から20年間の間に8兆5千億円近くの公害防止投資が行われ（正村公宏，1990年），その結果，課題はいくつも残すものの世界有数の公害防止先進国といわれるようになった。環境技術の面でも排ガス規制のマスキー法を世界に先駆けてクリアした日本の自動車産業は，世界に飛躍していくようになった。

2．企業市民

（1） 企業市民として求められるもの

1980年代の後半から，企業の社会的責任を超えて企業市民の問題が議論されるようになっていく。企業市民の問題は，企業の社会貢献活動，つまりフィランソロピー活動やメセナ活動に代表されるわけであるが，企業市民の問題はそうした活動面に止まるものではなく，社会の一員として企業に求められる質が変わってきたことを認識する必要がある。

たとえば環境汚染や不祥事など，それまで企業が批判された社会的責任を根底から問うものが企業倫理の問題である。90年代には企業の倫理規範や行動規範が策定されていくことになる。また，不祥事の遠因となる企業の透明性が問われ，社会に開かれた企業として情報開示すること，国際的には経済摩擦を起こさずに世界のなかで共生していくことなどが求められるようにな

った。

　共生の問題は，その後地球環境保全や社会問題とりわけ社員との調和の問題にまで発展した。企業市民のあり方は，社員や生活者など社会を構成する主体の価値観や幸せなど内面的な問題にまでかかわるものを含み，それらに対する企業の方向性を明確に示していくことが求められ，ステークホルダーとの広報・コミュニケーションがより重要な経営課題になってきたことが特徴的である。

　そうした，企業の社会性，市民性が国際社会からも社会のさまざまな機関からも明確にメッセージとして発せられるようになっていった。

　たとえば，イギリスでは1987年にスーパーなどが環境に配慮した商品を紹介しているかどうかを評価する内容の『グリーン・コンシュマー・ガイド』が発行されている。アメリカの経済優先問題協議会（CEP）は「企業考課」を策定し，社会活動ですぐれた実績を上げている企業を選定している（森本三男，1994）。CEPはさらに，社会的なさまざまな基準によって商品を評価した『Shopping for a Better World』を1991年から発行している。これに範をとったのが「企業の社会貢献度調査」である。『朝日ジャーナル』1992年臨時増刊号で始まり『有力企業の社会貢献度』に引き継がれた。

　ちなみに同調査は「社員にやさしい」「ファミリー重視」「女性が働きやすい」「障害者雇用」「雇用の国際化」「消費者志向」「地域との共生」「社会支援」「環境保護」「情報公開」「企業倫理」の11項目を「公正さ」「透明性」「平等性」「先進性」の観点から5段階で評価している。

　またメディアでは，『FORTUNE』が1982年以来「The Amerikans Most Admired Corporation」を選んでいるが，その評価項目はマネジメントの質，製品・サービスの質，革新性，長期的投資価値，財務の健全性，有能な人材の開発・活用能力，地域・環境への責任，企業資産の運用力などである。

　日本経済新聞でも1993年から企業評価の新しいシステム「プリズム」による企業ランキングを発表している。これは企業経営を40項目にわたって調査し，専門家や記者の評価と組み合わせ，統計学を応用して総合的に評価するシステムで，評価モデルとして「社会性」「透明性」「収益・成長力」「若さ」

「環境・研究」などの説明変数を設けて分析しているのが特徴的である。多角的な評価方式であるが，説明変数を年ごとに変化させているところが社会の変化を映していて興味深い。ちなみに，93年度は「環境・公正」「財務・収益力」「大企業性」「同族性」「活力・開発力」「順法」。2007年度は「柔軟性・社会性」「収益・成長力」「開発・研究」「若さ」。財務データだけでなく「公正」や「社会性」も含めた多角的な評価が行われている。

(2) 企業の社会貢献活動
1) 企業の社会貢献活動が問題になった背景

では，こうした企業市民たる具体的な活動として企業の社会貢献活動がある。歴史的に概観しておきたい。企業の社会貢献活動は1980年代後半からクローズアップされた問題であるが，その背景をみるといくつかの流れが重なっていると思われ，企業の社会貢献活動自身が企業の広報・コミュニケーション活動として重要になってきたことが指摘できる。

まず，日本企業の国際化による企業の意識変化である。海外に進出した日本企業は現地において企業市民たることを問われたことは先に触れたが，経団連など経済界からアメリカなどに調査団が派遣されて企業市民について学ぼうとしたことも，その後企業の社会貢献活動が定着することに寄与している[1]。

2つ目には企業人の価値観に変化が求められたことである。当時，日本企業の輸出は集中豪雨的と形容されるほどのもので，会社の成長に努力すればするほど輸出が増え，貿易黒字が肥大化し，経済摩擦が激しくなり，円高が進むという悪循環に陥った。結局は世界で独り勝ちすることは許されず，生産至上主義のままではやがては地球自体の存立さえ危うくなることが懸念されるようになってきた。戦後，廃墟から立ち上がり，欧米にキャッチアップするために，世界からエコノミックアニマルと呼ばれるほど企業発展に尽くしてきた企業人の価値観が問われたのである。人生のすべてを会社に捧げる会社人間ではなく，環境・福祉・教育・スポーツなどの社会に貢献する活動ができる場を企業内外に求めようという反省がみられたのである。

3つ目は，70年代から80年代にかけての企業批判に対応した企業の社会的

責任問題の延長上に，社会貢献活動が位置づけられたのではないかと思われる。

2) 企業の社会貢献活動——80年代

実はすでに1970年代に企業の社会的責任が先駆的に論じられていたが，まだ公害など環境問題に対する企業批判にいかに対応するかという問題への対応が中心で，地域社会への対応としてオープンハウス，地元懇談会の実施，福利厚生施設の開放，苦情処理システムの確立，コミュニティ紙の発行などが主な広報対応であった（加固三郎，1974年）。

1980年代の半ばごろになると，企業の社会貢献活動は本業関連の活動が増え，以前とくらべて広がりが出てきた。社会貢献活動として今日にも引き継がれている事例が多くみられるので，その一部を紹介したい。

アサヒビール：ベルマーク運動に参加，キリンビール：福祉施設への自社商品提供，カゴメ：幼稚園への自社商品提供，大成建設：カルチャー講座，東レ：国際学会開催の費用助成，日本アイ・ビー・エム：学者のシンポジウム（天城会議など）の開催，松下電器産業：重度身体障害者工場の設立，トヨタ自動車：トヨタコミュニティコンサートの開催，日産自動車：日産スカラーシップで日米交換留学生の受け入れと派遣，ライオン：口腔衛生普及運動，ジョンソン：姉妹都市提携の促進，共同石油：全国支店でのレッツクリーン運動で海岸や公園の清掃奉仕，ミノルタカメラ：写真ゼミナール，三井物産：リトルリーグ野球協会支援，イトーヨーカ堂：料理教室の開催，東京電力：電気教室の開催，日本航空：JALスカラシップ（産研，1978年）

このころ，自社の野球場，バレーコート，テニスコートなどを休日に無料開放している企業の例はそれまでに比べれば増えていると推測されるが，一般的に実践されている状態になっているとはまだ言いがたい状態であった。

3) 企業の社会貢献活動——90年代

経団連が米国に範をとった「1％（ワンパーセント）クラブ」運動を提唱したのは，バブルがはじけだした1990年である。経済界として社会貢献活動を支援するため，法人の場合，経常利益の1％を拠出するという運動である。

その2年後に経団連がまとめた『社会貢献白書』が刊行された。この白書では，自社の社会貢献活動を社会に向かって知らせることに対し「積極的に開示すべきだ」という企業が75％を占めており，広報活動として積極的に取り組まれるようになったことが明らかになっている（経団連，1992年）。

　さて，企業の社会貢献活動として歴史的に欠かせない事例は，阪神淡路大震災時における企業の実践である。1995年1月17日午前5時47分，阪神淡路を襲った直下型の地震は6,432人の死亡者，住宅の全半壊は24万9千棟に達した（消防庁資料）。この震災の復旧・救援活動で浮き彫りになったのは，行政の意外な対応力不足と企業の迅速な行動力である。

　多くの企業が，援助物資の提供や人的支援など何らかのアクションを起こし，連日，新聞やテレビで報道された。経団連の2月17日時点での調査によると，回答した510社のうち496社が義捐金や救援物資を拠出し，避難場所などを提供した企業は130社，187件にのぼっている。支援・救援活動で目立ったのは，各社とも自社の得意技を活用したことである。食品会社は飲料水や食料，自動車メーカーはクレーン車などを運転手付きで提供，燃料を扱っている会社は燃料とコンロなどの器具，電気関係のメーカーは懐中電灯などを提供した。電力，ガス，鉄道，電話などライフラインにかかわる企業間の協力体制も迅速に進められたことも普及に寄与した（『経済広報』，1995年4月号）。

　この震災にはまた多くのボランティアが駆けつけた。その規模は120万人とも130万人とも言われている。そのなかには若い学生などとともに企業人も少なくなかった。企業のなかにはボランティアを休暇扱いで支援するところもあれば，企業が直接ボランティアとして社員を派遣する場合もあった。こうした救援活動で問題になったのはリアルタイムでの情報の受発信である。救援関連の情報を体系的にリアルタイムで扱う公的メディアがなく，NECがPC-VANを使って救援関連の情報ボードを設置したり，ニフティサーブが情報コーナーを開設して支援を必要とするボランティア情報の受発信に務めるなど，情報面でも民間の果たした役割は大きかった。

(3) メセナ活動

「フィランソロピー」とともに注目を集めたのが「メセナ」である。メセナという言葉は，メセナ協議会の発足の過程でマスコミに取り上げられたことで短期間に普及した言葉である。メセナ協議会が設立された1990年を，関係者はメセナ元年と呼んでいる。誕生のきっかけは1988年に開かれた第3回日仏サミットである（福原義春，1990年）。企業のメセナ活動を企業広報の問題として取り上げる理由は，企業が社会と取り結ぶさまざまな関係のなかで，芸術や文化に関してどのような姿勢なのかが次第に注目されるようになったからである。

つまり企業が送り出す商品は，性能や値段だけでなく，商品を送り出す企業自身の文化度，文化性が注目されるようになったのである。コーポレート・アイデンティティ（CI）活動においても企業の文化性は，企業イメージの形成にとって重要な役割を果たすと認識されるようになった。もちろん，「企業文化の変革」と「企業の文化活動」は全く異なるカテゴリーである。

企業がメセナを行う理由は「社会貢献」がもっとも多く34％を占め，以下「企業イメージ向上のため」（30％），「企業文化確立のため」（20％）とつづく。「販売促進等の一環として」は6％と低い（『メセナ白書』，1991年）。メセナ活動の分野は音楽や絵画が多く，演劇，工芸，写真，美術館，彫刻，文学，舞踊などに広がっている。

メセナ活動について，社外への広報は「している」が58％，「特にしていない」が39％。広報の方法としてはポスター，チラシ，プログラムの配布，リリース，広告宣伝，顧客の招待など。「特にしていない」理由は「公式にPRする必要がない・すべきでない」「宣伝活動とは一線を画すべき」などの意見が主なものである。92年当時，広報のツールは活字媒体が中心であったが最近はインターネットの活用が増えてきている（『メセナ白書』，2000年）。

さて，景気とメセナの関係であるが，メセナ活動が話題を集めた当時，メセナ活動は企業の免罪符ではないかという疑念が少なからず向けられた。つまり，景気が悪くなればメセナ活動も沈静するのではないかという予想である。この予想は半ば当たったともいえるが，その通りにはなっていない。と

いうのは，メセナ活動の件数をみると次のようである。91年度からメセナ活動を開始したのが56件（5％），以下73件，50件，53件，68件，92件，115件，116件というように93年を底にその後は回復基調にある。1社当たりの活動費でみても，1991年度に1億4,076万円だったものが，94年には7,546万円に低下した後徐々に回復し，97年度には1億2,128万円，99年度には1億183万円とやや横ばいに推移している（『メセナ白書』2000年）。

　この傾向はその後も続いており，2006年度のメセナ実施企業1社当たりの活動件数は平均5.9件であり，対象分野は音楽が4割，美術が3割，伝統芸能が1割を占めた。活動目的としては，「社会貢献の一環として」が9割超であり，担当部署は「広報関連の部署」189社（39.8％）が最も多く，「総務関連の部署」157社（33.1％），「文化・社会貢献等の専任部署」119社（25.1％）となっている（企業メセナ協議会，2008年）。

　やはりメセナ活動はその性格から継続性が求められ，長く続けることが企業イメージの向上のうえからも高い効果が上げられると考えられている。

（4）　グローバル化と環境経営の登場

　1990年代の後半になると，人々は日本の経済社会を「失われた10年」と呼ぶようになっていた。それは東西冷戦が終結し，グローバル化が経済・社会の各側面で進む中，日本の経済・社会はバブル経済の崩壊の影響からなかなか立ち直れず，政治・経済面ばかりでなく，社会的な混乱が続くようになったからである。

　その渦中の1995年5月に，日本経営者団体連盟（当時）から『新時代の「日本的経営」』が発表された。この報告書では，人間尊重，長期的視野にたつ経営という日本的経営の基本理念は維持するものの，経営環境が大きく変わる中で，横断的労働市場の育成や自由競争原理の徹底を謳ったものである。

　この提言は，結果的に，経営の論理を先行させることになり，今日，問題とされる労働市場の格差拡大や就業環境の悪化の契機となったと批判されているが，単にこの提言が「日本的経営」の崩壊を招いたというよりも，金融・資本市場や労働市場，行政規制，地方制度，司法制度など，戦後日本の

枠組みを形成してきた様々な諸制度の改革への取り組みのひとつであった。グローバル・スタンダードあるいは世界標準経営などの言葉が，職場やビジネスセミナーで飛び交った。

1997年から98年の時代を振り返ってみると，総会屋への利益供与事件が次々に明るみに出され経営倫理が厳しく問われた。それは企業だけに止まらず，旧厚生省や旧大蔵省，日本銀行や旧防衛庁などでも不祥事が相次いで明るみに出るなど，政官財をめぐる構造的腐敗の様相を呈し，ヤオハン，北海道拓殖銀行，山一證券などの大企業が次々に破綻していくなど，経済・金融危機の深まりとともに社会不安も広がっていった。

その一方，グローバル化を実感させる出来事がマスメディアを通じて，職場やリビングに押し寄せてくるようになった。野茂投手の大リーグ新人王受賞やサッカーのワールドカップ・アジア地区予選への初出場のような報道があるかと思えば，阪神大震災や地下鉄サリン事件のような日本初大ニュースが世界中で報道される。ペルー日本大使館公邸占拠事件やエジプトでの観光客無差別テロなどの映像が家庭にも飛び込んでくる時代になった。世界的な事件や事故のニュースは，新聞の社会面やスポーツ面までも埋め尽くす勢いを見せるようになったのである。

それまでの日本的経営の転換を促進した出来事は，それだけではなかった。

地球環境問題の国際的な解決策を議論するための地球サミット（1992年6月，リオデジャネイロ）の開催を成功させようと，世界のビジネスリーダー50名（日本企業関係者7名：京セラ会長，王子製紙会長，日産自動車会長，新日鉄会長，三菱コーポレーション会長，東ソー会長，経済同友会メンバー）からなる「持続的発展のための産業界会議」（BCSD: Business Council for Sustainable Development）が創設され，経団連からも財界視察団がサミットに参加したのである。

とりわけBCSDの役割として注目されるのは，1987年に国連WCED（ブルントラント委員長）が提起した持続的発展の考え方を検討し，ビジネスにおける持続性のある技術（Sustainable technologies）の導入・推進のため，環境の国際規格は重要な手段となり得ると提言したことである。その結果，

1996年9月にISO14001（環境マネジメントシステム規格）が発行された。2007年11月末現在のISO14001の認証件数は，140カ国・地域の129,199件に及んでいる。その1位は日本で22,593件，以下中国18,842件，スペイン11,125件，イタリア9,825件，英国6,070件，韓国5,893件，米国5,585件，ドイツ5,415件，スェーデン4,411件，フランス3,047件などが続く（http://www.iso.org）。

また1992年に採択された「気候変動枠組条約」にもとづき，1997年12月，京都市で国連気候変動枠組条約第3回締約国会議が開催されたが，ここで採択された「京都議定書」では，2008年から12年までの間にCO_2排出量を1990年比6％減にするというわが国の削減目標も設定されたのである。

これまで企業は経済的な業績を指標として経営され，また資本市場も財務指標をもとに企業評価を行ってきたが，それ自体はまったく経済的に無価値であったCO_2が企業経営における削減目標として導入された瞬間，企業経営の単一経済性原理は，環境性や社会性の側面も経営判断の対象にするという多面的価値経営へと舵を切らざるを得なくなったのである。

1997年12月，トヨタ自動車は電気モーターを併用する低公害車「プリウス」を発売するとともに，翌年には「環境報告書」を発行する。環境報告書で報告される企業のさまざまな環境配慮活動や経営者のメッセージ，あるいは環境配慮製品の広告や広報活動，販促活動によって，市場からの企業評価も大きく変容する。トヨタ自動車のイメージや環境経営ランキングも急上昇した。

このような製品だけでなく経営面にもわたる環境配慮への取り組みが，この頃から「環境経営」と称されるようになるのである。

3．CSR経営と広報・コミュニケーション

環境経営元年が1997年であったならば，2003年はCSR（企業の社会的責任）経営元年と称しても良いだろう。この年3月，経済同友会の提言『「市場の進化」と社会的責任経営』が発表されたのが一つの契機であった。これが，翌04年6月にISO（国際標準化機構）ストックホルム総会で企業を含む

図表 3-1　環境報告書・CSR報告書の発行数の推移

年度	有効回収数	有効回収率（％）
平成9年度	169	6.5
平成10年度	197	7.4
平成11年度	270	9.8
平成12年度	430	16.0
平成13年度	579	20.0
平成14年度	650	21.9
平成15年度	743	26.6
平成16年度	801	31.7
平成17年度	933	34.7
平成18年度	1,049	37.8

出典：環境省「平成18年度　環境にやさしい企業行動調査」2008年

あらゆる組織のガイダンス規格（Guidance for Social Responsibility：ISO26000）の策定が決定されてから、さらに流れは加速するようになる。

　企業におけるCSRへの取り組みをCSR経営と称するが、その特徴の一つである企業実績の社会への報告活動（冊子やウェブでの環境情報の開示やコミュニケーション）を指標として見ると、たとえば環境報告書やCSR報告書の発行企業数は、1997年から2005年までの8年間で5.5倍となり、上場企業の67.9％に達している（図表3-1）。

　この勢いは、上場企業から非上場企業へ、業界上位から下位へ、親会社からグループ・取引先へと波紋を描くように広がりつつある。ISO規格を市場取引の前提条件とすることが多いため、トップ企業が環境／CSR経営に踏み切ると、関連企業や取引先にも導入を要請する。情報開示・コミュニケーションのサプライチェーン化とでも言うべきドミノ現象とも相まって、何らかの報告あるいはコミュニケーション活動を行う企業は、いずれ数千社から数万社へと拡大していくだろう。

　こうした動きは、これまで常識とされてきた企業の広報・コミュニケーションの概念や手法にもインパクトを与えずには済まないだろう。なぜなら企業における広報あるいはパブリックリレーションズ活動は、もともと企業と社会との摩擦に対応して開発・導入され、企業と社会とのより良い関係性の

構築や維持のための経営機能であったからである。

　それでは，これからCSR経営の特徴を押さえながら，CSRコミュニケーションのあり方や基本的な手法について取り上げていこう。

（1）　CSRの定義とコミュニケーション

　CSRは「企業の社会的責任」と呼ばれ，先進国企業の海外進出が盛んになり始めた1960年代頃から多様な議論が展開されてきたが，実務の標準化を目ざした国際的な議論が始まったのは21世紀に入ってからである。すでに経営概念として確立されている「企業の社会的責任」ではなく敢えて「CSR」を使うようになっていることに，今日の企業の社会的責任が80年代までの概念と違う側面をもっていることが示されている。

　欧州委員会の「EUホワイトペーパー」（2002年）は，「責任ある行動が持続可能な事業の成功につながるという認識を，企業が深め，社会・環境問題を自発的に，その事業活動及びステークホルダーとの相互関係に取り入れるための概念」とする。

　また先に挙げた経済同友会（2003年）では，「企業と社会の相乗発展のメカニズムを築くことによって，企業の持続的な価値創造とより良い社会の実現をめざす取り組み」としている。

　これがISO26000の第4次作業文書（ISO，2008年）になると，「組織の決定及び活動が社会及び環境に与える影響に関する責任で，透明かつ倫理的な次のような行動を通じたもの」として，4項目の具体的な行動原理を挙げられている。

① 持続可能な発展，健康及び社会の繁栄に貢献し，
② ステークホルダーの期待を考慮し，
③ 適用されるべき法令を遵守し，国際行動規範と一致し，
④ 組織全体に統合され，組織の関係の中で実践される行為。

　ここで言う「活動」は，製品，サービス及びプロセスを含み，また「関係」とは，組織の影響範囲内における活動を意味するが，いずれにしても，企業だけでなくあらゆる組織を対象にする規格になったこともあり，企業の

利潤動機からの説明はない。それは否定されるものではないが，逆に，一部の企業が謳っているような「個々の企業の持続可能性」やBCP（Business Continuity Plan：事業継続計画）を問う規格ではない。

日本経営倫理学会CSRイニシアチブ委員会では，日本の事情を考慮して，CSRの定義を以下のようにまとめている（水尾・清水・蟻生，2007年）。

・目的　　企業と社会の持続可能な発展を促進すること
・行動1　不祥事の発生を未然に防ぐとともに，
・行動2　トリプルボトムラインと称される経済・環境・社会に対して積極的に貢献していくために，
・行動3　マルチ・ステークホルダーのエンゲージメントを通じて，
・仕組み　ともに進める制度的義務と主体的取り組みの責任。

同委員会の定義は企業を主体に論述しているので企業や経済が前に来ているが，システム論的に言うならば，CSR経営の第一目的は，地球温暖化や格差拡大などの生態的環境や社会環境が脅かされ，不安定化するのを阻止することを通じて企業の経営環境を保全し，企業経営の持続可能な発展の社会的基盤を形成することにある。

また行動3のステークホルダー・エンゲージメントとは，「組織がその組織の決定根拠をよく説明することを目的とし，組織と組織の1つかそれ以上のステークホルダーとの間で対話をする機会をつくる任意の取り組み又は活動」（ISO, WD3.2 26000）であり，この活動そのものとその活動成果を行動1及び2に反映していく活動がCSRコミュニケーションである。またそこでは，生態的な環境情報や社会情報及びそれらと相互作用している企業活動などの経済情報が取り交わされているのである。

（2）　CSR経営の特徴

CSR経営におけるマネジメントの特徴は，本業での環境・社会問題への配慮を前提とし，ステークホルダーに支持される事業活動を行う点にある。事業活動であるから，いわゆる計画（P），実践（D），点検（C），見直し（A）という経営行動サイクルに基づき，事業点検の際に企業情報の「ディスクロージャー」やステークホルダーとの「コミュニケーション」を前提とす

る。

　まず「何事も情報開示する」ことから出発する経営は，当然のことながら組織内に緊張感を孕む。そしてステークホルダーとのコミュニケーションから入手する情報を経営意思決定の際に検討材料とすることによって，組織内の価値観から排除されがちの考え方を生かすことも可能になる。このことが，かつての社会貢献活動やメセナ活動と異なる点である。

　このようなマネジメント・スタイルがとられるようになったのは，企業評価機関の環境格付や金融業の環境融資原則が広まりつつあること，またSRI（社会的責任投資）が順次拡大しており資本市場で無視できなくなってきたことなどによる。企業は，社会からの環境・社会問題への取組要請に対応しつつ，評判（レピュテーション）やイメージ向上を図り市場競争優位を確保しようとしているのである。

　今回のCSR経営は，グローバル企業から取り組みが始められたが，そこでのマネジメントは以下のような特色を持っている。

1）　経済業績と社会活動との両輪での成果が市場競争力を形成するとの理解のもとで，トップが直接管轄するなど，重要な企業戦略として取り組まれている。
2）　21世紀型社会での環境・社会課題をもとに，そこにおける自社の潜在リスクを回避するための予防保全の考え方に立ったマネジメントが採用されている。
3）　PDCAのマネジメント・サイクルに情報開示を組み込み，社会的統治の要素も盛りこんで企業統治の有効性を高めようとしている。
4）　NGOによる企業監視活動やSRI（社会的責任投資），報道・研究機関などの評価と市場競争力との関連を重視し，広報・コミュニケーション部門の強化に努めている。

　そのような特徴は指摘できるにしても，各企業の取組領域は多種多様である。まだ取り組み始めたばかりで手探り状態にあることも一因であるが，これはCSR経営の本質に関わる現象でもある。

　ISO26000規格にも記述されているように，ステークホルダーの期待する取組内容は，地理的（空間的）あるいは時代的（時間的）状況によって異な

らざるを得ず，また企業自体の業容やサプライチェーンの状況によっても取り組みの切り口は変わらざるを得ない。それゆえ企業にとっては社会的責任の範囲や領域，課題を特定することが容易ではない反面，多様かつ多数のステークホルダーからの納得を得たり，賞賛を浴びたりすることができれば，新たな市場競争力を獲得することにもなる。

　このことは何を意味するのだろうか。

　個々の企業の人員構成や業容，サプライチェーンが異なるとすれば，ステークホルダー構成を含めたそれぞれの経営環境も異なる。そうすると，個々の企業のCSR経営の内容も方針も異ならざるを得ないはずである。つまり企業には個性あるいは独自の方針が求められるのであり（領域の重点化），その効率・効果をあげようとするならば本業との連動（資源の有効活用）も考慮しなければならないのである。

　たとえば損保ジャパンでは，CSR活動の一領域である企業の社会貢献方針を「福祉，環境，美術」領域に定めている。またP&Gは事業を超えた社会貢献分野として，「女性支援，地域支援，子ども支援，災害支援」の4分野をあげている。これらの方針は，上記2原則からみれば企業戦略に沿った方針だとみることが出来るのではないだろうか。

　それでは，方針策定にどのように取り組めばよいのであろうか。

　ひとつは，同業他社の取り組みを参考にしても，権威ある団体などが掲げているCSRの原理・原則を参考にすることである。たとえば経済同友会は，これからの経済社会の課題を以下のように指摘している。

　すなわち，①グローバリゼーションの中での多様な価値観の共生，②技術や知識のイノベーションがもたらす知識基盤型社会への移行，③地球の生態系と経済活動の共生をめざす循環型社会の確立，④一人ひとりがパブリックマインドを高め，多様な個性を伸ばし，創造性や挑戦心を育むことのできる人づくり，⑤急激に進む少子高齢化に適応した経済・社会システムの構築といった内容である。

　またISO26000では，図表3-2にあるように「組織統治」「人権」「労働慣行」「環境」「公正な事業活動」「消費者課題」「社会開発」の7領域が提示されており，またGRI（グローバル・レポーティング・イニシアチブ）のサス

図表3-2　社会的責任の項目（ISO26000第4次作業文書による）

社会的責任	組織統治	Organizational governance
	人権	Human rights
	労働慣行	Labor practice
	環境	The environment
	公正な事業活動	Fair operating practices
	消費者行動	Consumer issues
	コミュニティ参画及び開発	Community involvement and society

出典：(http://www.jsa.or.jp/stdz/sr/pdf/iso26000_wd4.2.pdf)

テナビリティ・レポーティング・ガイドライン（2006年版）では，「経済」「環境」「労働慣行と公正な労働条件」「人権」「社会」「製品責任」の各領域が例示されている。

まずはこの枠組みの中から，自社事業と関わる重要な取り組み領域及び活動分野を特定していくこととなる。

(3) CSRコミュニケーションの基盤と手法

CSR経営は，不祥事防止やコンプライアンス徹底のための内部管理システムの構築や周知・教育に終わるものではない。何よりもCSR経営を通じて，企業価値向上，すなわち市場競争力への反映を課題としなければならないためであり，いずれ環境を含むCSR情報のコーポレート・コミュニケーション活動として具現化される必要がある。その道程には，解決すべき課題がいくつかある。

1) 広報・コミュニケーション組織の再編

現在，情報開示や社会啓発・貢献活動にとどまっている企業にあっても，すでに先行企業ではマーケティング・コミュニケーションを含むコーポレート・コミュニケーション活動として試行されつつあることを考慮すると，いずれ企業コミュニケーション活動の再編が行われるに違いない。

しかし広報・コミュニケーションの観点から見ると，コーポレート・コミュニケーション活動と称していても，環境／CSR部門と既存の人事，財務，広報，渉外，宣伝，マーケティング，生産管理等の機能別部門との調整・役割分担がうまく機能している企業は皆無に等しい。どのようにコミュニケー

ション機能を再編強化していくのか，従来の経験則を超えた組織創造が求められることになる。

2) フィードバック回路の組み込み

環境報告やCSRレポートなどによるステークホルダーとのコミュニケーション活動に取り組む担当者にとって，悩みの種が読者からの反応の少なさである。また反応内容のレベルも課題である。これは情報の非対称性から必然的に生まれる問題であり，組織とステークホルダーとの効果的なコミュニケーション回路を構築するためには，両者の情報量や分析能力を等価にする努力をするか，逆に，組織の情報量や意味内容をステークホルダー個人が理解できるレベルにまで縮減することが必要である。

すなわち専門用語や難解な表現をわかりやすい表現や用語に変える，数多くの指標を科学的検証の上で単一指標に変換する，対象者の関心領域のテーマに論点を絞る，一般的に緊張感が持続する範囲に情報量を絞る，などの方法である。

その上で，情報の開示だけに安住するのではなく，開示を踏まえて情報を取りにいく活動を行い双方向コミュニケーションを保証することが求められる。

3) 経営の羅針盤としての機能

CSRの取り組みに関する経済団体の見解においても，ステークホルダーとコミュニケーションを進めたりすることには前向きに変わりつつある（日本経団連，2004）。そうした姿勢転換は，問題発生時に情報秘匿を行ったり，後ろ向きの姿勢を示したりすれば，企業イメージや業績に大変な打撃を被るという歴然たる事実を学習してきたからである。CSRコミュニケーションの第一課題は，素早く，徹底した情報開示の行動であり，また開示できるための体制やシステムの整備である。

ただしCSRコミュニケーションには，イシュー（争点）の正否を判断しにくいという課題がつきまとう。株主広報であれば，その判断は財務データや事業での事実証拠によって判断することは容易である。しかし，生物多様性や気候変動のようなきわめて複雑な環境問題や人権・雇用・化学物質などにかかわるコミュニケーションにおいては，何が社会的にも正しいのか，そ

の正統性の基準は法的規制以外は無きに等しい。

　2006年春，アブラヤシを原料とするパーム油使用製品を「環境にやさしい商品」として宣伝していた企業が，生物多様性をテーマとする環境団体などから手厳しい批判を浴びるという事件が起きた。パームオイルは水質汚染を起こしにくく手肌にやさしいなどの特性があり，食品から工業用途まで幅広く使用されている。だが原料採取のためのパーム農園の急速な拡大は熱帯雨林の大規模伐採とつながり，東南アジアの森林が根絶されかねない事態に至った。その結果がどのような気候変動や生態系の変化となり，ひいてはどのような経済・社会へのダメージとなって現れるかは，予測はできても誰も証明はできないのである。

4)　NPOやNGOと協働する

　企業は自らの行動の社会的，経済的影響について，自主的に把握し，判断しなければならない領域が拡大しつつあると認識すべきである。そのためには，どのような手段があるのだろうか。一つの方策は，企業の重要事業領域に関して，科学者などの専門家や当該問題に関わるNGOやNPOと対話したり協働作業を通じたりして，潜在リスクを把握することである。なぜそのことが重要なのか。

　企業がNGO／NPOから得られる能力には「市民性，専門性，そして先駆性ないしは長期的視点の3つがあげられる」という（加藤三郎，2002）。加えて「正統性の付与能力」をあげておきたい。企業が何よりも求めてやまない正統性は，原子力発電問題に象徴されるように，さまざまな立場や価値観を有する一定数の市民の議論からなる世論として初めて確立するのであり，イシューの範囲を早いうちに探り出すためにも多様な組織の参加は効果的である。

　さらに先駆性という意味では，多くの環境事故や社会的事件に先立って専門家や環境団体が調査報告や提言を行っている場合もある。たとえばパーム油問題であれば，日本インドネシアNGOネットワークが早くから問題提起をしていたし，(株)レスポンスアビリティが毎月発行する「サステナブルCSRレター」（http://www.responseability.jp）が専門家の最新情報を提供している。

第 3 章 企業の社会活動とコミュニケーション　83

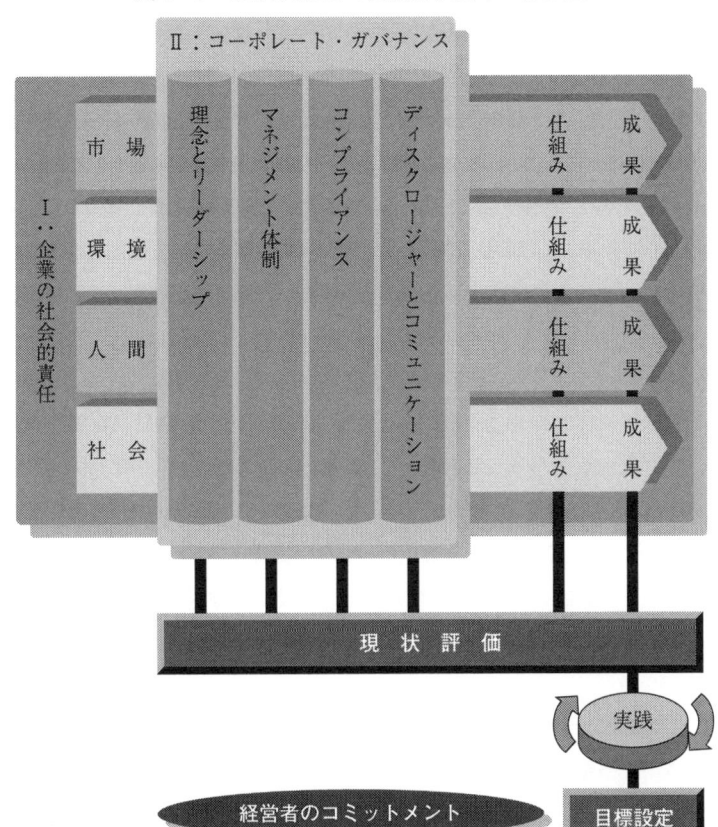

図 3 - 3　経済同友会の企業評価基準の体系図

Ⅱ：コーポレート・ガバナンス

Ⅰ：企業の社会的責任
- 市　場
- 環　境
- 人　間
- 社　会

- 理念とリーダーシップ
- マネジメント体制
- コンプライアンス
- ディスクロージャーとコミュニケーション

仕組み → 成果
仕組み → 成果
仕組み → 成果
仕組み → 成果

現　状　評　価

実践

経営者のコミットメント　　　目標設定

　このようにNPOや専門家などとの接触や連携は，広報・コミュニケーションの方向や内容をチェックする補助線の機能をもつと言える。

5）　企業評価項目として位置づける

　前述した経済同友会『「市場の進化」と社会的責任経営』においても，企業コミュニケーションのあり方に関する注目すべき提言が行われている。この提言の中で同友会は，CSRを実践し，持続的成長・発展に不可欠な「市場」「環境」「人間」「社会」及びその統括のための「コーポレート・ガバナンス」を含む5分野110項目の評価基準を設定し，それをベスト・プラクティスを発掘・評価するためのツールとして提起した（図表3-3）。

提言書では，企業のガバナンスの仕組みとして，経営理念や経営者のリーダーシップ，マネジメント体制，コンプライアンスと並んで，ディスクロージャーとコミュニケーションを不可欠な要素として取り上げている。たとえば，その項目として「基本方針の策定・公表」「情報開示範囲・内容についてのステークホルダーからの意見聴取」「外部意見の経営陣へのフィードバック」「トップのステークホルダーとの対話」の4項目を評価基準に織り込んでおり，しかも市場，環境，人間，社会の各領域とガバナンス領域において，合計24項目のコミュニケーションに関わる評価基準を設定しているのである。

　これは評価全110項目の22％に当たる。それだけディスクロージャーとコミュニケーションには重きが置かれている。実際に企業は，CSR情報の開示に止まらず，多様なコミュニケーション活動を行っている（杉浦正吾，2007）。外部ステークホルダーとの対話，展示・イベント開催，施設公開などから，社内報，社内LANを活用した内部従業員への伝達，トップと従業員とのメールや手紙を利用した直接対話，NPO団体に依頼した環境講座の開催，ボランティア活動によるNPO支援などを取り入れる動きが見られる。

（4）　CSRコミュニケーションの2つの側面

　ここまでの記述では「情報開示」と「コミュニケーション」を並列して述べてきた。しかし倉阪秀史（2004）は，企業が事業活動に伴う環境情報について対外的にコミュニケーションを図ろうとする場合，2種類のコミュニケーションがあると指摘して明確に区別する。

　ひとつは，広告のためのコミュニケーションであり，商品包装や広告において，「環境についていかに配慮したかを訴えかけるもの」であり，もうひとつは説明責任に基づくもので，よき企業であるならば必ず公開しなければならないものとして「定められた内容の情報を公開するもの」である。

　倉阪は前者を「自由演技」，後者を「規定演技」に例える。環境情報であれ，CSR情報であれ，その情報をもとにステークホルダーとコミュニケーションを行おうとする場合，何らかの客観的基準（規定）にもとづいてディスクロージャーを行う方法もあれば，新聞／雑誌広告やテレビCM，ポスタ

図表3-4　環境広告の一例（リコー）

　一や包装など，メディアもメッセージ内容も自由に設定できる方法もあるとの認識である。

　情報隠しや偽装，情報操作は論外だが，事実情報に基づいた環境広告やCM，ポスターや展示会等のメディアを活用するマーケティング・コミュニケーション手法は，その意図は売上増であっても環境意識を高める効果を否定できないだけでなく，むしろ環境報告書による情報開示より効果は高いとの調査結果もある。自由演技編としてきちんと位置づけるべきであろう。

　現実に，多くの企業が環境広告を出稿しているし，年々，増加する傾向にある。毎年，環境の日（6月5日）を含む6月の環境月間には多くの環境広告を目にするし，企業広告のメッセージテーマを環境に絞り込むことによって，優秀な大学生の採用試験応募者数を倍加させた企業もある。

　海外でも，この2種類のコミュニケーション手法を見直すべきだとの言及が見られる。英国サステナビリティ社が国連環境計画等の支援を受けて刊行したレポートによれば，多くの環境／CSR報告書といえどもコーポレート・コミュニケーションの一メディアであると指摘している。しかも今後は，「表彰されることを目的とした百科事典的な報告書から，投資や各種支援を得ることを目的とした目論見書的な報告書に変化するだろう」と予測している（UNEP／STANDARD&POOR'S／Sustainability, 2006）。

　目論見書的とは，有価証券の募集や売出しの際に投資家に勧誘を目的として，その有価証券の商品内容を詳細に説明したぶ厚い冊子のことであり，環

境／CSR報告書も同様に，ある目的を持ったステークホルダーのニーズに対応し，何らかの行動をする際の手引書あるいは参考書になる可能性がある，というのである。

　企業の社会活動を記載した報告書は，IRと同様の構図により，財務諸表のような様式でディスクローズされる規定演技の報告が行われる一方，株主通信や企業広告，企業ビデオ，大型サインボードなど自由な表現形式でコミュニケーションをとる自由演技も行われることになるのかもしれない。

　CSRコミュニケーションは幅広い領域とマルチ・ステークホルダーを相手にする，コミュニケーション手法を総合的に活用していくコーポレート・コミュニケーション活動としての性格をますます帯びていくにちがいない。

(5) CSRコミュニケーションと環境コミュニケーション規格
1) 経産省の定義と企業での取組実態

　それでは一体，CSRコミュニケーションとはどのようなものなのか。

　CSRを「自ら確立した経営理念に基づいて，企業を取り巻くステークホルダーとの間の積極的な交流を通じて事業の実施に努め，またその成果の拡大を図ることにより，企業の持続的発展をより確かなものにするとともに，社会の健全な発展に寄与することを規定する概念」と定義する経産省の報告書では，CSRへの取組みの信頼性を高めるためという目的設定を行った上で，「ステークホルダーとの効果的なコミュニケーションが不可欠であり，そのための適切な情報開示，対話などにより社会に対する説明責任を果たすこととステークホルダーによる評価が重要な要素となる」（経済産業省，2004）と位置づける。企業の認識でも同様である。

　すなわち，いくら企業でCSRに取り組んでも，その情報を社会（またはステークホルダー）にきちんと伝えて評価を得ないと，企業価値の向上につながらない。だからコミュニケーションが重要なのだという論理である。しかしこの論理には，ある前提が含まれている。「情報をきちんと発信すれば対象者に届く」「対象者に届けば理解が得られる」という前提である。

　このような前提に立てば，効果的な理解度向上策は「企業の一方的または自己主張の情報」を「どれだけ数多く相手に送り込めるか」ということが成

功戦略になる。現実に，CSRコミュニケーションと称する活動の多くは，ステークホルダーとの双方向コミュニケーションを謳いながらも，一方的なメッセージ発信に終わりがちである。このため，企業が情報発信量を増大するほど，肝心のステークホルダーからの関心度が低下したり，対話イベントへの参加者が減少するという事態さえもが起こっているのである。

これは企業側が，上記のような前提に立って，①組織とステークホルダーとの情報非対称性を考慮しない，②組織の正統性の主張に重点を置く説得的コミュニケーションを行う，③短期的で効率的な成果を求める，ことなどのためである。ステークホルダーには「利害関係者」という邦訳が当てられているように，企業組織とは様々な点において利害を異にするだけでなく，関心分野や判断基準といったコミュニケーション・コードさえまったく違う場合が少なくない。両者がそれぞれ一方的な主張の言い合いは容易にできても，円滑なコミュニケーションは至難であるということを，まず前提にしなければならないのである。

2) SR規格での定義

ISOから2010年末に発行される予定のSR規格（ISO26000）第三次作業文書には，以下のようなCSRコミュニケーションの記述を見出すことができる（なお作業文書は順次加筆されているため，ここに掲げるのは確定表現ではない）。

組織は「重要なステークホルダーに対して，社会的責任行動の情報を定期的にコミュニケーションすべき」であり，その情報とは「組織の行動及びサプライチェーンを含む事業活動から派生する，社会的責任に関連する著しい影響側面を含む」ものであるとしている。具体的には，ステークホルダーの組織に対する評価や意思決定の情報，組織の方針や社会的責任に対する考え方，目的，戦略，対象，実践内容，成果及びステークホルダーの関心事項，製品・サービスの社会的責任の側面などである。

そして「CSRコミュニケーションのひとつの目的は，組織とステークホルダーとの信頼を強化することにあるが，同時に，提供情報の正確性と完全性をステークホルダーに保証する対策を講じるとよいし，タイミングの良い返答や受け取った情報の根拠や意味について，きちんとお尋ねするマナーを

尽くすとよい」と付け加えられているのである（http://www.jsa.or.jp/stdz/sr/pdf/iso26000_wd3_jpn.pdf，2007年10月22日）。

すなわち，企業がステークホルダーからの信頼性を高めていくためには，正確で網羅的な情報提供や，誠実で丁寧なコミュニケーションが求められる，と指摘しているのである。

3） 環境コミュニケーション規格の活用

SR規格の末尾には，CSR報告やCSRコミュニケーションのための参考資料として，GRIガイドラインや国連グローバル・コンパクトと並んで，ISOの「環境マネジメント―環境コミュニケーション―指針及びその事例」（JIS Q 14063，2007）が紹介されている。

これが通称「環境コミュニケーション規格」と称されるもので，タイトルからも分かるように，環境マネジメントシステムを効果的に運営していくためのコミュニケーション原則や運用体制，方針・戦略策定から環境コミュニケーション活動の計画や具体的な進め方やツールの選択，実践方法の留意点，評価と見直しの方法などきわめて実践的なガイドラインになっている。

この規格の特徴は4つある（図表3-5）。

第1に，組織とステークホルダーとの認識や意識ギャップを調査してコミュニケーション上の課題を明らかにするとともに，ステークホルダーを特定して双方向のコミュニケーションを行うことが推奨されている。

第2に，コミュニケーション・マネジメントシステムとして，計画段階及び実行段階の二つのPDCAサイクルを設定しており，経営活動の一環として位置づけられている。

さらに第3には，環境コミュニケーション活動の成果を評価し，コミュニケーション活動だけでなくコミュニケーション方針や戦略の見直しも行うこととされている。

そして第4には，26種類のコミュニケーション・ツールを例示し，それらの手法の解説から各々の強みや弱み，留意点などを示し，それらの効果的な組み合わせを促していることである。つまり，コーポレート・コミュニケーション活動と同様のメディアミックスによる統合活動が位置づけられているのである。

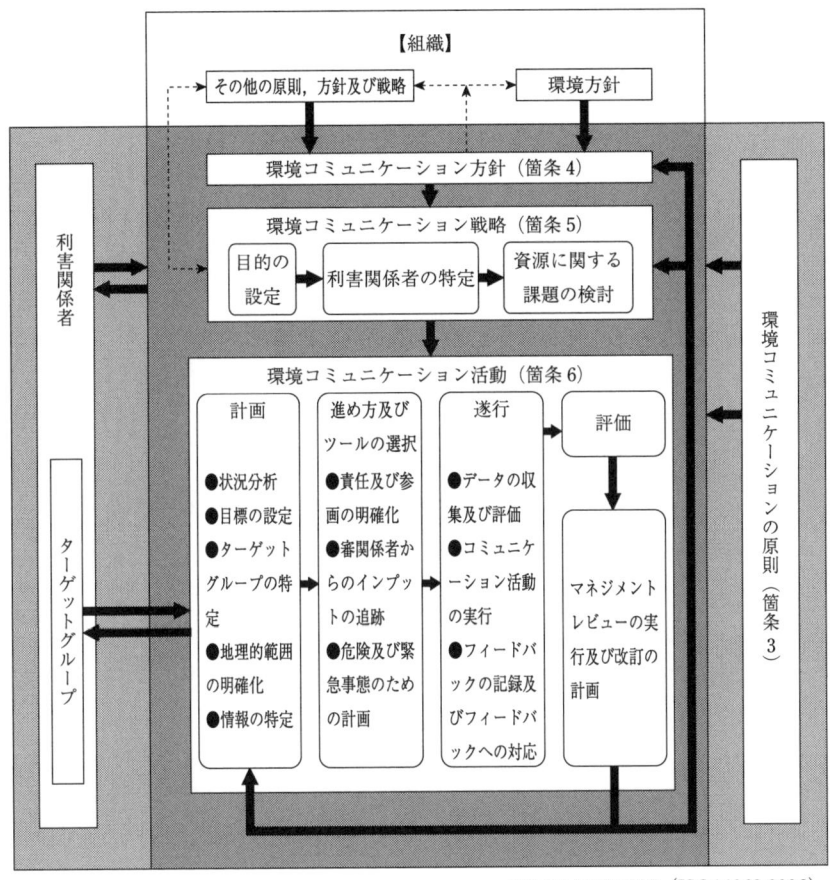

第3章 企業の社会活動とコミュニケーション　89

図表3-5　環境コミュニケーション規格の概念図

【組織】
- その他の原則，方針及び戦略
- 環境方針

環境コミュニケーション方針（箇条4）

環境コミュニケーション戦略（箇条5）
- 目的の設定
- 利害関係者の特定
- 資源に関する課題の検討

環境コミュニケーション活動（箇条6）

計画	進め方及びツールの選択	遂行	評価
●状況分析 ●目標の設定 ●ターゲットグループの特定 ●地理的範囲の明確化 ●情報の特定	●責任及び参画の明確化 ●審関係者からのインプットの追跡 ●危険及び緊急事態のための計画	●データの収集及び評価 ●コミュニケーション活動の実行 ●フィードバックの記録及びフィードバックへの対応	マネジメントレビューの実行及び改訂の計画

利害関係者

ターゲットグループ

環境コミュニケーションの原則（箇条3）

JIS Q 14063:2007（ISO14063:2006）

　このことから，環境コミュニケーション規格の企業コミュニケーション活動における意義は以下のようになろう。
　第1に，ディスクロージャー視点であれコミュニケーション視点であれ，企業がステークホルダーと効果的な双方向コミュニケーションを行う場合の計画立案の参考にすることができる。
　加えて第2に，環境広告をはじめとする多様なコミュニケーション・ツールを使用する場合の手引きとして利用できるという点である。

ただし第2点に関しては，環境コミュニケーションであれCSRコミュニケーションであれ，次に述べるような制約要件に留意する必要がある。

4） 環境コミュニケーションの特殊性

OECDのワーキングペーパー（OECD, 1999）によれば，環境コミュニケーションには以下のような特殊性があると指摘されている。

① 環境問題の複雑さ：環境コミュニケーションは科学，経済，法律，企業経営，政治，人間行動を扱い，それらがすべて，さまざまなトレードオフあるいは相互関係にある。

② 理解力ギャップ：専門家の知見から見ると，一般的な知識があるということと環境関連の技術領域を理解することには，大きな違いがある。

③ パーソナル・インパクト：「自然」はしばしば伝統的な信念及び社会・文化的規範に結びついて捉えられ，環境コミュニケーションによって人間の行動様式や実際行動に非合理な反応が引き起こされる。

④ リスク要素：環境コミュニケーションにおいて，リスクは頻発すると考えるべきであり，その場合，消極的で管理されていない行動と積極的で自主的な行動とに関心を高め，きちんと峻別すべきである。

⑤ 大規模な介入：環境介入とは，たとえば流域管理において，個人や小規模団体が取り組むようなやり方では進まないと，多数の人々がコミュニケーションを通じて足並みを揃えるよう要求するようなことである。

環境コミュニケーションは，合理性にもとづくメッセージだけではコミュニケーションそのものが成り立たないという問題を抱えているのである。CO_2が地球が温暖化の原因物質であるかどうかをめぐっては，2007年のIPCC第4次報告でほぼ証明されて「真実性」を獲得し，重要な国際政治課題テーマとなって「事実性」も獲得したが，それでも100％の証明ではないとか，観測点が偏っているとか，微細な事実認定をあげつらう報道やコラムが後を絶たない。

このことは，CSRコミュニケーションにおいても同様であるか，さらに困難を極める。人権や福祉，就業環境などに関わるCSRの論点においては「真実性」を巡って黒白の決着を付けることは至難であり，多様なコミュニケーションの場を通じて，言論の多数派を形成して「事実性」を獲得してい

くしか方法はない。このような制約要件がある広報・コミュニケーションにおいては，政府広報や企業広報・広告が行うような「説得的コミュニケーション」だけでは，なかなか行動変容までにつながっていかない。

(6) 求められる対話型コミュニケーション手法の開発

　むしろコミュニケーションの両者の対称性を確保した上での対話型コミュニケーションが求められているのである。企業がステークホルダーと建設的な対話を行い，そこでの議論や提案を受けて，経営活動に反映させていくことが求められているとされているのは，コーポレート・ガバナンスの観点だけでなく，対話型コミュニケーションの有効性を確保する意味からである。

　このような手法は，CSR経営ではステークホルダー・エンゲージメントと称されるが，企業コミュニケーションの視点から見れば，営利活動あるいは経済性原理だけでは把握できない環境経営やCSR経営上の取り組み課題を，ステークホルダーとの真摯な対話活動によって探り出し，企業にとって「事実として重要である」ことを確認する手法とも考えられる。

　こうしたコミュニケーション活動の理念を反映するのは，ロジャーズの螺旋収束モデルであろう。このモデルは『平成13年版環境白書』（2001）にも引用され，環境コミュニケーションの理論的背景と位置づけられている（図表3-6）。

　螺旋収束モデルは，まず「相互理解を目的として参画者相互が情報をつくりだし分かち合う過程」として捉えられ，そのコミュニケーション過程では，「循環的なプロセスで収束を目標として相互に情報を交換しつつ意味を与えていく」ことになる。また「その収束への過程は相互に協力しあうか，一方の個人が他方に働きかけて共通の関心や注目事象への合意を得るような螺旋的な軌跡をえがく時間的経過をたどる」（ロジャーズ，1992）というモデルである。

　ただしこの概念は，専門家同士の「科学的真実を討議するプロセス」とか，「経済情報で景気動向を討議するプロセス」であれば，「情報の真実性」をコードとする双方向コミュニケーション（専門家コミュニティでのダイアログなど）として成り立つであろうが，環境／CSRに関する部分的企業情

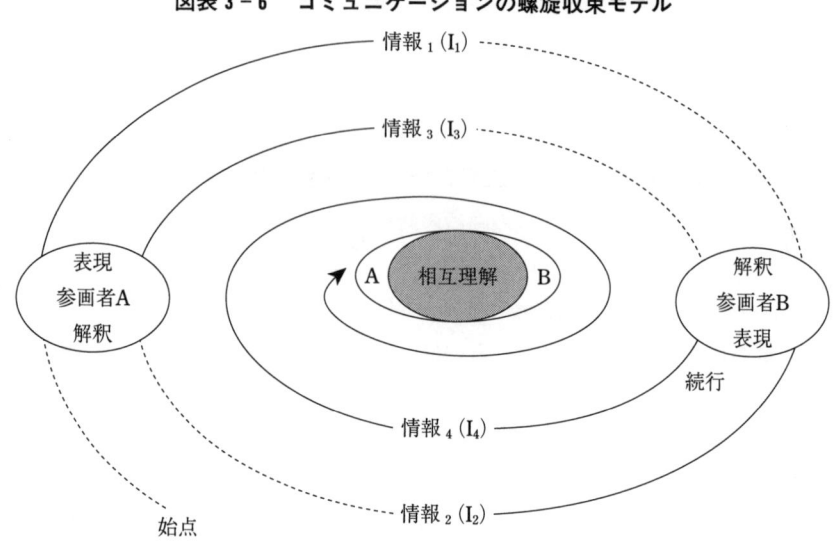

図表 3-6　コミュニケーションの螺旋収束モデル

（図：参画者A（表現・解釈）と参画者B（解釈・表現）が、情報$_1$(I_1)、情報$_2$(I_2)、情報$_3$(I_3)、情報$_4$(I_4)を経て、中央の「相互理解」（A・B）へと螺旋状に収束していくモデル。始点から続行へと至る。）

出典：ロジャース，安田訳『コミュニケーションの科学』213頁

報をもとに，不特定多数の非専門家との間では，情報の非対称性を無視し得ないため，循環的なコミュニケーション・プロセスを形成することは出来ない。四半世紀が経過しても合成洗剤派と石鹸派の溝は埋まっていないし，ましてや原子力発電推進派と放射能恐怖派の対立はさらに激化しそうであることが，そのことを証明している。

　21世紀のわが国企業は，環境経営から環境配慮を含むCSR経営へと経営概念を進化させ，CSRコミュニケーションも波紋を描くように広がりつつある。ただそれは，社会とのコミュニケーションを前提せねば，という「新たなマネジメント・スタイルを探索している」プロセスにおいての動きを捉えただけであって，CSRコミュニケーションの概念も様式も発展途上の第一歩を記したに過ぎない。

　我々がまず行うべきは，螺旋収束モデルやその他のコミュニケーション・モデルを参照しつつ，企業のような開かれたシステムにおける「情報―伝達―相互理解」のコミュニケーション・プロセスの実態を幅広く検討し，CSRコミュニケーションのベストプラクティスを明らかにすることである。

（7） 戦略環境コミュニケーション計画

　それでは最後に，CSRコミュニケーション体系を構築するための作業の一環として，環境コミュニケーション分野に限定して，戦略コミュニケーション計画立案のポイントを検討してみよう。

　ここでまず問題となるのは，超長期ビジョンにもとづく長期的コミュニケーション計画と，事業活動と直接リンクする短期的コミュニケーション活動とをどうリンクさせるかである。多くの企業の広報・コミュニケーション活動においては，このような連携がとられているとは言い難い。しかし企業広報のアーカイブもウエブ上に張られている以上，そろそろ企業コミュニケーション活動の構造設計に取り組むべきではないだろうか。

　筆者は図表3-7のような企業コミュニケーション施策の枠組みを設定した上で，広報・コミュニケーション方針・計画を中期的コミュニケーションに焦点を当ててデザインすることを提案したい。この中期的コミュニケーション計画は，国際機関や国の環境施策，競合企業の動向，重大事象の発生などを考慮すると，3カ月～1年間隔でレビューするのがよいと思われる。

　こうした企業コミュニケーション構造を設定することにより，多様な短期的コミュニケーション活動への指針が提供されるだけでなく，長期的コミュニケーション計画との整合性を図っていくことも可能になる。地球環境問題はその根源に資源・エネルギー問題を内包し，IPCC（気候変動に関する政府間パネル）の予測が覆ったとしても，地下資源に依存し続けている限り，経営資源の有限性という絶対的基準を設定しておかなければならないからである。

　すなわち企業はその活動を通じて，資源・エネルギーの枯渇や生態系破壊等の地球環境問題の重要な要因を作り出すとともに，自らの成長発展のためには，企業自ら新しい社会像を（循環型社会，低炭素社会など）を想定して，そのシステムへの適合を調整し，問題を根本的に解決していくための自己組織化を不可欠としている。しかも企業は，経済社会の中でも最大の経営資源保有者であり，様々な社会的能力も有する。ここに企業は，地球環境問題を解決する主体としての役割が期待されているのである。

　このため企業は，その経営意思決定から個々の経営行動に至るまで可能な

図表3-7　企業の環境コミュニケーション施策

	戦略フレーム	対象	目的	目標	インフラ・手段	成 果(イメージ)
長期的コミュニケーション	生態系 ｜ 経済社会システム	国際機関 国家機関 専門家 NGO	・持続可能な経済社会システム形成	持続可能な社会形成へのプロセス・到達目標の合意	調査研究，政策形成 ・第三者評議会 ・学術団体 ・環境NPO	・未来ビジョン (長期企業戦略)の確立
中期的コミュニケーション	経済社会システム ｜ 市場システム ｜ 企業システム	金融・株主 産業界 環境団体 市民・NPO 報道機関	・環境リスクの認識 ・企業方針の認知/イメージの向上	事実情報の共有(ファクトによる広報・広告) ※間接的	環境情報システム (環境会計) ・環境広報，環境広告 ・環境ラベル ・グリーン調達基準	・多様な環境戦略の抽出 ・対策・方針の確立
短期的コミュニケーション	市場(マーケット) ｜ 個別企業活動	顧客 近隣住民 行政	・製品イメージの向上 ・競争優位の確保	生産/環境保全活動への信頼確保 ※直接的	情報開示対話，営業 ・環境貢献活動 ・販促活動 ・環境HP，事業所公開，説明会	・環境対策の点検 ・事業内容の見直し・修正

(注) 表の複雑化をさけるため企業内部のコミュニケーション活動は除外してあるが，教育活動とともにきわめて重要な活動であり，連携して取り組む必要がある。

限り透明化して多様なステークホルダーの参画可能性を開き，コア事業領域に関連した環境活動／事業の技術資源や社会資源の集約サイトを確保すべきであろう。この集約サイトで最も効果的かつ効率的な活動を展開できるよう，有効な情報収集と情報発信方策を開発していくことが，環境コミュニケーション活動の構造化作業と言うことになるものと考えられる。

とはいえ，地球環境問題は複雑な因果関係を有する「複雑系」の世界である。このため，2050年にCO_2排出量を60～80％削減するなどの超長期の着地点は想定できても，そこに至る複雑な自己組織化のプロセスを想定し，シナリオを描くことは不可能であることは間違いない。

そのため，まずは企業の広報・コミュニケーション活動を対話型構造に移行させながら，「時間軸」「空間軸」によるコミュニケーション行動の枠組み

を設定して戦略的計画をデザインしていくことが，ますます深刻化する地球環境問題に的確に対応するとともに，新しい時代を主体的に切り開く企業自体の自己組織化につながっていくだろう。

環境コミュニケーションの側面を検討しただけでも，企業の広報・コミュニケーション活動の抜本的改革は不可欠である。

（注）
1) 日本国際交流センターのシンポジウム「国際協力における民間活動」の開催が1985年，日本在外企業協会『コミュニティ・リレーションズ——米国地域社会の"よき企業市民"として——』の刊行が1988年，経団連のミッション派遣が1988年，翌年にはCBCC（海外事業活動関連協議会）が発足している。

（参考文献）
GRI（2006）「サステナビリティ・レポーティング・ガイドライン」
ISO（2007）「WD3.2 26000 邦訳版」日本規格協会。
ISO（2008）「WD4.2 26000 邦訳版」日本規格協会。
JIS Q 14063「環境マネジメント—環境コミュニケーション—指針及びその事例」日本規格協会，2007年。
OECD（1999），*Environmental Communication Applying Communication Tools Toward Sustainable Development*, pp. 9.
UNEP／STANDARD&POOR'S／Sustainability（2006），*Tomorrow's Value*, イースクエア。
猪狩誠也『企業の発展と広報戦略』日経BP出版センター，1998年，103-104頁。
梅澤正『企業と社会』ミネルヴァ書房，2000年，242頁。
岡崎哲二・菅山真次・西沢保・米倉誠一郎『戦後日本経済と経済同友会』東京大学出版会，1996年，221頁。
恩田誠・清水正道「変容する経済・社会システムと環境コミュニケーション」『広報研究』第5号，2001年，56-58頁。
加固三郎「企業広報」猪狩誠也編『企業と社会』都市文化社，1995年，18頁。
加固三郎編『企業の地域社会活動のすすめ方』日本経営者団体連盟，1974年。
加藤三郎「NPOとのパートナーシップがカギ」『地球環境』2002年1月号，35頁。

河口真理子「CSRとステークホルダーコミュニケーション」『経営戦略研究』冬季号 Vol. 3, 2005年，40頁。

環境省『平成13年版　環境白書』2001年，80頁。

企業メセナ協議会「2007年度メセナ活動実態調査報告書」2008年3月。

企業メセナ協議会編『メセナ白書'91』メセナ協議会，1991年。

企業メセナ協議会編『メセナ白書2000』ダイヤモンド社，2000年。

倉阪秀史『環境政策論』信山社，2004年，224頁。

経済産業省「企業の社会的責任（CSR）に関する懇親会中間報告書」2004年。

経済団体連合会編『社会貢献白書』日本工業新聞社，1992年，3頁。

経済同友会『「市場の進化」と社会的責任経営』2003年。

國部克彦『社会と環境の会計学』中央経済社，1999年，145-149頁。

後藤敏彦・川北秀人監修『環境・社会報告書に関する意識査レポート2000-2006』NTTレゾナント，2007年。

産研『「企業の社会貢献」資料集』産研，1978年及び1983年。

清水正道「CSRコミュニケーション」日本広報学会『広報研究』第9号，2005年。

清水正道「いま，環境コミュニケーションの戦略立案を」『JMAマネジメントレビュー』2001年12月号，13頁。

ジャコビ，ニール・H.，経団連事務局訳『自由企業と社会』産業能率短期大学出版部，1975年，276頁。

杉浦正吾「企業発の環境コミュニケーションの現況と今後の方向性」日本広報学会第13回研究発表大会予稿，2007年。

対木隆英『社会的責任と企業構造』文眞堂，1979年，203頁。

日本経営者団体連盟『新時代の「日本的経営」』日本経営者団体連盟，1995年。

日本経済団体連合会「企業行動憲章」（社）日本経済団体連合会，2004年。

福原義春『企業は文化のパトロンとなりうるか』求龍堂，1990年，125頁。

ホワイトハウス産業社会会議編，経団連事務局訳『企業の責任と限界』ダイヤモンド社，1974年，8頁。

正村公宏『戦後経済史（下）』筑摩書房，1990年，61頁。

水尾順一・清水正道・蟻生俊夫編『やさしいCSRイニシアチブ』日本規格協会，2007年，37頁。

森本三男『企業社会責任の経営学的研究』白桃書房，1994年，128頁。

山中芳郎・蟻生俊夫「企業の社会的責任のあり方」電力中央研究所，1989年。

ロジャーズ，E. M.，安田寿明訳『コミュニケーションの科学』共立出版，1992年，213頁。

第4章
新しい時代の広報・コミュニケーション

1．押し寄せる変化の波

（1） 移行期の混迷
1） 新しい波
　広報・コミュニケーションの世界に新しい変化が押し寄せている。IT革命，少子高齢化，グローバリゼーションなどの進行が本格化し，20世紀には見られなかった変化が起きている。

　たとえば，インターネットの普及によってマスコミ業界のマップも変容してきたこと。少子高齢化の進行でマーケット構造や雇用，とくに若年労働力の問題に影響が出始めていること。環境対応においては日本の対応が世界的な動きとして影響を与える発信源の一つになっていることなど。

　さらにグローバリゼーションの進展で世界の変化が日本の変化とシンクロナイズしてきた。たとえばエンロンに代表されるようにコーポレート・ガバナンスにおいて株主優先のステークホルダーマネジメントに警鐘が鳴らされたことはすぐ日本にも波及してくること。米サブプライムローンの破綻の影響が直接日本の金融機関にも及ぶことなど。

　そうした変化は世界同時性を強めている。やっかいなことに，世界各国，地域の発展は不均質であるが，不均質な発展の状態において世界的同時的に連動して影響しあっていくという人類史上まれな状態を現出していることである。処方箋は見出しにくい。

2） 変化が相互に影響を及ぼしあう
　しかもこうした変化は，政治・経済・社会の構造的な変動と重なり，相互に関連しあいながら変化していることが特徴的である。

たとえばグローバルな変化のひとつとして金融のビッグバンがあり，それが日本に波及し1990年代後半における日本版金融ビッグバンの契機になったこと。その結果，金融業界の再編成が21世紀になって本格化し，企業の資金調達の在り方に重要な影響を与えていること。郵政の民営化は政治的な選択にかかわる問題へと発展し，現在もなお政治の流動化に関係していることなど。

　また，都市と地方のギャップが拡大した原因の一つにグローバル化の影響を挙げることができる。企業が低賃金を目指して中国などへ工場を移転した。とくに地方の工場が海外にシフトすることで，いわゆる空洞化現象を招来したのであるが，これもグローバル化と国内的な変化である格差社会化が関連している一つの例である。

　格差社会の進行は，地方自治や税制，行政，政治にまで影響が連鎖的に波及し社会問題化しているが，その変化がスピーディーに起きていることが特徴的である。

　格差社会化の進行と関連してニートやフリーターといった問題がある一方，請負や派遣というような雇用形態が変化している問題も起きている。人口減，とくに生産年齢人口の減少によって外国人労働者が増加していることによって起きている問題もある。少子化や男女共同参画社会の問題と関連してワークライフバランスやダイバーシティが問題になっていること。また，前章で展開されているようにCSRが新たな段階にシフトしていること。格差社会化が進行し都市と地方のギャップが拡大していること。年金問題に典型的に見られるように社会保険庁など公的機関における組織規律が瀰漫し腐敗している問題など，枚挙にいとまがない。

（2） ボーダーレス社会
1） 21世紀のボーダーレス化

　こうした時代の変化をキーワード的にボーダーレス時代と表現するならば，いよいよその変化が本格化する様相を呈し始めたということはできないであろうか。IT革命，少子高齢化，グローバル化などは，ボーダーレス化を推進している大きなファクターでもある。

メディアが変化し，コミュニケーションの世界が変化し，ボーダーレス化が推進される。たとえばインターネットの普及で情報の発信者と受信者のボーダーが明瞭ではなくなり，メディアの多様化は多様で多元化した自己を形成することにつながる。

『第三の波』が出版されたのは1980年でインターネットは今日のようには発展していなかったが，知識化，情報化が進行していく第三の波によってさまざまなボーダーが消滅していくことを著者トフラーは予言した。今そうした現象がつぎつぎと現実のものになってきている。

加固三郎氏は1990年代をボーダーミニマムの時代と特徴づけたが，すでに2000年以降はボーダーレス化が進行する時代にシフトした観がある。しかし，新たなボーダーが生まれつつあるものの，依然として旧ボーダーが消滅したわけではないことに留意する必要がある。21世紀的な新しいボーダーをどのように創造していくかが問われているのである。

ボーダーレス化はさまざまな領域で起きている。金融，電気通信，流通，エネルギー，運輸などの産業界では規制の緩和・撤廃が進み産業間の垣根が取り払われたり低くなってきて，これまでの企業の分類基準が実態と合わなくなっている。

また，行政改革の進展でたとえば郵政改革のように公営から民営に移行し，これまで郵便事業が公営であった理由がなくなり，新たな公営，民営のボーダーのありかたが問われている。さらにNPOの活動は企業部門，政府部門の両セクターのボーダーの意味を変化させるものを内包している。

2） 移行期の混迷

国際的にもグローバリゼーションの進展で多国籍企業は文字通り国境を越えて活動し，国境の意味が従来とは必ずしもシンクロナイズしなくなり，企業は生産・流通・消費について国際的なスケールで対応しなければならなくなった。市場と産地の地域的なアイデンティティはこれまでと異なってきている。しかし反対に，アラブの石油をバックにしたファンドのように国家の影が背景にあるファンドが世界的スケールで投資活動を展開しているというような動きもある。

規格化，分業化，同時化，集中化，極大化，中央集権化といった工業化社

会の基底をなす6つの原則が，相互に強化作用を続けて生まれたのが非人間的な官僚機構とトフラーは指摘しているが，こうした工業文明の負の遺産を抱えつつ次世代社会に移行する産みの苦しみ，混迷が続いているのが現状といえそうである。

また，時代の変革期ほど倫理の基準が変動するときはない。昨今，応用倫理という学問的領域が生まれてきている。古典的な倫理学の想定外の問題が次々と起こる。たとえば，人工授精や代理出産，クローン技術などにおける生命倫理の問題をどう捉えるかというような問題である。

応用倫理学が提起された背景には，次々と起こる倫理的な問題に対して，当面の対応が急がれるという切迫した事情があると思われる。膨大な倫理学の体系の延長上に整然とした理論体系をもって分析することより，新しい現象にはそれに適合した倫理的な検討を加えて対応を急ぐほうが生産的なのではないかということである。

不祥事が絶えないビジネスや企業経営の世界も，こうした応用倫理の実学的な活用が求められている。ちなみに日本経営倫理学会ではこのほど『経営倫理用語辞典』(2008年) を発行した。経営倫理及びそれに隣接する諸科学との接点の問題を捉えようという試みである。

(3) 国際的な「共生」から「多文化共生」へ

こうした過渡期の問題は，企業など組織の経営環境の変化に影響を与え，広報・コミュニケーションに新しい課題を生み出している。そうした課題を象徴することばとして「多文化共生」というキーワードを取り上げたい。

20世紀末の日本が問われたのは，一人勝ちする日本が国際社会のなかで共生していくことであった。集中豪雨的な輸出が非難され，エコノミックアニマルや日本的経営が批判され，企業の透明性が問われた。そうした時代のキーワードの一つが「共生」であった。

21世紀が始まった今日，日本の経済における国際的なプレゼンスは様変わりしたが，少子高齢化による労働力不足が顕在化し，外国人労働力を受け入れざるを得ない状況が明らかになっている。すでに日本各地で外国人労働者がその家族とともに居住し，コミュニティにおいて文化，習慣，宗教にわた

る日本人社会との共生問題が顕在化している。

　20世紀末の国際社会のなかでの共生問題から21世紀は国内における国際的な多文化共生が問われる時代へとシフトした。ダイバーシティの問題もワークライフバランスの問題も多文化共生の問題と関連しあって企業内コミュニケーションの重要な課題の一つになろうとしている。

　ボーダーレスの問題は，工業化時代に形成されたままのカテゴリーの境界が不分明になってきていることや価値観に変化が生じていることと相まって生じており，多文化共生はグローバリゼーションが作用している未体験の問題である。こうした混迷とも言える状況は移行期の何よりの特徴かもしれない。21世紀の社会像を求めることは21世紀社会におけるさまざまな価値を創造し，新たな価値基準によるボーダーを構築しようとすることと同義といってよい。そのボーダーはまだ不分明である。

　以上のような21世紀の日本に押し寄せる変化のなかで，企業や自治体など組織の広報・コミュニケーションにかかわる問題を，①組織変革，②メディア・リレーションズ，③IRコミュニケーション，④危機管理コミュニケーションといった局面において捉え，対応すべき方向性を探りたい。

2．組織変革とインターナル・リレーションズ
――カギを握るエンプロイ・コミュニケーション――

(1) あらためて重視される従業員
――従業員は最重要のステークホルダー――

　経営組織における最も重要なスタークホルダーは従業員である。組織の活動，存続の命運を決めるパブリックスはまず従業員であり，さまざまなレベルにおけるコミュニケーションによって組織の最大の資源である人材が活性化し，活性化によって生まれたパワーが経営活動にフィードバックし，組織文化の革新，組織の変革を推進する。

　本稿では組織内のあらゆるレベルの従業員の関係をインターナル・リレーションズとし，それにかかわるコミュニケーションをエンプロイ・コミュニ

ケーションと表現することにする。

　インターナル・リレーションズは組織文化，組織風土と表裏一体の関係にあり，エンプロイ・コミュニケーションはその関係のダイナミズムに影響し，組織変革のカギを握り，コーポレート・ガバナンスの質を左右する。

　CSR時代のインターナル・リレーションズは，かつての日本的経営に見られた集団主義的経営における管理的な組織文化をとうに克服しているはずではあるが，企業や行政官庁の不祥事や汚職が繰り返されるたびに，それまで潜んでいた旧ムラ的体質が顕在化することを思い知らされる。古い上位下達式の暗黙知が職場を覆っている組織が少なからずあるということが，危機管理に失敗したいくつかの事例から看取できる。歴史的な組織文化の遺伝子は無意識のうちに再生する可能性があることに留意すべきである。

　CSR時代においては，参加型，自立型のステークホルダーとしていかなるコミュニケーション活動が従業員に課せられているか，またコーポレート・ガバナンスの視点からどのようなインターナル・リレーションズの構築が求められているかを検証したい。そのベースとなるエンプロイ・コミュニケーションのあり方を問題にする。

（2）　比重が高まるエンプロイ・コミュニケーション

　広報活動の対象の主なものはマスコミ，株主，顧客，社員などのステークホルダーであるが，近年，社員の比重が高まっている。経済広報センターの調査によると「重視する広報活動の対象」の順位は以下のようである。

　①マスコミ対応（77.8％），②株主・投資家（47.1％），③顧客・取引先（43.3％），④社員・グループ会社社員（39.7％），⑤一般消費者（27.3％），⑥証券アナリスト（16.7％），⑦地域住民・地域社会（16.3％）。(「第9回企業の広報活動に関する意識実態調査」(財)経済広報センター，2006年（以下，「意識実態調査」と略す）

　エンプロイ・コミュニケーションは「社員・グループ会社社員」にあたるが，上位3位の項目がいずれも2002年調査時点の比率を下げているのに対し，「社員・グループ会社社員」は2002年の32.6％から2005年の調査では6ポイントも比率を上げているのである。

しかもエンプロイ・コミュニケーションの主な業務である社内報（グループ報）の作成は，広報部門が担当する率が2002年調査では81.6％から2005年調査では82.1％とやや上昇している。（社内報は広報部門が当然作成するものと思われるが，広報部門以外で社内報を作成しているのは人事部門が多い。）

CSR時代を迎えた今日において，社員，グループ会社社員の重要さがあらためて見直されていると言える。

アメリカにおいてもインターナル・リレーションズは重視されている。アメリカにおいて広報・パブリック・リレーションズのテキストブックとして評価の高い*Effective Public Relations*，第9版（Cutlip et al., 2005年）では，効果的な従業員とのコミュニケーションは，信頼と誠実の社風を創造するための理想的な業務関係である次の7項目で条件づけられるとしている。

①雇用主と従業員との間の信頼関係，②組織内を自由に上下左右に流れる正直で素直な情報，③各自がステータスや参加に満足している，④敵対のない労働の継続性，⑤健康で安全な成功，⑥組織体の成功，⑦未来に対する楽観的見方。

こうした理想的な関係や目標は，キレイごとにすぎず現実ははるかに違っているという声は当然あるであろう。経営目的を達成することが企業活動のすべてではあるが，問題はそのプロセスであり，コーポレート・ガバナンスのあり方であり，ステークホルダーとしての従業員がどのように位置付けられているかである。

（3） エンプロイ・コミュニケーションの障害

経営者は上の7項目に示された文化を確立し，正式な方針として保証する必要がある。もちろん職場の現場ではこうした理想のコミュニケーションが実現するには多くの障害がある。とくに中間管理者，役員といった幹部が障害になっていることが次のようなデータからも明らかである。「広報部門としての日頃の悩み」を示すと次のようになる（「意識実態調査」，2006年）。

① 広報活動の効果測定が難しいこと（68.7％）
② 広報の人数が少ないこと（45.7％）

③ 広報で対応する領域が広すぎること（34.7%）
④ 広報に対する一般社員の理解が不足していること（29.2%）
⑤ 広報予算が少ないこと（27.8%）
⑥ 広報に対する他部門の役員部長の理解が不足していること（22.2%）
⑦ すぐ成果を期待されること（12.0%）
⑧ 企業内倫理と一般社会の論理にギャップがあること（12.0%）
⑨ 広報に対するトップの理解が不足していること（7.4%）

(N＝418社)

⑨の「広報に対するトップの理解が不足している」企業は，危機管理的には無防備である。今もなお繰り返されている不祥事を起こす企業は，おしなべてトップが広報を知らない企業である。問題は依然として⑥のように広報の理解に乏しい役員部長クラスがかたくなに残っていることで，役員部長とトップを合算すると3割近い幹部が広報の理解に乏しい。

ちなみに，第1回目の調査が行われた1980年で「トップの広報への理解不足」が21.7%を占めていた時代に比べれば，トップの理解は進んでいるということになるが……。

(4) 多文化共生の波
1) 日本が初めて体験する多文化共生

近年起きている問題で広報・コミュニケーションに大きくまた直接影響するテーマとしては，たとえば雇用形態の変化の問題は大きい。1986年の労働者派遣法が制定されたのち，2004年の法改正によって製造業派遣規制の解禁で労働者派遣に対する認識が高まった半面，トップランナー企業およびグループ企業において偽装請負がなされていたことが判明した。折しも2006年に制定された内部告発，通報者を保護する公益通報者保護法ができ，内部からの通報によって問題が明るみになり社会問題化したのである。

また，少子高齢化によって若年労働力が不足し，外国人労働者が日本の各地で急速に増加している。主に途上国の人口増加で地球の人口は2050年には89億人に増加すると予想されている反面，日本など先進国の一部では少子化が進行し人口減が見込まれている。ドラッカーは，先進国の人口減によって

先進国への移民が増加することをすでに2001年に指摘しており（ドラッカー，2002年），日本はまさにその当事国となってきた。

　かつて，結婚難の農業後継者にフィリピンなど東南アジアからの花嫁が来て話題になった時期があり，また単純労働の現場や新宿などの都会地に多くの外国人が集まっている例も報じられている。しかし，今起きているのは，200万人を超える外国人の半数以上がここ10数年間で増えているような変化であり，いよいよ製造業の現場にニューカマーと呼ばれる外国人労働者が日本各地でコミュニティを形成するほどの規模で在留し就労していることである。

　労働力におけるグローバル化がローカルに起きているわけであるが，外国人に対する政府の政策は，基本的に受け入れる方針でさまざまな施策が検討され対策も整備される方向にある。内閣府，総務省，厚生労働省，文科省，経産省，外務省などほとんどの省レベルで調査がなされ対策が検討され，多文化共生が打ち出されているが，統合的な施策は見えにくく，政府広報の展開が十分でないと見え，マスコミでは大きく取り上げられていない。

　しかし，現実に外国人が住み付き，外国人コミュニティを形成している地域では，外国人の受け入れが焦眉の問題になる。企業と自治体では異文化コミュニケーションと異文化共生が待ったなしになる。

　たとえば，外国人集住都市会議に参加している市は18市ほどあり，なかには外国人の割合が15％以上という群馬県大泉町や人数では3万人を超える浜松市のような例もある。

　コミュニティにおける暮らしの面でも外国人子弟の教育の面でも異文化との共生が現実のものになり，ブラジル人だけではなく中国人など複数の国籍の外国人も居住するとなると，まさに多文化共生は忙しさを増す。中国語など外国語を話せる人がボランティアで通訳を買って出るという風景は珍しくない。

　外国人労働者の出身国は韓国，中国，ブラジル，フィリピン，ペルー，米国という順で，これだけでも5カ国語は必要になる。

2）　経済界の対応

　日本の人口は2006年の1億2774万人をピークに減少し，生産年齢人口はす

でに1995年の8700万人から減少の一途をたどり，2015年には7700万人になると予想されている。

　たかだか20年たらずの間に生産年齢人口が1000万人も減少するという現象に対応する処方箋はない。近年，定年延長をはかる企業の動きは当然あるものの，焼石に水といっても過言ではなく，外国人労働力の受け入れは待ったなしの流れにある。

　経済界は少子化による労働力不足問題に危機感を抱かざるを得ない。日本経団連では2007年に「外国人受け入れ問題に関する第二次提言」をまとめ，グローバルな人材マーケットからの供給に積極的な姿勢を明らかにしている。

　これまでは専門知識や技術を有する外国人の場合は優遇されていたが，これからは製造業で働く技能労働者が定住できるための施策や外国人子弟の教育問題など，開かれた施策が求められることになる。この提言で注目されるのは，日本語能力や技能の要件を満たした外国人を「技能」の在留資格で受け入れる方向を打ち出し，多文化共生を提唱していることである。

　いずれにしても，外国人の生活支援は企業単独では無理がある。自治体，教育機関，医療機関，福祉施設，自治会，PTA，NPO，NGOなど地域における連携が必要になる。多文化共生にはコミュニティにおける多元的取り組みが要請される。

（5）組織変革
1）組織文化

　カトリップらは，組織文化を次のように定義している。

　「組織文化は，一緒に働く人々の集団を組織化して統合するための共有する価値，シンボル，意味，理念，過程，期待の総合である」（Cutlip, et al., 2005年）

　本稿では，企業文化について詳述する紙幅はないが，企業文化研究がさかんになったのは1970年代後半のアメリカにおいてであった（梅澤正・上野征洋編，1995年）。

　日本では1980年代，経済が成熟したという認識のもとマーケティングにお

いて消費が文化との関連で問題になった。人びとの関心がモノからココロへとシフトしていくなかで企業の文化戦略が問題になったのである。この時期あたりから企業文化自体への照射が始まったという経緯がある。とくに企業文化の革新が経営組織改革の中核的な問題になると明確に意識されたのが，コーポレート・アイデンティティ（CI）がムーブメントになった1980年代後半以降である。

　CIでは新たな企業の統合目標の確立と従業員の意識変革を図るうえで，エンプロイ・コミュニケーションの活性化を必要としたのであった。CIにおいては広報セクションがコミュニケーション活動の前衛としての役割やリーダーシップを発揮する企業が少なくなく，CIとコミュニケーション，広報セクションはセットで語られ，企業文化，組織風土の改革が目指されたのであった。

　CIでとくに重視されたのは，トップの役割である。トップ自らがCIの先頭に立たなければ全社的な組織文化の改革など絵に描いた餅になりかねないからである。事実，80年代はトップ広報が目立ち始めたことが注目された。そうした企業はCIでもトップランナー的な役割を果たした例が少なくない。

2)　企業文化，倫理，コミュニケーション

　企業における権力と文化の問題は，古くて常に新しい問題である。権力と文化の関係は，権力を持った人びとが暗黙的に組織の規範に影響を及ぼし，いつのまにか企業文化が形成されていくことは多々見られる現象である。文化は規範であり，ある規範が組織に定着すれば，企業文化が企業における権力の色彩に影響を与えていく。

　トップは組織内での最高権力者であり，中心的経営陣が広報の経営戦略的な機能を理解し，広報業務にリンクするならば，社会の風は否応なく吹き込んできて，市民社会が組織に期待するものに触れざるを得ない。

　かつて，不祥事を起こした企業のトップが「会社の常識は社会の非常識だった」と述懐したことがあった。トップおよび中心経営陣が社会の常識に晒されていれば，会社と社会のバランスをはかることに何の抵抗もなくなるはずである。

　また，業績至上主義，販売至上主義が経営トップの権力とリンクして組織

風土に浸み込んでいる場合，コンプライアンスは二の次になる。かつて「スネの向こう傷は問わない」と豪語したトップがいた企業の例があるが，批判や提言ができず，ものが言えない風土であれば，インターネット時代の今日，ただちに不正は心ある社員によって外部に通報される時代になった。

インターネット，イントラネットは企業の階層を旨とするピラミッド型の組織原理を相対化してしまった。従業員参加型の組織は分権型，文鎮型の組織形態が適合的である。問題は，従業員が自発的に参加していくエネルギーの革新がどのようになされるかであり，いかに継続性を担保するかである。

しかし，インターネット時代になった今日も，社是の重要性は変わらない。たとえば，ジョンソン・エンド・ジョンソンの社是「我が信条（OUR CREDO）」では，ステークホルダーでもっとも重視するのは顧客，ついで従業員，地域社会，株主の順で，従業員は高い位置にカウントされている。その具体的な取り組みとして職場の風通しを重視し，世界の支社で「職場の健康度調査」を行っている。職場単位でアンケート調査が行われ，調査の分析はアメリカ本社で一括して行い，各支社にフィードバックされる。職場の健康はひとえに職場のコミュニケーション風土にかかわっている。

3) 広報組織

1990年代後半以降，企業の広報セクションは組織的に大いに変容してきた。「広報」から「コーポレート・コミュニケーション」という呼称のセクションがトップランナー企業において設けられる動きが目立ち，社会貢献など広報関連の部門を包含するケースが多くなった。

その後，社会貢献活動などCSR時代を反映したセクションが分離するなどの動きはあるが，現在，本社機構で広報を担当するセクション名は次のようである。

① 「広報部」（室）（28.5%→25.6%）
② 「コーポレート・コミュニケーション本部」（部）（7.6%→9.8%）
③ 「広報IR部」（室）（4.3%→6.0%）
④ 「広報渉外部」「広報宣伝部」「広報地域交流部」など（3.5%→3.1%）
⑤ 「企画部門」（総合企画部（室），経営企画部（室）など）（23.6%→19.9%）

⑥「総務・人事部門」(総務部広報室, 総務人事部など) (17.8%→16.5%)

⑦「管理部門」(管理本部, 経営管理部 (室) など) (6.2%→7.9%)

⑧「秘書部門・社長室」(秘書室, 社長室など) (3.3%→4.1%)

　コーポレート・コミュニケーション, 広報IRという名称が冠せられた組織が増えていることが特徴的である。これは, とくに企業の場合, 戦後の広報のあり方はまさに企業と社会の関係そのものを反映して変化してきた流れのなかで, 名称と機能がコミュニケーションを軸に共に変容してきたという経緯がある (北野邦彦・濱田逸郎・剣持隆, 2008年)。

　統合的なコーポレート・コミュニケーションや広報・IR組織が増加していることは, 広報・コミュニケーション組織が経営戦略の重要な役割を果たすことの認識が進んでいることの証左であろう。

　また広報部門が担当している業務として「サステナビリティ・レポートの作成」と「環境報告書の作成」を合わせると19.8％になる。CSR時代を象徴するかのように, 広報部門の守備範囲は拡大している。サステナビリティ・レポートなどCSR関連のレポート作成は, CSRが経営戦略的に位置づけられていなければ作成が不可能であり, トップ直属の広報部門ならではの仕事が拡大していることを物語っている。

　今後もそのような意味では企業変革とパラレルにコミュニケーション組織は機能を変革し続け, 名称を変化させていくのが自然な動きであり, 組織および組織文化の変革とコミュニケーション機能の革新は継続的に永続するテーマである。

3. 変化するメディア

(1) メディア・リレーションズへのアプローチ

　従来の広報実務書やテキストにおいてメディア・リレーションズの問題は, 記者会見やパブリシティなどメディアにいかに対応するかというHOW TOに重点が置かれて解説されてきたが, 近年メディアの変化が激しいので, メディア対応以前の問題について本稿では触れたい。

1) インターネットのインパクト

若者の新聞離れ，活字離れなどが指摘され，発行部数も頭打ちになるなど，マスメディアの象徴だった新聞業界も再編が議論されるなど様変わりしてきた。

何よりインターネットの普及は従来のマスメディアが媒介するコミュニケーション構造を変革するインパクトを持ち，その影響は急速に広がっている。ここではメディア世界がどのように変化しているかを問題にしたい。

メディア世界における決定的変化といっていいインターネットの最大の特徴は，双方向のコミュニケーションが可能なことである。従来のマスメディアは情報の送り手と受け手とが判然と区別されていた。送り手は送り手の論理があり，受け手は受け手の態度，受容の姿勢があった。

トフラーは，主体，客体のボーダーレス化について，ドイツの詩人エンツェンスベレウガーのつぎのような指摘を引用している。

「過去のマスメディアにおいて送り手と受け手を区別していたのは，両者の技術上の差異であった。しかし，送り手と受け手が峻別されていたこと自体は，労働の社会的区分が生産者と消費者に分断されていた状況を，そのまま反映していたと言っていい」（トフラー，1980年）。

インターネットは，情報の送り手と受け手の区別を消滅させた。人々は皆情報発信の主体であり，同時に受信の客体でもあるという二面性をもつことになった。送り手と受け手という二分法は意味をなさなくなり，対抗軸的発想では問題が解きにくい時代になってきたのである。

ケーブル・テレビジョン，CBラジオ，ファックス，DVD，携帯電話（以下，ケータイと略す）などメディアの多様化に伴い，コミュニケーションも多様化する。さらにカーナビのような新しいメディアも情報端末として登場してきている。

メディアとコミュニケーションの多様化は，人々の精神構造も変化していくことを意味している。

相手の意識や態度を変えることがコミュニケーションの目的の一つだと言われる。自分の意思を相手に伝え，相手の認識が変わり，ときには行動にも影響を与える。また逆に，相手が変わることによって自分もまた変わる。メ

ディアの多様化はそうした複雑化したコミュニケーションにより，さまざまな自己をつくりあげることになる。なかでもケータイは多元化した自己をかなり拡大していくメディアではなかろうか。

2）情報氾濫のパラドックス

メディアが多様化し情報が氾濫している反面，マスコミ側の価値判断によって真に有用な価値ある情報が供給されなくなっていることに危惧をいだくのは筆者ひとりではあるまい。やっかいなのは，情報の氾濫がそれなりに意味をもってきていることである。現象の背景にある時代状況のなかにおける位置とは無関係に個々の物事や現象が取り上げられ，個別の世界がミーイズム的趣味の価値観によって大げさに取り上げられたりする。氾濫する個々の情報は情報ごとに意味をもつことが，これまでの時代とはきわめてアンバランスな状況を生み出している。

部分と全体との関係とは別に局所が意味をもつ。従来であれば，メインカルチャーとサブカルチャーのボーダーが判然といえなくともおおよその区分がなされていた印象があるが，誰でも情報の発信者となれる時代においては，それぞれの個人的な情報が意味をもつ時代になった。マスメディア情報，ミニコミ情報，プライベート情報の落差が歴然としなくなってきている。マスと個の分離，メインカルチャーとサブカルチャーをカテゴライズする意義があいまいになってきている。

ビデオやファックス，さらにインターネットなど，個人がメッセージの主体になるメディアがふんだんにある時代になった。個人が発信できるメディアが多様化し，コミュニケーションが多様になったことにより，逆に個人のアイデンティティクライシスもまた生じてきた。コミュニケーションにおいては他者によって自分の位置が決定するという相対化のメカニズムが働き，自己のアイデンティティが確定できるという作用がある。しかし，メディアが多様化することで，多様な自己をも演出できるようになった。それが過剰に進みコントロールが難しくなればアイデンティティの分裂を招くことになる。

コミュニケーションとメディアの関係についてトフラーは次のように指摘している。

「コミュニケーションと人間の性格との関係は一様ではないが，両者は切っても切れない関係にある。コミュニケーションのメディアが変われば，人間も変化を受けずにはいられない。だからメディアの革命は，精神構造の革命を意味する。」（トフラー，1980年）。

インターネットを導入した大学教育の現場で，普段の授業ではきわめておとなしい学生が，インターネットによるレポート提出においては信じられないほど過激な内容のものを提出するという例がある。「十人十色の時代から一人十色の時代になった」と指摘する研究者もいる。

多様な自己を持つようになった世代においてとくに著しい現象として，情報シャワーを浴びることが日常化していることである。多様な情報に接して刺激を受け，自己の存在のある側面を確認する。さまざまな情報の刺激に反射的に反応し，多面的な自己がその瞬間ごとに万華鏡のように出現しては消えていく。深く考えずとも日常生活は連続する。

朝の通勤電車で熱心に読書をしていると思いきや，それはカバーのかかった漫画本であったりする。漫画というべきか劇画というべきか，ストーリー性を持った内容はむしろ冗長な活字の駄文よりはるかに魅力的なのであろう。事実，そうした漫画ストーリーの原作から映画も生まれている。

若者が新聞を読まなくなり活字離れが進んだと言われて久しいが，若者にとって情報シャワーを浴びる機会はいくらでもある。漫画やケータイのテレビに移行しても，刺激としての情報を確保していることに変わりはない。

3) 番組のボーダーレス化

ボーダーレス化について加固三郎は「マスコミをはじめ情報メディアの発展と即時化は，会社と社会，会社と家庭の壁すらも打ち崩し，したがって企業は限りなく透明であることが求められている」（猪狩誠也，1992年）と指摘している。

さきに触れた携帯電話の場合は，私的空間と公的空間のボーダーをも消滅させている。電車のなかでも時間を選ばず到達してくる電波は，そこが公的空間であっても瞬時に私的空間に変化させる。電車の中で使えなくてはケータイという意味がないという声も一方にはあり，情報空間のボーダーレス化によってモラルの新たなカテゴリーが模索されざるを得なくなっている。

第4章 新しい時代の広報・コミュニケーション　113

　また，職業間のボーダーの意義もまたかつてとは異なってきたのではないか。たとえば，タレント，専門家，学者，ジャーナリスト，政治家といった区別があまり意味を持たなくなってきた。とくにテレビなどマスメディアに起用されるにあたっては，表情や表現力，話題性，人気の有無，知名度などといった基準が意味を持ってきている。

　政治家のタレント化，タレントの政治家化は日常化してきた。テレビをはしごする知事など珍しくない時代になった。テレビのニュース番組とショー番組のボーダーも判然としなくなった。ニュースキャスターの元祖といわれるエド・マローの時代からキャスターに求められる資質には変わらないものもあろうが，タレントとニュースキャスターのボーダーもはっきりしなくなっている。ニュースのショー番組化が進んで，タレントのニュースキャスター化，ニュースキャスターのタレント化が進んでいる。

　こうした現象は，娯楽とニュースの意義自体に変化が生じたのではなく，コンテンツをマスメディア側が演出してつくっていることによって起きている。

4)　ニュースはつくられる

　あらためて言うまでもなくニュースはつくられている。ニュースの取材からニュースの製造にシフトした経緯についてはブーアスティンが「疑似イベント」（ブーアスティン，1964年）として提起したように，ニュースは何らか意図が働いて顕在化する。メディアがニュースを報道し，読者もニュースを求める関係が成立し，ニュースがないときはインタビューなどニュースをつくる方法が工夫されていく。

　事実がニュースとなって報道されることから，ニュースのため新しい事実が生まれることもある。予定稿は準備されたニュースであり，ときには予定稿自体がニュースとなって報じられるケースもある。かつて東大の卒業式で時の大河内一男学長は「太ったブタになるよりは痩せたソクラテスになれ」というメッセージを発した，と新聞は報道した。しかし実際には，そのような発言はされなかった。予定稿のまま報道された代表的な例である。

　ブーアスティンが提起した「擬似イベント」がますます演出されるようになっている。とくにテレビにおけるやらせ報道もそうした疑似イベントの応

用であり拡大現象である。

　最近は政治の劇場化さえ進行している。政治家もメディアを意識して使いこなさなければならない時代となった。古くはニクソンとケネディの大統領選挙におけるテレビ討論の例が典型例として語られるが，テレビ受けする政治家でなければ優位に選挙戦を戦えないような時代になりつつある。いかに端的にメッセージを伝え，いかに説得力を持つかというメディア対応力が問われる時代になった。

　文章における推敲や修辞学ではなく，発言の組立てや論争力，反撃力といった瞬発的な表現技術が求められるようになってきている。なかんずく視線や顔の表情がものを言う。企業経営者も同様である。そのためにメディアトレーニングが必要だという指摘もある。

5）　横並びのメディア

　古くはラジオを利用したルーズベルトの「炉辺談話」や，映像メディアやイベントなどを動員したナチスのプロパガンダの例など，政治とメディアはきわめて深い関係にあるが，疑似イベントが日常化した今日ではメディアの倫理的責任，社会的責任についてもっと注意が払われるべきであろう。

　擬似イベントはメディア間でさらに増幅される。テレビ番組で新聞報道が紹介され解説が加えられている。ニュースはさらにコピー化され，場合によっては局部的なことが拡大再生産されて伝わる。夕刊紙が他社の朝刊紙の報道を再報道するのも珍しくない。

　近年のテレビニュースは，見出し記事を掲示板に羅列してまとめ，見やすさを図っている。ニュースのインデックス化であるが，これは朝刊紙の1面に主なニュースの目次が掲載されているのと似ているし，衛星放送で流される外国放送のニュース番組でも同様である。どのメディアがオリジナルかということより，手法が横並びで同様になってきたことを指摘したい。そもそも，ニュースキャスターを起用した報道番組の手法はアメリカから輸入されたものである。ワイドショー番組も同様である。

(2) メディアと社会的責任
1) 議題設定とメディア

　ニュースが商品になり，しかもニュースはつくられるとなると，ニュースの速報性，正確さより，刺激を競うことになる。日本の新聞では「盛り上げろ」，アメリカでは「エッジをつけろ」という指示がデスクからされるという。これは，ニュースのインパクトの拡大をねらって報じる論理に基づいていることにほかならない。

　よく指摘されるのはスタンピード現象である。西部劇で牛の暴走シーンがある。家畜や群衆がどっと一つの方向に走り出す様をスタンピードと表現するが，メディアでも同様に同じ方向に報道が加速する現象がしばしばある。テレビのワイドショーやスポーツ紙，芸能・女性誌なでどでは「諸外国と比べてもこのスタンピード現象的傾向が強いと思われる」と鳥越俊太郎氏は指摘している（鳥越俊太郎，1998年）。

　経済の専門誌でもこうした一斉報道は同様にしてある。山一証券が破綻した当時，「恐慌」という文字が，ある経済誌を除けば表紙の記事のタイトルから消えた週はないと記憶されるほど「来たるべき恐慌」が論じられた。そもそも，山一証券の破綻は，格付け機関による格付け引き下げ情報が報道された翌日破綻に陥ったという経緯がある。ニュースが連鎖反応を生み出し，その延長上に新たな事実を生み出した典型例といえる。

　メディアが複雑化したとはいえ，活字メディア，とくに日刊紙，専門誌などの言論機関的な機能は依然として自認もされ，人々の信頼度もテレビなど映像メディアより高い。そうした啓蒙的，言論的な機能において常に問題になるのは議題設定のあり方である。議題設定とは「メディアは公共の問題について人々の議論すべき事項を決定し，その議題についてその重要度や優先順位，議論の枠組みまでを決定する」（渡辺武達・山口功二編，1999年）ことである。

　メディアは多様化したが，マスメディア議題設定は横並び化している。全国紙朝刊の見出しにはほとんど同じ活字が踊り，一斉報道は次々に連鎖反応を生む要素を孕んでいる。一斉報道ばかりでなく「メディアの主張はしばしば一貫性を欠き，状況が変わると社説の内容も変わる」と高橋文利元立命館

大学教授は指摘し，その例は昭和恐慌時からすでにあることを実証している（高橋文利，1998年）。とくに一部の新聞の報道ぶりには，取り付け騒ぎが起きてもおかしくないという危惧を抱かせるものもあるほどであった。

2) メディアの社会的責任

日本の新聞と欧米，とくにアメリカの新聞との違いとして挙げられるのは署名，バイラインの有無である。アメリカの場合，記事のほとんどに記者の氏名が記されている。アメリカでバイラインが一般化したのは1960年代後半からで，70年代，80年代を通じて一般化したと言われる。バイライン（記事署名）の有無は記事の責任の所在を端的に示すものとして日米のジャーナリズムのあり方の違いとして指摘できるものである。

日本でも一部の新聞が意識的に署名記事化を推進しているが，日本の場合，とくに社会面の記事はチーム取材も多く，バイラインになじまないという事情はある。記事の責任は新聞社が最終的にとるのは当然としても，署名入りの記事であれば読者はより端的に責任の有無を判断しやすい。

メディアの社会的責任としてよく上げられるケースは，バブル時にはバブルを煽り，崩壊後は政府の景気対策の遅れを批判することに見られるように，一斉報道をする体質に関連しているものが多い。集中豪雨型報道，過剰報道，過熱報道，メディアスクラム，押しつけ報道などもまたスタンピード現象と同根のマスコミの病理的な報道スタイルである。

そのほか，オウム事件におけるTBSのように報道番組と娯楽番組のボーダーレス化とテレビ局の番組制作システムに原因の一つがあるもの，架空記事のように記者のモラルに原因があるものなども倫理が問われ，社会的責任問題になる。

そうしたメディアの社会的責任の遂行に関して倫理的な基準づくりが進んでいる。新聞綱領は「自由と責任」「正確と公正」「独立と寛容」「人権の尊重」「品格と節度」にわたって2000年に新綱領を定めた。「自由と責任」においては「公共の利益を害することのないように，十分配慮しなければならない」ということが明記されている。やや批判的に言えば，「公共の利益を増進するよう努力する」というように前向きな表現がほしいということもあるが，もっと言えば，「あらためて公共とは何か」という議題設定のベースに

なる議論の活性化に努めることが，変革期にはとくに要求されることではないだろうか。

またテレビ局であるが，その出発には報道系と娯楽系のルーツがある。テレビ局の放送倫理の策定において，報道系と娯楽系の番組を統合した倫理規範が出来にくいという尾を引いているテレビ局の例がある。しかし，報道番組か娯楽番組か判然としないワイドショーが登場して，報道系，娯楽系といったカテゴリーを統合する工夫をするなり包括的な放送倫理基準を考える必要が生じているのではないか。

3） インターネット時代の倫理と自己責任

ホームページが普及し企業情報の受発信のメディアとしてインフラ化するとともに，新たな問題もまた生じている。個人による情報発信も企業による情報発信も，第三者のスクリーンを通していないことによる問題である。匿名性，バーチャル性の蓑に隠れてなされる悪意のある書き込みが電子掲示板などにいとも簡単になされる。プロバイダーの守秘義務もあろうが，ネット社会に対応する倫理の確立が望まれる。ネチケットという新語が開発されているが，民間においてネット社会における「ルール＆マナー」の確立に向けた動きが加速すること期待したい。ネット社会の健全な発展のための課題は多い。

企業にとってはハッカー対策，クレーマー対策，ウイルス対策，風評対策などが危機管理の新たな課題になっている。悪意のある風評は規制の対象にもなってきているが，風評の発生を防ぐことはむずかしい。日ごろの誠実で積極的な情報開示がますます必要になる。

内部告発もかつては匿名だったものが，近年は名前入りになっていると言われる。企業は自から透明にならざるを得ない時代にますますなってきている。

自前の情報がいきなり社会に向けて縦横に駆け巡る時代には，人々は自己責任において情報のリテラシー能力を求められることになるが，一方，新聞など公共性を標榜するマスメディアの信頼性が逆に浮上してくることにもなる。著作権やプライバシーの問題など古くて新しい倫理的問題を含んだ問題が生起する。

4) 企業が育てる情報市民社会

では，企業の広報担当者はこうしたメディア世界の変貌に対して，どのように対応していくことが望ましいか。

まず，対外コミュニケーションと対内コミュニケーションを同じ目線で位置づける時代になったこと。「ウチとソト」という二分法が利かなくなったのである。メディアを対象にした広報・コミュニケーション活動，双方向のコミュニケーション活動に加えて，対内コミュニケーションを同列に位置づける時代になってきたこと。つまり，企業と社会を分けて考える視点に加え，企業の内と外を二分しない視点も必要になってきた。たとえば企業の不祥事発生の情報は，ほとんど内部告発によっていることからも，企業は対内的・対外的に透明であることが問われるようになっており，対社内向けの情報と対社外向けの情報発信を差別する意味がなくなっていることが現実に出ているのである。

ネチケットと呼ばれるような情報化時代のモラルの形成は，今後の課題とする部分も多く，わが国のみならず情報民主主義の形成は世界的な課題でもあり得る。

そこでは，企業は自ら時代の価値形成者として創造的な役割を負うべきである。良質の情報のマネジメントをトップ以下とりわけ広報セクションはパイオニア的に構築していくべきである。情報化社会における企業市民として，企業は良質の情報の発信源となり，良質の情報受信のリテラシーを育てていく拠点となるべきである。

企業がそうした時代の開発者になり，報道機関やマスコミ人に対するよき規範を示し，情報市民を育てることが，新しい時代の顧客創造につながるのではないか。情報の混迷時代は，次代の新しい価値を内包した情報の生みの苦しみの時代でもあろう。

さらに，インターネットの普及で「知」のあり方が変容してきている。ウィキペディアに代表されるように集合知の形成が進行している。集合知の登場は，知識をめぐる社会的なシステムを変化させるパワーを秘めている。それはまだ始まったばかりであるが，知の権威や教育システム，情報市民社会などのあり方と関連して巨大な問題になる可能性がある。一方，無責任な匿

名性を隠れ蓑にした情報の制御なども課題になり，来たるべき情報市民社会はいまだ輪郭さえ定かではない状態にある。

（3）インターネットと広報

これまで，メディアの変貌について触れてきたが，なかでもインターネットの問題は重要であり，インターネットと広報の関係についてやや詳しくみていきたい。

1）ホームページ

インターネットを活用した広報は，内にはイントラネット，外にはホームページが主要なツールになる。

ホームページは，1996，97年あたりが開設ラッシュで，現在ではホームページを開設していない企業は珍しいほどになっている。ホームページの運営は広報セクションが主として担当しているといってよい。2003年の調査では，ホームページの統括部門は，①広報部門（60.6％），②情報（IT）部門（9.5％），③営業部門（5.7％），④宣伝・広告部門（5.3％），⑤マーケティング部門（5.1％）（「意識実態調査」，2003年）という順序であり，2006年の調査ではこの設問がなされていないが，「ホームページの運営管理」をしている広報部門は77.3％に上っていることから現在も広報が主担当という傾向には変動がないと想像される。

ホームページに掲載するコンテンツ（内容）として重視するのは「製品・商品の紹介」が67.2％ともっとも多く，決算（42.3％），企業概要（41.9％），リクルート情報（17.1％），イベント情報（11.4％）などが続く。こうした情報をプレスリリースという形でホームページに掲載する企業は多い。注目されるのは，eビジネスがホームページで行われている（13.7％）ことである。

2）双方向

また，広報的に重要なのは，ホームページが双方向のコミュニケーションを生かすかどうかが関心を持たれたが，ホームページ開設当初は，このQ&Aコーナーのある企業はほとんどなかった。しかし，2003年の調査では「Eメールによる質問・要望受付」をしている企業は72.2％にのぼり，「Eメー

ルによる質問・要望受付をコンテンツとして重視する」が11.6％としっかり数字になっており，ようやく双方向コミュニケーションの可能性が明らかになってきたことは注目していい現象である。

　その間の経緯に若干触れると，ホームページを開設してからしばらく多くの企業では「Q&Aコーナー」を開設していてもまだ十分なリスポンス体制をとっている企業は少なかった。顧客からの苦情や質問には「お客様相談室」というような窓口を設けて，電話やファックスで応答している企業もある。

　インターネット最大の特徴である双方向性がなぜ有効に利用されていなかったのか。ピラミッド組織における稟議制度をベースとした情報の受発信システムではインターネット広報はその特質が生かされないのである。

　日本企業において，権限の委譲など組織改革が行われてきたにもかかわらず，依然として組織間の壁，権限の偏在，情報開示における不透明性など旧来の体質を変革できていない企業は少なからずある。そうした旧来の体質のままインターネット広報を採用しても，はじめからスムーズな運営は無理だったのである。顧客から寄せられる質問に答えるため，ホームページを運営している担当者が，質問先の部署の責任者に問い合わせるためにわざわざアポイントをとり，質問項目を前もって提示し，聞き取った内容を整理し，公表するために承認を得る。そうした一連の作業のために連日残業を強いられるといったことが起きている例もあったくらいだ。

　企業内の情報開示において，開示可能な情報，開示すべきでない情報などについての基準づくり，情報発信についての情報作成箇所，各部門の権限と範囲などの問題がインターネット広報の開始とともに浮上したのである。

　したがって，権限委譲が進み，企業組織のフラット化が進んでいる企業ほど，当然のことながらホームページに寄せられる質問には答えやすい条件が準備されていたことになる。

　3）　イントラネット：活字社内報との共棲

　イントラネットの運営管理においては，ホームページの場合と様子が異なる。運営管理を担当する部門として，広報部門は23.4％，その他が62.2％である（N＝418社）。残りの14.4％は未実施である。「その他」部門で大半を

占めているのが「情報システム部門」で総務部，企画部が担当している企業もなかにはある。

広報セクションとしては，このイントラネットを社内コミュニケーションのツールとして活用している。社内広報の媒体として活字社内報は90.2％の企業で活用されており，次いでイントラネットが78.6％の企業で活用されている。

この二者が社内コミュニケーションのツールとして双璧であり，以下ビデオテープ（27.8％），掲示板（21.9％），メールマガジン（10.6％），社内テレビ（9.8％）という順である。

イントラネットが登場した当初，活字社内報は駆逐されるのではないか，と予想する向きも多かった。しかし，イントラネットが導入されても，活字社内報は生き続けている。イントラネットを活用している企業では「社内報との役割分担を図る」とする企業が85.6％と，ほとんどの企業で両者の棲み分けが図られている。社内報を廃止した企業は1割を切っている。

やはり，連絡事項などインフォメーション的な情報で速報性が求められるものはデジタル情報としてイントラネットで，経営戦略的な情報やストーリー性のある情報で読み込みの求められるものは活字でというような棲み分けがなされているものと想像される。

4) イントラネットとトップの情報発信

イントラネットを活用したトップの情報発信の姿勢が目立つようになった。かつて，「社長へのメール」を受け付けることが，ニュースとして注目された時期もあったが，すでにイントラネット上にトップのメッセージが掲載されている企業は5割近くになった。2006年の調査では，イントラネットを導入している305社中，「トップのメッセージが掲載されているホームページ」は48.5％。うち「社員が返信できる」双方向のホームページが19％に上っている。

役員のホームページは22％，そのうち「社員との双方向のホームページ」は5.9％という数字になっており，トップ，役員クラスと社員のダイレクトのコミュニケーションルートの構築をはかる企業は今後も増えると予想される。

トップと若手社員のダイレクトコミュニケーションによって，経営情報を独占するというような使い分けで部下をコントロールする旧タイプのマネジメントは権威を持たなくなる。いわゆる「中抜き」現象は進むと予想はできるが，トップのコミュニケーションに取られる時間や労力が増えるといった新たな問題もまた浮上せざるを得ない。

5) 進む情報開示

ホームーページの取り組み方は企業によって温度差が激しいが，情報開示に積極的なところではたとえば日本アイ・ビー・エムのように自社の企業行動規範をホームページに掲載している例がある。企業行動規範，あるいは企業倫理規範などコンプライアンスにかかわる規則はなかなか公開されにくいものである。企業の不祥事が続発し，とくに企業行動のモラルが問われ，日本においては日本アイ・ビー・エムやヒューレット・パッカードなど外資系企業において取り組まれていた企業行動規範づくりが1990年代後半，有力な日本企業においても取り組まれるようになった。日本アイ・ビー・エムの「Business Conduct Guidline」はそうした企業行動規範のなかでもモデルにされるほどの内容をもつ。それをホームページで公開することの意義は大きく評価されていい。

6) 全社的受発信

双方向型のコミュニケーションに対応するため各社はさまざまなリスポンス体制を試行錯誤しながら構築してきているが，そのもっとも基本的なことは企業の各部門が自律・自立的に顧客など社外からの質問に応えていくことである。

日本アイ・ビー・エムの場合，情報開示については現場の情報の所有部門に権限がある。これを「情報のオーナー」と言っているが年々増え2001年のはじめには200以上になっており，EWM (Enterprise Web Management) が全社のウエブを統合的に管理する組織として機能している。

これらのセクションは広報部門とは別の組織であるが，担っている機能はまさに対外的なコミュニケーションであり，さまざまな現場組織が主体的に双方向のコミュニケーションを図っている。各組織がこうしたコミュニケーション体質のレベルアップを図っていることが本来の全社広報のあり方なの

であると思われる。全社広報はインターネットによって実現し,かつ加速されていると言える。

7) ホームページとブランド広報

コーポレートブランドを高める戦略があるとする企業は6割近くになっている(「意識実態調査」,2006年)。そのために重視しているステークホルダーは,消費者 (62.9%),社員 (42.3%),株主 (33.9%) の順で,注目したいのは社員の率が2002年の調査の28.6%から18%近く上昇していることである。コーポレートブランドの向上は,まず灯台の足元を固めてからという印象を強くする。

コーポレートブランドの向上のための活動で重視しているのは「企業広報をはじめとする対外情報発信の強化」(72.2%),「社内ロゴなどビジュアルアイデンティティの管理」(56.5%),「社内意識の啓発」(38.7%) という順である。

ここから読み取れることは,ビジュアルに発信するホームページにおけるロゴマークのデザイン管理などはきわめて重要なものになっているということである。

コーポレートブランド向上の対外発信,対内発信はイントラネット,ホームページが主役であることが確認される。

8) グループ広報

連結決算,連結経営時代においてはホームページもグループで運営される段階になってきている。顧客からの質問,相談に答えるためにはこれまで単体で済んでいたことがらからグループ企業間の情報連絡など協力体制が必要になってきた。

しかし,企業グループのあり方は,それぞれの企業グループごとに異なり一様ではない。ソニー,松下電器産業,日立製作所など明確な企業グループとしてのブランドを持ち,グループとしての広報コミュニケーション活動を積極的に展開している例はまだ企業グループにおいて大勢となっていない。しかし,連結経営時代はグループとしての広報コミュニケーション戦略が問われることになり,グループ企業間での情報の共有,受信・発信を図るうえでグループ内でのイントラネット,グループとしてのホームページが当然必

要になってくる。

　そうしたホームページのグループとしての展開が意識されているが，たとえば環境報告書や環境会計をホームページに掲載することは，自ずからグループとしての取り組みを発信することになる。環境への取り組みは単体のそれでは無意味であり，企業グループとしての環境への取り組みでなくては意味を持ち得ず，多くの環境報告書はグループベースのものになっている。

　また，生産会社と販売会社に別れていた企業グループで，販売会社のホームページに寄せられる質問に生産会社でなければ答えられないような内容のものが寄せられる。社会とのコミュニケーションレベルにおいて生産と販売を含めた統合的な情報対応が求められているのである。

9）　インターネット広報の課題

　インターネット広報において絶えず気になるのは，企業からの情報発信が直接的で第三者のスクリーンを通していないということである。またサイバーテロなど新しいコミュニケーションツールに伴う問題は危機管理の領域を拡大している。

　こうしたインターネット時代特有の問題で，究極的に問われるのが企業のフェアネスと透明性ではなかろうか。ウエブ上でのやりとりで，よくネチケットの問題が取り上げられる。ネット時代のエチケット，略してネチケットは電子時代の市民社会の倫理のあり方を提起しており，これまた難題を含んでいる。

　いわば，インターネット時代の光と影の問題はインターネットが普及すればするほど社会的な問題として大きな存在になっていくが，企業がまず電子社会の市民として範を示す存在になることが危機管理の大前提である。すでに，インターネットが悪用されて危機管理を問われた例も発生している。企業と不特定多数の顧客・生活者とのリレーションは一朝一夕で形成されるものではない。電子社会で問われる全社的広報コミュニケーションとone to oneの関係づくりのツールでもあるインターネットは，まさに相反する利用の仕方，され方ができる両刃の剣である。インターネット時代の市民社会の形成と人間の知恵が歴史的に問われていると言える。

4．IR

（1） IRの意義と背景
1） IRとは

IR（Invester Relations）は通常「投資家向け広報」と訳され，1990年代になってから急速に注目されるようになった。

IRに関してはさまざまな定義があるが，全米IR協会は次のように定義している。

「インベスター・リレーションズは，企業の財務機能とコミュニケーション機能とを結合して行なわれる『戦略的かつ全社的なマーケティング活動』であり，投資家に対して企業の業績やその将来性に関する正確な姿を提供するものである。そしてその活動は，究極的に企業の資本コストを下げる効果を持つ」（鶴野史朗，1999年）。

具体的に表現すれば，「IR（インベスター・リレーションズ）とは，企業が株主や投資家に対し，投資判断に必要な企業情報を適時，公平，継続して提供する活動」（日本インベスター・リレーションズ協会・2004年）ということになる。

本稿では，こうしたIR活動のなかでの情報発信面，つまり広報的側面に重点をおいて概観したい。

2） IRが注目されてきたプロセス

日本において，ながらくIRが浮上してこなかった背景には，証券市場が未発達だったことがある。日本においては，戦後証券の民主化が図られてきたものの証券市場に大衆の資金が動員されず，国民の金融資産は郵貯を含めた金融機関に国民の資金の大半が集まり，グローバルに通用する証券市場が発達してきたとは言い難かった。

日本の資本主義は法人資本主義と指摘される側面があり，メーンバンク制と言われるように企業の資金調達は銀行を経由し，株も持ち合いというように間接金融が幅を利かしていた時代があった。

しかし，80年代後半は国際化が進み日本国内だけで通用する規制とアメ

カを中心とする国際基準の矛盾が表面化し，日本の巨額の貿易黒字と日米間の貿易収支のインバランスが問題になり，系列取引や株式持ち合いといった日本のビジネス慣行が日米摩擦の原因の一つとされ，閉鎖的な国内市場の開放，規制緩和が日米構造協議において要求された。

1985年に発表された「前川リポート」は，国際経済摩擦を引き起こした日本の構造改革の処方箋としてアピールされたが，日本社会の政治構造の底辺の変革を含む問題だけに改革のプロセスは遅々としたものであった（この問題は未だ改革のプロセスのなかにある）。

日本異質論が論じられたのはそのころであり，日本市場や日本企業の透明性が要求されるようになり，日本企業の経営革新が問われるようになった。資本コストを下げるには，間接金融から株式による直接金融に変わっていく必要がある。IRはこのころから話題になり始めた。

3) 戦略的なIRの認識

さらに，バブル崩壊によって1990年以降株価が低迷し，資本調達のあり方が間接金融から直接金融にシフトし，企業のグローバル化の進展とともに国際的な資本調達が必要になってきた。

国際会計基準の導入によって連結決算，時価主義が採用されることになって，持ち合いの株の含み損が財務諸表に反映されることになり，所有する不動産など含み益経営という日本的経営手法が通用しない時代になった。

金融システムにも国際化の波が押し寄せ，護送船団方式による規制で守ってきた金融行政が限界に達し，1996年，「フリー，フェア，グローバル」を原則とした金融システムの改革が行われた。

こうした日本版金融ビッグバンと呼ばれる改革が進行し金融環境が激変するなか，企業の資本調達の手段としてIR活動は経営戦略の中枢を担う機能として注目されるようになったのである。

とりわけメガコンペティションに立ち向かう企業はグローバルなスケールでのIR活動が求められており，経営変革やコーポレート・ガバナンスの問題とオーバーラップしてIR活動は広報・コミュニケーション活動の戦略的な課題を担うようになってきている。

(2) IR活動の歩み
1) 先行企業は1960年代にスタート

「インベスター・リレーションズ」という言葉は，1953年にGE（ゼネラル・エレクトリック）が株主向けのコミュニケーション計画を立てたときに「IR計画」としたことにルーツがあると言われている。

アメリカにおいてIRの必要性が認識され，本格的な活動が始まったのは1970年代に入ってからで，投資家から信頼を得るための企業情報の提供が主な業務であった。しかし，M&Aが活発化する80年代に入ると安定株主づくりを目指すものになり，87年のブラックマンデー以降は機関投資家を主な対象にした戦略的な活動にシフトしてきたと言われる（伊藤邦雄監修・三和総合研究所編，1999年）。

日本でIRということが言われ始めたのはこの10数年であるが，それ以前，すでに1961年にソニーがアメリカでADRを発行し，70年にニューヨーク証券市場に上場している。松下電器産業，本田技研工業なども次つぎにNY市場に上場し，グローバル展開していった企業は日本でIRが言われる以前に投資家向けの広報・コミュニケーション活動を展開していた。

ニューヨーク証券市場に上場するとSEC（Securities and Exchange Commission，証券取引委員会）に対し連結決算書やアニュアルレポート，クオータリーレポートなどの作成が義務づけられ，詳細な財務データを開示しなければならなくなる。また投資家やアナリストを対象にした説明会（インフォメーション・ミーティング）を開催したり，個人を含めた投資家に対してアニュアルレポートや決算書，プレスリリースを発行するなど日本におけるレベルを超えたディスクロージャーが要求される。

1960年代，70年代のこうしたいわばIRの先行的な活動の時期を第1の時期とすれば，第2の時期は80年代後半からバブル期までを区切ることができる。この時期は株価対応策を中心に商社などがIR部署を設置した時期である。伊藤忠商事がIR専門部署を設置したのが89年。同じ年に当時の三菱銀行がニューヨーク証券市場に上場している。海外市場への進出や自己資本充実のための財務体質強化などもIR活動の強化につながった。

2) 本格化するIR活動

そして第3の段階がバブル崩壊以降。1990年代は「失われた10年」と言われるが，この間企業経営のグロバリゼーションが進行し，市場の国際化が進む。1989年にインサイダー取引やマニピュレーションへの規制が実施され，株式市場の国際化の環境が整備されていく。

バブル期においてはエクイティ・ファイナンス（新株発行を伴う資金調達）が急拡大した。転換社債・ワラント債の発行が盛んに行なわれ，企業間で株主安定化のための株式持ち合いが促進され株価が上がった。値上がりした株価でさらにエクイティ・ファイナンスが行われ，さらに株式持ち合いが進むというプロセスが展開された。

しかし，バブルの崩壊で株価が下落すると，もはやエクイティ・ファイナンスは困難になった。金融機関は大量の不良債権を抱え，金融システム不安が生じ，やがて公的資金が投入されるにいたる。

間接金融から直接金融への流れは新しい段階にシフトしていった。IR活動は証券市場から直接資本を調達するために不可欠な手法として見直されるようになったのである。

企業においてIR活動が本格的に取り組まれる動きに連動してIR活動に関する社会的な機関も設立されるようになった。1996年には日本IR協議会が設立され，「IRの実態調査」を毎年実施しIR活動の優良企業の表彰を1996年から始めている。日本アナリスト協会や東京証券取引所では，1995年からディスクローズ優良企業の表彰を始めている。

（3） IR活動の対象と実践

1） IR活動の目標

IR活動は今日ではほとんど企業で行っている。日本IR協議会の調査によると1260社中IR活動を実施しているのは96.7％に上る。そのうちIRの専任部署がある企業は70.2％。そのなかで「広報部系IR室」は14.9％で「企画部」（20.7％）「企画部系IR室」（18.5％）についで3位という高さで，IRを担当している広報部（6.4％）と合わせると2割以上の企業で広報セクションがIRを担当している（日本IR協議会，2008年）。

IRの具体的な目標についての調査結果は図表4-1に示した。IRの本来の意義からすれば「企業・事業内容の理解促進」「経営戦略・経営理念の伝達」を通して「企業と株主・投資家との信頼関係を作り出し」，その結果「適正な株価が形成」されることになると読み取れる。

2）IR組織・IRツール・IR活動

IRの具体的な活動に必要な媒体としては，日本文アニュアルレポート，英文アニュアルレポート，事業報告書，株主通信・株主だより，ファクトブック，決算説明補足資料，会社案内，ニュースリリース，環境報告書，サステナブルレポート，CSR報告書などがある。

活字以外のメディアでは，ほとんどの企業でウェブサイトを利用している。ビデオ，CD-ROMなどに加えて不特定多数を対象にしたIR広告などもツールの一つとしてある。

説明会関係ではアナリスト（バイサイド，セルサイド），ファンドマネー

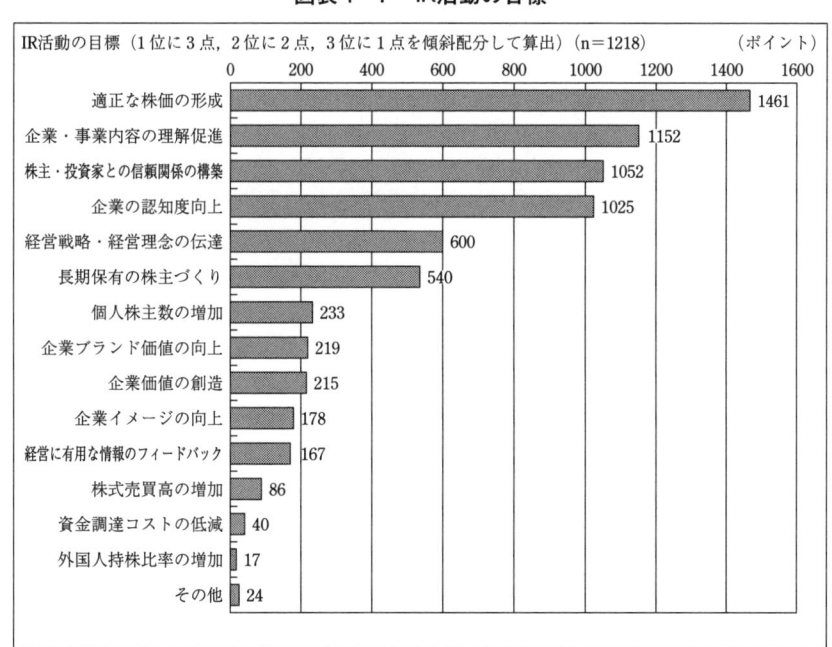

図表4-1　IR活動の目標

IR活動の目標（1位に3点，2位に2点，3位に1点を傾斜配分して算出）(n=1218)	ポイント
適正な株価の形成	1461
企業・事業内容の理解促進	1152
株主・投資家との信頼関係の構築	1052
企業の認知度向上	1025
経営戦略・経営理念の伝達	600
長期保有の株主づくり	540
個人株主数の増加	233
企業ブランド価値の向上	219
企業価値の創造	215
企業イメージの向上	178
経営に有用な情報のフィードバック	167
株式売買高の増加	86
資金調達コストの低減	40
外国人持株比率の増加	17
その他	24

出所：日本IR協議会『IR活動の実態調査』2008年。

ジャー，機関投資家，個人投資家などに向けた説明会，決算説明会，会社施設見学会，個別面談などがある。こうした説明会にトップが参加することはその企業のIR活動の位置づけを物語るものであり，経営戦略をトップ自身が説明することの重要さは説明するまでもない。現にアナリスト・機関投資家向け説明会，個人投資家向け説明会などに社長が出席する率は年々高くなっており，海外での有力株主・投資家対象のスモールミーティングに出かけるトップは珍しくない。

3) 情報の適時開示

有価証券は財務省に提出することが法的に義務づけられているが，これは定期的な情報開示で，IR活動では市場が必要とする情報を適時，適切に開示していくことが求められる。

情報の適時開示が重要な問題になったのはインサイダー取引との関係である。証券取引法ではインサイダー取引はもちろん相場操縦や風説の流布を禁じている。

情報の適時開示で重視されるのはまさに「重要事実」で，証券取引法第166条に規定されている。株価に影響を与える「重要事実」は，「決定事実」「発生事実」「決算情報」「その他」投資判断に著しい影響を及ぼすものとなっている。決定事項には株式の発行や分割，資本の減少，合併，解散，代表者の異動など23項目，発生事項には災害に起因する損害，訴訟の提起・判決，親会社の異動，会社の運営に重要な影響を与える発生事項に関する情報など17項目が決められている。

これら決定事実，発生事実はIR活動での適時情報開示マターであると同時に広報マターでもあることは自明である。

インサイダー取引を防ぐために12時間ルールが決められた。12時間ルールとは企業経営上重要な情報を複数の報道機関に開示して12時間経てば当事者も株式市場に参加できるというものである。報道機関に情報開示したという証明を行なうのがファイリング（通知）制度で，適時開示が必要な重要な情報を報道機関に公開したときは証券取引所に遅滞なく公開報告書を提出し，証券取引所がこれを公衆縦覧に供する制度である。12時間ルールと一体の制度であるが，このシステムを東京証券取引所が1998年に電子化した（TDネ

ット)。

　アメリカでは，SECが2000年に施行した「公表情報開示規制（レギュレーションFD (Fair Disclosure))」では，アナリストなど一部の者に対して情報を開示した場合，同時または速やかに一般投資家に対しても同様の情報を開示しなくてはいけないことになっている（川村雄介，2001年)。

　とくに投資家が重要視する「業績見通し」は「重要事実」にあたり，選択的な情報開示は，インサイダー取引を起こす恐れがある（日本IR協議会，2004年)。

4) インターネットと情報開示

　一方，現在，企業のほとんどがホームページを開設しており，IRに活用できる情報インフラになっている。インターネットにおける情報開示は対象が不特定多数であることが前提になる。利点としては対象が不特定多数であることから個人投資家を含み多数の潜在的投資家に対して情報発信できることである。情報の更新が容易で世界に対し同時発信でき，活字媒体のようなデリバリー費用がかからず，投資家からのフィードバックが可能などの利点がある。

　双方向性はインターネットの最大の特徴であるが，実際にこの特徴を十全に活かしてIRを展開している例はまだ多数派とはいえない。ホームページ全般に言えることであるが，双方向性を活かして寄せられた質問に応えるシステムを構築している企業は多いとは言えない。長所を開発していく努力が問われる。

　さらに，インターネットは瞬時に情報を世界に発信できるため，さきほど触れた12時間ルールとの問題がある。これまで決算発表と同時に投資家にインターネットで情報が開示された場合，12時間ルールに抵触するという指摘があった。これはIR活動を阻害しているという声に応え，金融庁はインターネットを通じてファイリングされた場合（当核証券取引所において公衆の縦覧（HPへの掲載）に供されたとき）を公表措置の一つに加えることにした。

5) ホームページとIR

　IRは株主，機関投資家，アナリストなどを主な対象にしたコミュニケー

ション活動として重要性を増しているが，IR活動のベースになる情報開示はホームページ上で可能であり，今後インターネットIRが重要になると予想される。

研究開発戦略，商品戦略，M&A戦略などの経営戦略から詳細な財務データ，さらにはトップの経営観にいたるまでアナリストが必要とする経営情報をそのままホームページに掲載している企業はまだ一般的にはなっていないが，今後どのような情報開示を戦略的に出していくかはIRの観点からの検討が重要になると思われる。

株主総会の様子をホームページに掲載した企業も出ている。

IR活動において，スモールミーティングなどにおける情報開示についてマスコミ記者と差別すべきでないというメディア側の批判も出ている。FD（フェアー・ディスクロージャー）の問題はアナリストとメディア間の問題に限らずさまざまなステークホルダー間の問題として一般化する可能性がある。「IRと広報は関係ない」と公言するパブリック・リレーションズに無知なIR論者もいるが，潜在的な株主としての顧客という観点から，むしろ本来の広報・コミュニケーションとIRの領域はほとんどオーバーラップすると考えるべきである。

むしろインターネット時代は，情報受信の客体が同時に発信の主体でもあり得るというボーダーレスの状況を現出しており，各ステークホルダーはそれぞれ利害が異なる面と利害が重なり合う面をもち，ときにはステークホルダーのボーダーが不明になる場合も出ている。たとえば，従業員でもあり顧客でもあり株主でもあるという場合は容易に想定できる。

株主などにID番号を持ってもらって限られた人を対象にIR情報を開示している企業の例が増えると予想されるが，だれもが詳細なIR情報にアクセスできるようになることが課題になる段階がくることが予想される。

6) IRと危機管理

IR活動のポイントは「市場に驚きを与えないこと」と言われる。とくにマイナス情報をどのように扱うかは危機管理の問題としても重要である。マイナス情報を意図的に隠すことは，IRの精神から言って当然否定されるべきことである。

IR活動による情報開示は企業の透明性を高めることにもなり，またスモールミーティング活動などでアナリストからの鋭い質問に答えることは経営戦略や経営方針の弱点を晒すことになりかねず経営者として勇気が求められる場合も少なくない。あるいは，経営者が気付かない問題を洗い出すことにもなり，「外の目」からの広聴を可能にする。そうした外の目に耐えられる情報開示は経営の質を高めることに寄与する。

　もともとIR活動は情報開示することでいくつかの責任を果たしている。株主以外にも外部の債権者に対する責任（ライアビリティ），消費者などに対する社会的責任（レスポンシビリティ）などである。株主に対しては説明責任（アカウンタビリティ）でこれがIR活動の柱になる。こうした責任を果たすことで，社会からの信頼を得，企業イメージを高め，ブランドを構築していくうえで広報コミュニケーションの側面から寄与することになる。

　したがって，情報の開示には，迅速性，継続性，一貫性，公平性，適時性が要求される。もっとも守秘義務を負っている格付け会社は例外になりうる。

　その格付け情報であるが，近年，企業評価情報としてときには一人歩きするほどになっている。97年の山一證券の倒産において，その前日になされた格付け引き下げ情報が直接の契機になったと指摘されるほどの影響力をもち始めた。

　したがって，企業の危機管理を図る上で，格付け情報は看過できない。格付け機関を対象にした情報開示活動はIRセクションの担当すべき業務であり，スタンダード＆プアーズ，ムーディーズ，日本格付投資情報センターなどの機関に対しての活動のあり方が問われることになる。というのは，いわゆる「勝手格付け」のように，企業側からの働きかけがなくても格付けがなされる場合を含めて，どのような情報開示が望ましいかが問われるからである。

　格付会社をどのように認識するかという問題は一方に残るとしても，証券アナリストや機関投資家，ジャーナリストなどと同様に大きな驚きを与えないような情報開示が必要な対象であろう。

(4) IRとコーポレート・ガバナンス
1) 支配と所有の分離

コーポレート・ガバナンスは，古くは1932年に発表された『現代株式会社と私有財産』（A・バーリ，G・ミーンズ）で問題にされた。大企業の大量の株式が多数の株主に分散されて所有されるようになった結果，実質的な企業経営は経営者が行ない，企業の所有者である株主から分離されて経営者支配が進んでいることが明らかにされたのである。

いわゆる「企業支配と所有の分離」である。アメリカでは90年代以降，カルパース（カルフォルニア州公務員退職年金基金）などを含む企業年金基金などが株主総会で議決権を行使し社外取締役を送り込むようになった。取締役会によるガバナンスと経営者によるマネジメントが分離することでアメリカ企業の経営は合理的になったと指摘されている（甲斐昌樹，2001年）。

取締役会が執行役員を監督し，支配と経営の分離に基づく新しいガバナンス体制が90年代に確立されたことがアメリカ企業復活のベースになっていると言われる。

1991年の日米構造協議において社外取締役の法制化による株主の監視機能の強化策が出され，93年商法が改正された。改正のポイントは①社外取締役制度の導入，②帳簿閲覧権の要件緩和，③株主代表訴訟制度の改善である。さらに2003年に施行された改正商法で「委員会等設置会社」が制度化され，「委員会等設置会社」を選択する場合，「業務執行機関」と「監督機関」が分けられ，「指名委員会」「監督委員会」「報酬委員会」が取締役会のもとに編成され，取締役は過半数が社外からの起用になる。

企業は監査役が取締役会をチェックする従来型のコーポレート・ガバナンスも選べるが，監査役は取締役とともに株主総会の議決事項になっていて，実質的には取締役社長が決定しているのが実情で，社外監査役などが強化されたといっても問題は残っている。また，株主代表訴訟の手数料が8200円になったことの波紋は大きく広がっている。

2) エンロン事件の教訓

株主の目的は株主資本に対する利潤の最大化であり，企業の目的は株主利益の最大化にあるというのがアメリカとくにアングロサクソン流のコーポレ

ート・ガバナンスの基本的な考え方である。株主資本主義といわれる考え方に対して，日本のコーポレート・ガバナンスの変革を「遅れに対するキャッチアップ」として指摘するのはある意味では当然であろうが，株主優先ということを単純に従業員軽視と捉えることには問題が残るところである。

とくに，2001年に倒産したアメリカのエンロン事件の波紋は強烈であった。天然ガスの販売・搬送会社エンロンは，粉飾決算が内部告発によって明らかになり，経営者が有罪になった。これが単純な粉飾ではなくアメリカ型のコーポレート・ガバナンスの矛盾が凝縮された事件として注目された。

エンロン事件により露呈したのは，会計システム，ディスクロージャー，役員報酬，政治献金，税務，電力価格，金融機関の投融資，証券アナリストの株価評価などの不正疑惑で，帳簿の簿外化を狙って複雑な投資組合（SPE）をからませ，事件後，従業員が数百億ドル規模の損害賠償を求めてクラスアクションを起こす（高柳一男，2005年）というスケールのものであった。エンロン事件で会計監査を担当してきた著名なアンダーセン・グループが解体に追い込まれたことも，ニュースとして大きく報道された。

ややくどくなるが，この事件は電力供給の規制緩和も要素としてあり，投資家の責任や経営者の倫理的な責任が問われるなど，資本主義市場の根幹に触れる問題とコーポレート・ガバナンスの基本問題を問う事件であった。

岩井克人東大教授は「（エンロン事件で）グローバル標準として世界を制覇しつつあったアメリカ型のコーポレート・ガバナンス制度への信頼が一挙に失墜しました。アメリカの株式市場は動揺し，10年以上続いたアメリカ経済の高度成長もとうとう頓挫してしまうことになりました」と，株主主権が唯一正しいコーポレート・ガバナンスの在り方ではないことを指摘し，「わたしは，ポスト産業資本主義の時代において，株主主権的な会社はグローバル標準にはなりえないことを論じようと思う」（岩井克人，2003年）という姿勢である。

3) コーポレート・ガバナンスを意識したIR活動

コーポレート・ガバナンスを意識してIR活動を推進している企業は多い。日本IR協議会の調査では85.8％に企業がそれを意識しており，「コーポレート・ガバナンス報告書」にIR部門が関与（56.2％）したり，「経営会議で株

主・投資家の意見を報告」(35.5％),「アニュアリレポート・CSRリポートで説明する」(33.7％) といった企業の姿勢が明らかになっている (日本IR協議会, 2008年)。

(5) IR活動の課題
1) CSR時代：非財務的価値の発信

CSRを構成する大きな柱としては，コンプライアンス，企業市民 (社会貢献活動)，環境対応などがあるが，新しいステークホルダーとしてNPOがあり，NPOとのパートナーシップなどもCSRの視野に入ってきている。

CSRを軸としたコーポレート・ガバナンスは経営品質の向上には必須であり，CSRを経営戦略のパラダイムとして位置付けなければ危機管理や格付け評価においてカウントされない時代になってきた。

CSRにおいて特徴的なのは，その取り組みが財務的に具体的に表現されにくい性質の事柄が中心的なことである。環境へ取り組みにおいては環境会計などが開発されつつあるが，それ以外の分野の取り組みは非財務的な分析によるしかない。

しかし，CSRが企業の危機管理体質や社会からの信頼度，コーポレート・ガバナンスの透明性などの問題にかかわる重要な取り組みとしてIR活動の情報発信には欠かせない項目になっていくことが予想される。

一方，無形資産情報についての発信も重要になる。知的財産など開発力にかかわる取り組みも非財務的指標のものが多い。ブランド価値についても同様で，その算出方法は試みられているが，財務諸表でカウントできるまでは一般化していない。会計的に表示しにくい無形資産は，評価基準が決めにくく，定性的な説明が要求される。

CSRを意識したIRを行っている企業が増えている。CSRに関する調査アンケートに協力したり，WebへCSR情報を掲載したり，株主向けの報告書にCSR関連情報を掲載したりしている。「CSR報告書を作成している」が35.7％にのぼり，「CSRを意識してIR活動を行っている」企業は49％に達している (日本IR協議会, 2008年)。

2) グローバル化とコーポレート・ガバナンス

アメリカ経済の不調が予測されるなか,国際的なファンドの動きは複雑化してきている。中東のオイルマネーに示されるように国家がバックにあるファンドの動き,ドラッカーが年金資本主義と形容したようにカルパースに代表されるようなアメリカの年金ファンドの動きなどに加えて,日本の1400兆と言われる個人資産の動きも注目される。

岩井克人教授が示したように,ポスト産業資本主義において,株主優先のコーポレート・ガバナンスが必ずしも世界標準にはならないという予測もある。

CSRもSR化の方向で世界標準化が想定され,コーポレート・ガバナンスについてもOECDのコーポレート・ガバナンス原則が2004年に改定されるなど,世界的な標準化が進行している。IRはそうした世界的な不均等発展の同時的存在のなかでのバランスをいかに読み取っていくかが問われるものとなってきた。

3) IRと戦略コミュニケーション

IRという戦略広報・コミュニケーション活動は全社的でかつトップマターとしての活動であることはあらためて論じる必要はないが,企業のトータルなコーポレート・コミュニケーション活動を考えるとき,一歩前進して考える必要がある。

というのは,これまでステークホルダーは,従業員,顧客,株主というようにカテゴリー別に考えられてきたが,インターネット時代を迎えて明確になったのは,情報の受信者が同時に発信者でもあるという主体と客体の複合,統合現象である。この変化はマスメディアの存在のあり方を変革する要因を宿しており,情報概念を変革するものである。

同じことがステークホルダーの境界を融合させてきている。つまり,従業員であるとともに顧客でもあり株主でもあり得るということである。大衆から分衆へ,さらに個衆へというようなフレーズがあるが,十人十様を越えて一人のなかにさまざまな主体がボーダーレスに存在する時代になった。

IR,CR(カスタマー・リレーション),GR(ガバメント・リレーション),MR(マーケティング・コミュニケーション),CR(コミュニティ・

リレーション），MR（メディア・リレーション）などコミュニケーション活動はコーポレートレベルで統合されるべきものであろうが，それは司令塔が存在してコントロールするレベルのテーマではなく，全社的なリレーションシップ，コミュニケーション体質が連動して相乗効果を展開していくことで目指すゴールが描けるものであろう。IRはそうした戦略経営の最前線にある。

5．危機管理コミュニケーション

(1) 多様化する危機
1) 時代とともに変わる危機

　今日，組織を取り巻く危機・リスクは急速に拡大，多様化している。危機管理の専門家は，50人以上の死者を出した1900年以降の大規模な産業事故28件を分析し，半数がこの15年くらいのいうちに起っており，「危機は現代社会において，もはや異常なことでもなく，偶然でも，末梢的なものでもなくなっている。危機管理はいわば，現代社会を織り成す布地なのだ」と述べている（ミトロフ，2001年）。

　そのような大事故に至らないまでも，企業や団体を取り巻く危機は複雑化している。その概要を図表4-2に示す。危機が複雑化している背景には，グローバル化，IT革命など情報環境がかつてないほど進展し，情報伝達が瞬時になされ，企業組織や社会経済システムが複雑に入り組み，システム間の連動性が高まっているからである。

　しかし，組織体におけるコミュニケーションを通じての意思決定システムは，依然として旧来の体質を維持している場合が少なくなく，危機に際しての対応は遅れがちである。もしくは，危機を危機として認知する判断力を欠いているケースが往々にして見られ，時代の変化とヒトの判断能力とのギャップが拡大しているように見受けられる。

　また，時代が変化することによって，かつては危機でなかったものが，時代を経ることによって危機として顕在化する場合も多くなっている。危機管理においては「地平線の彼方に黒雲を発見する」時代感覚が問われる。

第4章 新しい時代の広報・コミュニケーション　　*139*

図表4-2　企業を取り巻く危機

主に外部要因によるもの	自然災害	地震，台風，火山噴火，異常気象，津波，竜巻，洪水，疫病
	国際的・政治的異変	戦争，革命，内戦，条約の締結・廃棄，外交問題，
	経済的問題	商品・為替・金利・地価相場の変動，貿易摩擦，株価の下落・変動，労働力不足，市場の崩壊，資源問題，
	交通災害	交通事故，ハイジャック
	環境変化	公害・環境汚染，地球規模の環境変動
	法律的問題	法律・規制の制定・改正・緩和・撤廃（国内・海外）
	取引先	取引慣行の違いによるトラブル，倒産・不渡り，原料・部品供給ストップ，製品キャンセル，
	石油・電力・ガスなどのエネルギー供給問題（水を含む）	
	消費者運動・住民運動（NPO・NGOを含む）	
	社会変動	少子化，高齢化，晩婚化
	外部の犯罪	誘拐，人質，脅迫，テロリズム，毒物混入，いたずら，爆破，強盗，中傷，ゴシップ，風説の流布，特許権侵害，模造品・模倣品，会社ロゴの変造，産業スパイ
	コンピューター犯罪	ハッカー，情報の漏洩，ウイルス伝染，顧客情報の喪失，データの改竄，自然災害による情報通信システムの障害発生
	株主代表訴訟	
主に内部要因によるもの	過当競争	売上第一主義，過度のコスト削減
	労働意識（モラルの低下など）の変化	無断欠勤の増加
	労働ストライキ（不安定な労使関係）	
	工場や社屋の事故（爆発や火災事故，操業停止，公害物質排出）	
	雇用システムの変化（年功序列の崩壊）	
	製造物	欠陥商品，期限切れ商品，食中毒
	雇用賃金差別	人種差別，男女差別，正社員・非正社員差別
	職場での暴力・セクハラ・パワハラ	
	情報通信システムのトラブル（従業員による悪意の情報操作）	
	知的所有権をめぐる訴訟	
	株主総会をめぐる対応，株主訴訟に対する対応	
	不良債権の発生と処理	
	資金調達・粉飾決算・収益力の低下	
	信用の失墜	
	格付の変動	
	M&A	
	役員人事	内紛・世襲・天下りなど
	経営トップ	ワンマン経営，突然の死，後継者をめぐる内紛
	主要経営幹部の死亡・離反，	
	企業犯罪	脱税，談合，違法取引，背任，贈収賄，横領，詐欺，背任，機密漏えい，インサイダー取引
	反社会的行為	暴力団などとの取引，利益供与

出典：ミトロフ，上野・大貫訳『クライシス・マネジメント』徳間書店，2001年，56-57ページの表をベースに筆者が加工，加筆。

2） 危機，クライシス，リスク

ところで，危機管理という表現とともにリスクという表現もある。本稿では混乱を避けるため，危機はクライシスとして，運命の分かれるような重大な局面というような意味合いで使用し，リスクはそうした危機に至る可能性のある危険というような意味合いで使用したい。

したがって，危機におけるコミュニケーションと日常的なマネジメントのなかでのリスクコミュニケーションは区別して考えたいということである。

図表4-2に示した危機の種類は，危機の原因の所在を組織の内外に分けているが，予防できるかできないかで分ける方法もある。

ミトロフは，危機の原因を「経営危機，情報危機，工場・設備危機，人材危機，信用危機，反社会的行為，自然災害」の7つに分けている。

具体的に企業ではどうか。たとえば，多国籍企業のネスレグループは「財務リスク，災害リスク，戦略的リスク，事業運営上のリスク」に分けている。「戦略的リス」とは「顧客・業界の変化，競合戦略，研究開発，知的資本，流通ネットワーク，市場の需要，法務・国ごとの問題，判断・イメージ，その他」などである（ミトロフ，2001年）。

いずれにしても，日頃は伏在してすぐには危機に至らないものまで含めてリスクなり危機におけるコミュニケーションを考えるのが広報セクションとしての課題になる。

3） 全社的な危機管理対応

図表4-2から明らかなことは，危機管理は全社的な対応，トップマターとして取り組まねばならないことは歴然としている。

すでに今日，危機管理マニュアルを策定していない企業はないほどと想像されるが，大方の危機管理マニュアルは危機発生現場の第一報の報告のあり方，全社的な連絡網，危機管理委員会などトップを含む全社的な意思決定システムなどのプロセスチャートが示されているはずである。

事件，事故があれば広報の出番，ということで危機管理と広報は不即不離の関係にあるが，重要なことは，危機管理は広報セクションが取り組む他の課題と密接に関連しているということである。

たとえば，CSR，コンプライアンス，環境コミュニケーション，IR広報，

M&A広報などといった領域ではそれらがすべて危機管理のベースをなすものであり，危機管理は日ごろのコミュニケーション活動の集積の上に成り立つものである。

とりわけメディアリレーションは日常的にリスク管理を実践しているものとしても差しつかえがない。

（2） 危機管理マニュアルの実際——危機への対応——
1） 危機とは具体的に何か

危機管理マニュアルが発動しないことが日頃のリスクコミュニケーションの成果なのであるが，実際に危機が発生した場合，どうすべきか。

危機管理を3段階に分けて考えることができる。

第1段階：未然防止（早期警戒システムの確立）
第2段階：被害の最小化（迅速・適切な初期対応，そのための平常時からの準備）
第3段階：被害の早期回復（修復策，再発防止策の立案・実施）

では，危機とは何か。企業によってその定義は異なるが，ある食品トップメーカーの「危機」と「危機管理」の定義は次のようである（『経済広報』，1999年）。

「危機とは，重大な事件，事故もしくは問題の発生により，企業経営もしくは事業活動が重大な損失を被るか，または，社会一般に影響を及ぼしかねないと予想される事態」

「危機管理：可能な限り，『危機』を事前に予知し，その未然防止を図るとともに，『危機』が発生した場合に損失を最小限にとどめるためのあらゆる活動。但し，財務（金融恐慌），営業（重大なシェア変動）等の危機管理をを除き，『緊急事態』の対象とする」

この際，「緊急事態」とは，

「会社の役員および社員の生命に関わる事態
　会社のダメージに直結する重大事件・事故
　会社の名声・信用を失墜させる重大不祥事
　グループ各社の上記に準ずる事項」

2）危機のレベル

危機の程度もまたさまざまである。同じ危機でも企業ごとにそのダメージの程度が違うことは当然考えられる。しかし，一般的に企業にとって，危機の影響のレベルとはどのようなものか。さきほどの食品トップメーカーの場合は【レベルⅠ】～【レベルⅢ】に分けている。

【レベルⅠ】

会社への影響度が特に大きく，またマスコミ（全国紙，テレビ）への特別な対応が要求されるもので，原則として全社レベルの「1号対策本部」で対応するもの（本部長は事業所轄部門担当役員），または社長または他の経営会議メンバー）。

「緊急事態1」―製品関連，公害関連

「緊急事態2」―信用失墜

「緊急事態3」―海外における戦争，内乱等

「緊急事態4」―会社に対する重要犯罪

「緊急事態5」―役員・社員に対する重要犯罪

【レベルⅡ】

【レベルⅠ】に準ずるもので，対策班の編成を絞った「2号対策本部」で対応するもの（本部長は原則として事業所轄部門担当役員）。

「緊急事態6」―災害

「緊急事態7」―コンピューターダウン（回線障害を含む）

「緊急事態8」―機密漏洩

「緊急事態9」―原料調達不能

「緊急事態10」―訴訟提起

【レベルⅢ】

【レベルⅠ】【レベルⅡ】のレベルに達しないもの（例：死亡事故を除く交通・労災事故，出荷前の製品の軽微な品質トラブル，ボヤ程度の火災等）

レベルが異なれば対応は当然異なる。上記企業の場合，【レベルⅠ】では全社規模の「1号対策本部」で対応する。本部長は事案担当役員または社長，副社長。【レベルⅡ】では，対策班の編成を絞った「2号対策本部」で対応。本部長は事業所轄部門担当役員。

3) 危機における報告ルートと危機管理組織

実際に事故や事件が発生した場合，発見者からの情報はいかにトップにたどり着くか。図表4-3に示す。

報告の手段はTELやファックス，イントラネット，口頭を含めて機敏な対応が求められることは言をまたない。

また危機の案件によってそのつど危機管理委員として臨時委員が選任される。たとえば，生産関係の問題であれば生産統括部長，営業関係であれば営業部長を加える。危機管理委員会は平時から組織され，たとえば事故が発生し危機対応が必要な場合，事故対策本部がサポートグループとして機能するというように臨機応変に対応することになる。

4) 危機管理委員会の実際例——タイレノール事件

こうした危機管理組織が実際に稼働した例としてアメリカで1982年に起き

図表4-3　危機管理組織

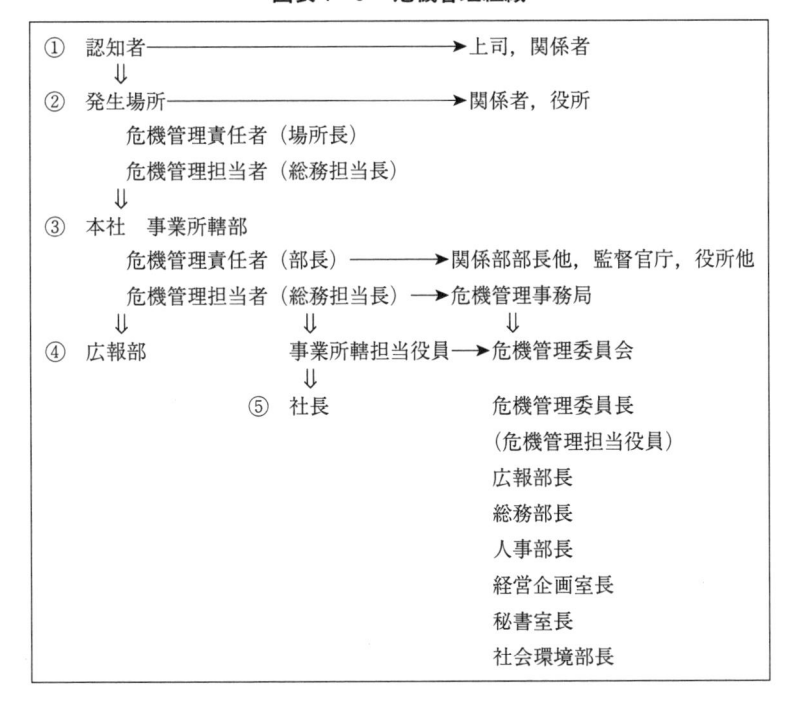

```
① 認知者─────────────→上司，関係者
   ⇓
② 発生場所────────────→関係者，役所
      危機管理責任者（場所長）
      危機管理担当者（総務担当長）
   ⇓
③ 本社　事業所轄部
      危機管理責任者（部長）─────→関係部部長他，監督官庁，役所他
      危機管理担当者（総務担当長）─→危機管理事務局
   ⇓            ⇓              ⇓
④ 広報部        事業所轄担当役員─→危機管理委員会
                    ⇓
             ⑤ 社長          危機管理委員長
                              （危機管理担当役員）
                              広報部長
                              総務部長
                              人事部長
                              経営企画室長
                              秘書室長
                              社会環境部長
```

た「タイレノール事件」は著名である（首藤信彦，1988年）。青酸カリが外部から混入された睡眠薬タイレノールを服用して死者が出た事件で，発売していたジョンソン・エンド・ジョンソン（J&J）はすぐさま会長をトップとした危機管理委員会を組織し，製品の即時全品回収を決め，関係機関への協力を得て回収する。危機管理委員会は迅速に原因究明に動き，情報開示ではマスコミを活用，会長自らテレビに出演し薬品不使用を訴え，電話センターを設置してメディアと顧客とのコミュニケーションを確保する。原因を究明して外部からの混入を防げるカプセルを開発，事後処置として捲土重来キャンペーンを実施，新聞に無料のクーポン券を印刷して顧客に旧薬品を回収できた感謝を表した。

　J&Jの危機管理組織はバーク会長以下7名で構成されたが，副社長広報担当がメンバーにもちろん入っている。

5）マニュアルのシミュレーション

　しかし，問題は，こうしたマニュアルがあっても，普段は机の引き出しの奥に眠ったままというのが，もう一つの現実である。事件や事故が起きて，あわてて机の引き出しからマニュアルを引っ張りだす管理者も少なくない。

　そのため，1年に1回，危機管理マニュアルのシミュレーションを行っている企業もある。たとえばある大手の食品会社の場合，かつての危機管理の失敗を再び繰り返すまいと，絵に画いたマニュアルにしないように実践している。すると，連絡網の電話番号が変更されていたりしてマニュアルの更新の必要性を体で感じ取ることができるという。そればかりか，コミュニケーションをとることによって，危機管理への姿勢を共有することができ，連帯感が生まれ，平時のコミュニケーションにも好影響が出るというメリットがある。ほこりにまみれたマニュアルはすでにその命を失っている。

　むしろ，危機を経験した企業のほうが，それを糧として危機管理を風化させない努力をしている場合が多いのではないか。しかし，5年，10年，またたく間に世代交代が進む。事故当時を経験した人たちが現場を離れ，企業OBになっていくと，当時を知る人が圧倒的に少数になる。歴史的な経験をいかに風化させずに後続する世代に伝えていくか難しいという当事者の告白もある。危機管理マニュアルのシミュレーションはそうした風化を防ぐ工夫

の一つである。

　実際に，危機が発生したとして，トップの記者会見を組み込む提案が広報会社からなされている。トップのメディアトレーニングにもなり，広報のスタッフがあらためて自らの役割の何たるかを身をもって知る訓練にもなる。

（3）　メディア対応
1）　正直・逃げない・隠さない

　近年とくに目立つのは，賞味期限偽装商品や不祥事発覚などでの記者会見においての画一的な謝罪の仕方である。社長，専務など責任者が一列に並んで深々と頭を下げる。しかも体を折り曲げる角度も一緒，「申し訳ありませんでした」という語調までが同じという記者会見を，茶の間では冷たい視線で見るしかない。また，その情景しか映さないのはメディアの在り方から言ってもおかしいと思われるが，それについては後述したい。

　それほど，危機管理時の企業の対応がまずはテレビなどマスメディアで報道される。メディア対応の仕方で企業のイメージは大きく左右される。その上，視聴者，読者のなかに従業員もまた含まれることを忘れてはならない。

　突然やってくる危機への対応手順は，つぎのようである（青田浩治，2007年）。

　① まずトップを中心とした対策本部を設け，迅速に情報収集，事実確認を行い，初期の対応を決定する。
　② 記者会見が必要となれば，基本ステートメントを決め，ポジションペーパー（事実の経緯）と想定問答集を作成。
　③ 記者会見は適切なタイミングをはずさない。

　この場合の対応は，さきほど示したマニュアルの例の【レベルⅠ】である。危機管理委員会が稼働していることが前提である。

　マスコミは社会を代表し，「知る権利」を担う社会的な存在であり，マスコミの求める情報はすべて開示するのが原則である。また，企業は多様なマスコミに対して，誠実，迅速，正確，公平を旨としなければならない。

　「正直・逃げない・隠さない」が広報の3原則というのが世俗的な理解であるが，マスコミに対してこの3原則をはずすと，マスコミのかっこうの獲

物になる。「記者はハンター」と記者自身が明かすように、事件や事故を隠せば隠すほど記者にとっては「おいしい」獲物になり、深追いされることになる。とくに社会部記者はそうした社会正義感の塊であると認識すべきである。トップのスキャンダルや不祥事の場合、記者はトップの首をとるまで追いかけることが往々にしてある。

　情報を小出しにするのも厳禁。実際、たとえば経営破綻した百貨店のそごうの再建にあたった和田繁明氏は、そごうの内情を驚くべき正直さで情報をオープンにした。従業員向けに広報セクションが担当する「そごう白書」は半年たらずの間に12号発行され、記者などマスコミにも配られた。旧そごうの腐敗ぶりは記者の誰でも知るところとなり、記者の間ではそれがニュース価値を持たなくなってしまった。結果、それがそのまま大きなニュースとしては報道されずじまいになった例がある。

2) 記者会見の5原則

　緊急時の記者会見は企業の存亡をかけたものになる。次に掲げる5原則は歴史的にも体験知として一般的に認知されているものである。

① 謝罪表明広報

　「関係者にご心配をおかけいたしました」という第一声なくして記者会見は始まらない。企業責任が明確になっていないうちに謝罪することは、責任を認めてしまうものになり、裁判で不利にならないか、という危惧は必要ない。

　アメリカでは、謝罪すれば法的に不利になる、ということがかつて指摘されたが、最近では、そのような判断をしない州が増えているといわれている。裁判制度とリンクする問題ではあるが、日本においては企業責任を超えて、社会的な混乱や関係者へかけた迷惑を素直に謝罪するのは、法以前の姿勢の問題と言える。裁判で勝っても広報で負けては元も子もない時代になった。

② 現状説明広報

　記者会見のメーンテーマである。ポジションペーパー（事実の経緯）と想定問答集がこのとき必須になる。5W1Hの確認や誤解を与える表現チェックなど、広報スタッフの総力を結集して臨む。

③ 原因究明広報

　情報開示で困難な問題としていつも壁になるのが「会社の論理」である。たとえば原因究明がその企業の組織論理に抵触し，あからさまな開示がはばかれるときに決断が求められる。原因を隠し，責任を回避して起きるメディア対応による二次的な危機は増幅し，ダメージを深くする。危機における責任と原因究明は説明責任として記者会見の中核をなす。

④ 再発防止表明広報

　原因が確定しなければ，再発防止策は立てられない。再発防止を表明しなければ，信頼を取り戻す術を提供できない。原因のすべてが解明されていない段階でも，判明している部分をベースにした再発防止策は表明すべきである。

　近年の危機管理広報でもっとも欠けているのが原因究明広報とこの再発防止広報である。そのためにかえって顧客や社会からの信用を失う結果になる。人の噂も75日とたかをくくっているようでは，再起への道のりはむずかしい。再発防止への決意表明と協力支援のお願いがあってこそ信頼回復への道が開ける。トップが頭を下げているばかりでなく，再発防止表明まで追うのがメディアのエチケットでもある。

⑤ 責任表明広報

　最近の企業不祥事，事故，事件での記者会見で，この責任表明広報ほど顧みられなくなったのはなぜであろうか。不祥事の中心にいるトップが，自らの責任に言及せずに社会的生命を維持しえたとしても，組織の病理は癒えない。

3） ワンボイス

　取材対応，記者会見などメディア対応は，ONE VOICEが原則である。情報は危機管理委員会委員長など責任者に集中し，対応や対策も責任者が判断し，それをメディアに伝えるのは発表者一人に特定する。スポークスパーソンは必ずしもトップでなくてもよいが，会社を代表する人物であると社会が認める人物であることが必要である。また，こういうときこそ，トップの出番である。決意を語るのはやはりトップではなかろうか。

　そして，記者会見の5原則が重要なのは，それらがセットであることで，

いわゆる一発消火ができるのである。旧時代の組織論理をひきずり，原因究明，責任表明をせずに，しかも情報を小出しにするような場合，取材は後をひき，何度もマイナスニュースが出ることになる。

4） 謝罪文書と謝罪広告

危機の収束時の対応として，関係者へのフォローが必要になる。現状復帰のメドがついたら，危機の大小，企業責任の所在にかかわらず関係者に謝罪文書を出す必要がある。また，社会的な影響の大きさ，範囲を考慮してマスコミに謝罪広告をする必要もある。

その際，やはり記者会見と同様に謝罪，原因，再発防止策，責任にわたってきちんと明らかにすべきで，その上で再出発の決意表明と支援・協力のお願いをする，というのが危機管理の要諦である。

事故を起こした企業が，事故後，ひたすら企業イメージを訴える広告を出した実例がある。こうした企業における信頼は回復しないばかりか，いっそうの疑心を招くことになる。

（4） 平時の取り組み
──企業行動規範・コンプライアンス・IR活動との連動──

1） 自社リスクの総点検

危機の未然防止には平常時の危機管理準備が必要である。課題としては，先の図表に挙げたような危機の原因をなすもののなかで，自社の場合，どのような潜在リスクに対して予防的な対策を立てるか，自社リスクを総点検することが望まれる。

かつてアーリー・ウォーニング（早期警戒情報システム）の確立が提唱されたが，危機管理の内容は多岐にわたり，危機の分析や評価，対応には各分野の専門家レベルの知識が要請され，広報セクションのマンパワーでそれらの分析をすべてカバーすることは現実的に無理を生ずる。

また，危機管理の専門家を社内で育成するより外部の専門家の支援を得たほうが効率的，現実的ということで，広報セクションとして取り組むべきテーマは，危機発生を想定したメディアトレーニング，危機管理マニュアル作成あるいは協力，シミュレーショントレーニング，危機管理意識の社内の醸

成など,広報プロパーの領域の具体的な業務を遂行することがまず求められる。

2) 企業行動規範

とくに,内発的な企業不祥事の原因となった違法行為については,コンプライアンスの徹底をはかるべく各社はさまざまな工夫と努力を重ねてきている。たとえば,営業上,互恵取引など違法かどうか不明というレベルの問題に直面した際,従業員としてどのような選択をしたらよいのか。こうした現実に起きている従業員の行動の在り方を決め,悩みに応えるものが,本来は「企業行動規範」でなければならない。

残念ながら,日本の企業は,古くは社是や社訓でおおまかな経営哲学,思想を掲げてはいたが,具体的な規準,規則は決めていなかった。コンプライアンスに耐える企業行動規範に本格的に取り組むようになったのは1996年以降である。

それ以前は,日本に進出していた外資系企業がしっかりとした企業行動規範をもっていた。たとえば,日本IBM,日本ヒューレットパッカード,住友3M,ジョンソン・エンド・ジョンソンなどである。

贈り物や不法な利益供与など,社則として「企業行動規範」で禁止していれば,従業員は正々堂々と「社の決まりにより」として断ることができる。企業行動規範を制定しかつ生きた運用を実践していたこれら先進的な企業は,「企業行動規範が従業員を守る」という認識で実践していたのである。従業員を違法行為から守ることで会社も実は守られていたわけである。

日本IBMは「BCG」(Business Conduct Guideline)日本ヒューレットパッカードは「SBC」(Standard Business Conduct),J&Jは(Our Credo)などの行動規範を決めていた。テキサスインスツルメントではエシックス・オフィサーを設け,従業員が違法の取引やあるいは倫理的な判断に困ったとき,フリーダイヤルで相談できるシステムをとっていた。

3) コンプライアンス

日本の企業でも1996年以降,企業行動規範の制定とその具体的な運用に関して努力と工夫を重ねてきた。松下電器,トヨタ自動車,帝人,資生堂,富士ゼロックス,リコーなどの企業では本格的な企業行動規範づくりが進ん

だ。

　日本は，欧米のような個人主義が社会的に定着している状況とはいまだ言えない。というのは，日本IBMの場合，さきほどの「BCG」について，社員として入社する時点で［BCGを守る］旨のサインをかわすことになっている。BCGに違反した場合，社員は会社を，会社は社員を訴えることができるというものである。つまり，個人と会社が行動規範を順守するという契約である。就業規則以外にそのような契約をした上で入社する慣行は日本企業の場合，あってもきわめて例外的であろう。

　日本企業はその点，職場単位での，あるいは職場と職場が共同してコンプライアンスを実行していくという工夫がなされている。全社的な運用のシステムや定期的なチェックシステム，教育プログラムへの組み込みなど，組織的に風化させない努力がなされている。

4）　日本経団連の取り組み

　バブルがはじけて企業不祥事が続発し，高まる企業不信に危機感を抱いた経済界は，まず1991年，経団連が「企業行動憲章」を制定する。制定しても不祥事は後を絶たず，経団連は1996年，2002年，2004年と改訂を重ねた。

　この企業行動憲章は，企業市民や企業倫理，コンプライアンスを軸に構成されており，企業の行動規範一般的な原則として提唱されているものであるが，改訂されるたびに広報的視点が強化されていることが注目される。

　たとえば，次のような条項である。

「3．株主はもとより，広く社会とのコミュニケーションを行い，企業情報を積極的かつ公正に開示する。」次項で述べるIRと関連する

　10．本憲章に反するような事態が発生したときには，経営トップ自らが問題解決にあたる姿勢を内外に明らかにし，原因究明，再発防止に努める。また，社会への迅速かつ的確な情報の公開と説明責任を遂行し，権限と責任を明確にした上，自らを含めて厳正な処分を行う」

　先に触れた記者会見における5原則は，広報の世界では以前から確認されていたことであるが，第10条などは5原則のポリシーをそのまま表現しているといっても過言ではない。

5) IRコミュニケーション，格付情報，情報開示

　危機の予防と情報開示による説明責任は密接に関連する。IRにおいては徹底的な情報開示が要求される。とくに，アナリストへの情報開示はその極致であろう。もっとも，メディアの記者への情報開示とアナリストへの情報開示には差別があってはならない。

　自社にマイナスな情報を適時的確に開示する辛さとコンプライアンスの両輪で危機管理を実践している，と明言する経営者もいる。説明責任を果たし情報開示する辛さを乗り越えることが，経営を透明にすることに寄与するというのである。

　また，危機管理的に問題なのは，企業の格付け情報である。先述したように山一証券の格付けが下がったニュースが出た翌日，同社の破綻が決定的になった例がある。格付情報は株価の管理に直接影響するので，危機管理的に問題にされなければならない。

　格付機関はどのようなプロセスで格付けするのか。たとえばムーディーズ・ジャパンの場合，以下のような手順で行われる（『経済広報』，1997年）。

　1．ソブリン・マクロ分析→2．業界分析→3．規制環境→4．業界の競争動向→5．マーケットポジション→6．定量分析→7．定性分析

　分析・調査のポイントは市場占有率，コスト構造，財務の柔軟性，経営能力，経営戦略の方向性などである。分析の際，有価証券報告書をはじめCSRレポートなどの資料はもちろんだが，ポイントは定性分析におけるトップインタビューである。ここでトップ広報の力量をいかんなく発揮すべきである。ここでも広報スタッフのトップへの支援が問われる。

（5） 内部通報と危機管理

1） 企業危機の発端

　さて，近年の企業不祥事，企業犯罪はそのほとんどが内部告発に端を発して明らかになっているといっていい。死亡事故に至った三菱自動車のリコール隠しや雪印食品の牛肉偽装事件，東京電力の原子力発電所ひび割れ隠しなどが発覚したのはすべて内部告発からである。大企業ばかりでなく老舗の料理屋や食品などの著名な中小企業の不祥事や偽装事件もまた内部告発によっ

て明らかになっている。

　企業ばかりではない。社会保険庁の想像を絶する腐敗もまた内部通報が契機になって明らかになった。外務省，厚生労働省，防衛省などにおける不祥事もまた同様である。

　内部通報による組織の犯罪ないし不祥事の発覚がこれほど常態化したことはかつてなかったといっていい。明らかに組織に従事する人々の組織へのロイヤルティと社会的な倫理観に変化が生じている。

　こうした内部通報は新聞社などマスコミとともに監督官庁に対して積極的になされるようになった。したがって，企業の情報開示においては，企業の内と外を区別することは意味をなさなくなったといえる。

　内部通報の問題は，コンプライアンス，コーポレート・ガバナンス，企業風土（企業文化），企業倫理，情報開示，説明責任，危機管理，メディアリレーションの問題が重なり，広報的に重要な問題と思われるので，ややくわしくフォローしたい。

2) ホイッスルブロワー

　内部通報の問題で何より重要なのは，通報する本人をいかにガードするかである。内部通報は内部告発とも表現できるが，本稿では内部通報で統一することにしたい。日本の伝統的な「家」意識のもとでは，告発はタレこみ，密告と同義であり，「主君」への裏切り行為である。しかし，集団主義経営で経済的成長を果たした日本では，すでにかつてのような企業へのロイヤルティを従業員に求めるのは時代錯誤となっている。お家の大事より，社会の倫理・公的な正義が優先する社会になっているのである。

　しかし，内部通報によって不正や犯罪が明らかになる企業の風土，経営者や管理者の倫理観や意識は，かつての集団主義に埋没したままであって，企業の不正や経営者，管理者の不法行為をあえて外部に通報することは，やはり勇気と決意が要求されることは想像に難くない。

　そうした内部通報者をホイッスルブロワーという。もともとスポーツ用語で，サッカーのレフリーがルール違反者に対して笛を吹き，イエローカードを渡すのに喩えられる。

3) 内部通報者の法的保護

会社の不正を黙って見過ごすことがやがて会社の滅亡にいたることを憂え，止むに止まれず勇気を奮って外部に通報する。「内部告発は企業への忠誠心を今までとは変わった形で表現する行為である」と宮本一子は言う（宮本一子，2001年）。

欧米では「ケイ・タム行為」といって，違法の通報者に報奨金を出すことが行われるほど，不正を通報することに積極的な考え方があるものの，企業内部のホイッスルブロワーは法的に保護する必要をあるとして，アメリカでは「内部告発保護法（ホイッスルブロワー保護法）」(1989年)，イギリスでは「公益公開法」(1998年) が制定されている。

日本では，「公益通報者保護法」が2004年に成立，2006年に施行された。しかし，アメリカではエンロン事件，ワールドコム事件など内部通報による事件発覚がつづいたように，法律ができたから犯罪がなくなるというような楽観的な見方は許されないわけである。

内部通報者は，法的保護に加えて社会的に保護される必要があり，アメリカやイギリスではホイッスルブロワーの支援活動を行うNPOが活動している。

4) 経済界・企業の取り組み

日本ではどうか。やはり，内部通報者が企業のなかで特別視される風土を改革する必要がある。

バブル崩壊で頻発した金融証券不祥事以降，企業不祥事の連綿とした発生に危機感をもった経済界において，経団連が1996年「企業行動憲章」を制定して以来，2002年の「企業行動憲章」において「ヘルプライン」設置の提案を行い，2006年の「企業行動憲章」でもその整備を呼びかけている。

ヘルプラインとは，仕事上，倫理的な判断が求められる問題に直面した際，その判断について社内の担当セクションに相談できる窓口のことである。通常，外部の弁護士など第三者がその相談に乗る，ということで，社員のプライバシーを守る工夫をしている。

（参考文献）

Scott M. Cutlip, Allen H. Center, Glen M. Broom, *Effective Public Relations*, 9th edition, Pearson Education Inc. 2005．（カトリップ，センター，ブルーム著，日本広報学会監修『体系パブリック・リレーションズ』ピアソン・エデュケーション，2008年）

猪狩誠也編集責任・JSMS編『広報・コミュニケーション戦略』都市文化社，1992年。

青田浩治「会社を救う広報主導の危機管理」（『企業診断』同友館，2007年10月号所収）。

伊藤邦雄監修・三和総合研究所編『戦略的IR』同友館，1999年。

岩井克人『会社はこれからどうなるのか』平凡社，2003年。

梅澤正・上野征洋編『企業文化論を学ぶ人のために』世界思想社，1995年。

奥山俊宏『内部告発の力』現代人文社，2004年。

甲斐昌樹『実践IRマネジメント』ダイヤモンド社，2001年。

川村雄介『インターネットIR戦略入門』東洋経済新報社，2001年。

北野邦彦・濱田逸郎・剣持隆『日本の広報・PR史の基礎的研究』吉田秀雄記念事業財団，2008年。

『経済広報』（財）経済広報センター，1997年7月号，1999年6月号。

近藤一仁・佐藤淑子『IR入門』東洋経済新報社，1997年。

佐藤淑子『IR戦略の実際』日経文庫，2004年。

首藤信彦『デフェンシブ・マネジメント』東洋経済新報社，1988年。

「第9回企業の広報活動に関する意識実態調査」（財）経済広報センター，2006年。N＝484社（2002年），N＝418社（2005年）。

高橋文利『経済報道』中公新書，1998年。

高柳一男『エンロン事件とアメリカ企業法務』中央大学出版部，2005年。

多田昌義・上田武『インベスターリレーションズ』中央経済社，1999年。

鶴野史朗『実践インベスター・リレーションズ』日本経済新聞社，1999年。

トフラー著，徳山二郎監修・鈴木健二・桜井元雄他訳『第三の波』日本放送出版協会，1980年。

ドラッカー著，上田惇生訳『ネクスト・ソサエティ』ダイヤモンド社，2002年。

鳥越俊太郎『異見』現代人文社，1998年。

日本IR協議会編『IR戦略の実際』日経文庫，2007年。

日本IR協議会『IR活動の実態調査』2008年。

日本経営倫理学会編『経営倫理用語事典』白桃書房，2008年。

バーリ&ミーンズ著，北島忠男訳『現代株式会社と私有財産』，文雅堂書店，
　1958年。
ミトロフ著，上野・大貫訳『クライシス・マネジメント』徳間書店，2001年。
宮本一子『内部告発の時代』花伝社，2001年。
渡辺武達・山口功二『メディア用語を学ぶ人のために』世界思想社，1999
　年。

第5章
行政・NPOのコミュニケーション

1. 行政における広報・コミュニケーション

　行政組織におけるコーポレート・コミュニケーション活動は，大別すると，①内閣や各省庁が行う政策広報，②地方公共団体（県・市町村）が行う自治体広報，③それらの関連組織（特殊法人やエージェンシー，補助団体など）が行う団体広報に分類することができる。本章では，この中の「自治体広報」，すなわち地方公共団体が行う広報・広聴活動やコミュニケーション活動に重心をおいて考察してゆく。多くの自治体が行政改革に取り組みつつ，ガバナンスのあり方を根本的に再検討しようとしており，そこに向けた行政と住民との新たなコミュニケーション・モデルへの模索が続いている。
　この10年ほどの間，市町村合併と地方分権が進展する中で地域間競争が促進されつつある。それに伴ない，多くの自治体が市場競争下において確立されてきた企業コミュニケーション手法の検討や導入を試み，行政広報にも新たな手法や視点が表出しつつある。シティ・プロモーションや地域ブランド戦略などが，その例である。90年代後半から今日に至る変化の様子を概括するとともに，これからの行政・NPOのコミュニケーション活動の方向性について検討してみよう。

(1) 行政広報の変容と自治体の現状

　1990年代後期から現在に至る約10年間は，自治行政は大きな変革と次代への準備に追われる「変化と転換の時代」の中にあった。その第1の理由は，何と言っても2000年4月から施行された「地方分権推進一括法」の成立である。内容的には不十分ながら，100年余にわたる中央集権の構造に風穴が空

き，自治体の事務事業にも変革をもたらしつつある。第2に経済の支配体制の崩壊である。高度経済成長期からバブル景気まで続いた右肩上りの論理は破綻し，銀行・証券を筆頭に不沈神話に彩られた大企業の相次ぐ破綻は，企業社会の構造の脆弱さを露呈した。自治体の税収は減少し，「外形標準課税」や特定財源の問題まで登場し，自治体と産業界の位相にも亀裂が入った。3番目には，「住民意識の変化」がある。政治経済の構造変化，政治家や官僚の汚職や自治体の不正支出の問題は，納税者意識を覚醒させ，行政監視のオンブズマン活動も活性化した。同時に，成熟化した市民生活のレベルでは，生活環境や福祉など個人生活を保全する行政施策への関心が高まり，生活者のニーズは自治体の政策に新たな課題を生起させつつある。

　以上，3つの変化要因を挙げたが，その背後には，わが国の経済社会システムにおけるグローバル化やIT化，少子高齢化，環境問題などのマクロな課題がある。このため従来の財政・人員などの資源配分やシステムの運用管理が次第に困難になり，また「フリー」「フェア」「グローバル」をモットーとする公正な市場を形成するための要素を重要視する意識変化も進んだ。他方，一人ひとりの住民（国民）が自己責任によって物事を判断するとともに，地域の自己決定への参与を保証するためには，情報開示や手続きなどの透明性の確保を不可欠とする「市場原理による改革」に着手する自治体も増加した。さらに，規制緩和や情報公開によって，経済社会システムの根幹にあった「官治主義」が後退し，NPO，NGOなど新たな組織が成長し，また財政危機，政策危機を契機とした自治体の，地方分権・行政改革への取り組みによってガバナンスのあり方も変化した。

　このような事象は，自治行政の方向転換を示唆するものであり，自治体職員の意識と行動の改革を求める時代の波でもある。これまでの行政のあり方は，中央集権を補強し，国民生活よりも行政の効率を重視してきた。しかし新たな波は，地方分権推進委員会の答申にある「地域の個性と主体性の発揮」への移行を促すものである。地域の個性と主体性を担うのは，もはや行政ではなく，住民と行政の協働，あるいは住民意思をベースにした新たな自治のあり方にほかならない。地方自治においては，地方分権による団体自治の確立と並んで，公的な問題解決にあたって住民を主役にすべしとの認識も

急速に強まってきている。こうした自治体の自己改革が進む一方,住民の「自立」「自己決定力」を強化するための施策も次々と立案されている。これからは旧来の自治体が,「21世紀型地方政府」に脱皮していくプロセスにおいて,「参加」と「協働」というキーワードが示すように,すべての行政過程に「広報広聴活動」の工夫が重ねられ,続いて行政過程全般にわたる「市民参画のコミュニケーション活動」が必須の要件になることだろう。これが政策形成能力を左右するからである。

　自治行政において広報広聴が重視されるのは,まさにこの点である。住民のニーズをいち早く捕捉し,政策に生かす,あるいは地域における「協働」を実現するためには,何よりも住民とのコミュニケーションに基づく行政運営が求められる。それを担うのが広報広聴である。かつて1990年代後半から,住民投票制度や出前広聴施策,パブリック・コメント制度,インターネット等を活用した政策調整システムなどが導入されたのは,その1つの現れでもあった。

(2)　行政広報の原点

　ここで,わが国の行政広報の原点について少し触れておく。なお歴史的な過程については,第7章で詳述する。

　戦後,60年以上にわたり,パブリック・リレーションズ(PR)について,多くの行政機関では現在までイコール「告知広報」という誤った理解のまま推移しているが,本来は,行政と住民の良好な「関係」の構築がその目的であり,1947年にGHQが全国にP. R. O (Public Relations Office＝広報広聴部門)の設置を求めた通達にあるように「県民ノ自由ナ意志ヲ発表サセル」ことがその原点にある。

　また,このようにPRの導入に当って,住民と行政との「関係」が重視されていたにもかかわらず,以降,関係よりも告知,すなわち広聴よりも広報活動が偏重されたことによって,誤解を生む風土を形成してしまった点もある。

　その意味でPRは,その本来の意味に基づいて1960年代まで用いられていたように「公衆関係」と訳すのが妥当かも知れない。ちなみに,中国では

PRを「公共関係学」としているが，このほうが本質に近い。

他方，情報，コミュニケーションについても英語を無理に訳したため，同様の誤解が見られる。一例を挙げれば，わが国では多くの場合「情報」をインフォメーション（Information＝情報発信）の訳語としているが，インテリジェンス（Intelligence＝情報収集）を正確に用いている例はきわめて少なく，これは，広聴活動に相当する。また，コミュニケーションの用例も同様で，一般に自治体でのコミュニケーションは，広報と同義的に用いられている例が多い。コミュニケーションは単なるインフォメーションではなく，情報に対するフィードバックを含めて，自治体と住民の「情報共有」を前提とした対話活動総体を意味するものでなくてはならない。行政と住民との協働，あるいは共生が求められる今日，一方通行の情報流通では，その役割を果たすことができないのは自明の理である。

（3）　広報広聴のテーマと変容

先にもふれたように「変化と転換の時代」の波は，広報広聴のテーマと手法を多様化し，かつ従来の広報誌づくりからインターネット広報まで，住民との情報受発信の形態も急速に変化しつつある。

まずテーマであるが，この数年間，多くの行政広報誌で取り上げられている自治行政のテーマを大まかに整理してみると，社会変化の大きなうねりに伴なう地域社会の変容と人々の意識変化に対応を迫られていることがよくわかる。社会変化の大きな潮流となっているのは，高齢化，高度情報化，そして生活者意識の高揚などである。

図表5-1「行政広報のテーマ領域」は，国家政策を推進するための政府広報から，住民の生活と福祉の保全を行う市区町村広報に至る多様なテーマを概観したものである。タテ軸には情報流通の様態によってマス・メディア情報（新聞，テレビなど）とコミュニティ・メディア情報（地域メディア，口コミを含む）を位置づけた。自治体の広報誌はこのコミュニティ・メディアの側に近いが，中心点より下部の領域をカバーするものと考えられる。この二次元の図ではうまく位置づけることができないが，インターネットのようなメディアは，エリアを超えて，ネットワークによる新しいドメインを創

第5章　行政・NPOのコミュニケーション　　161

図表5-1　行政広報のテーマ領域

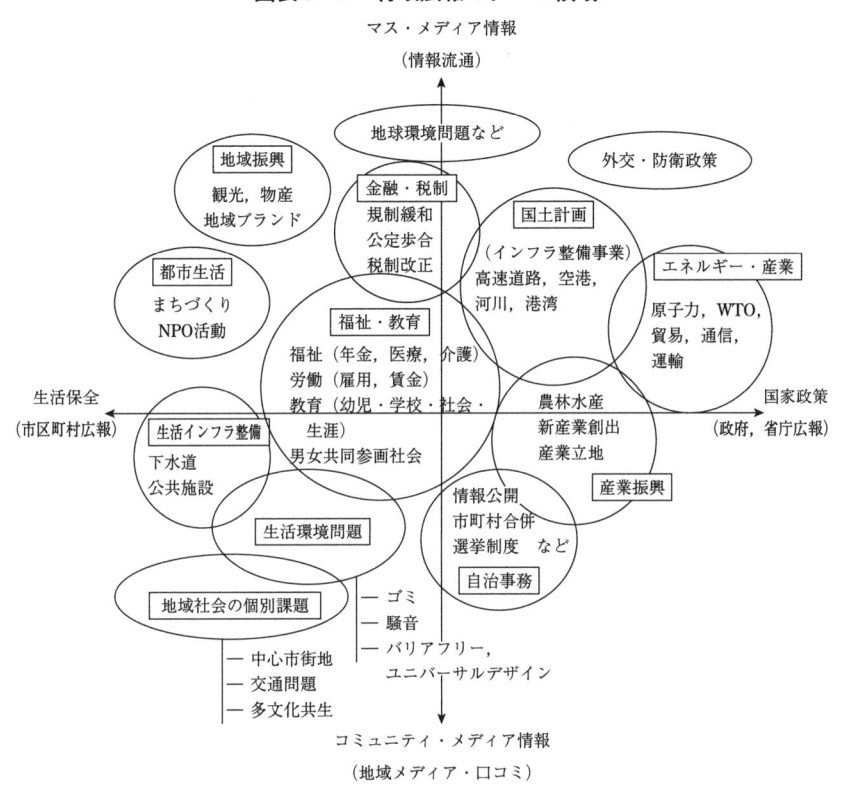

マス・メディア情報
（情報流通）

- 地球環境問題など
- 地域振興：観光、物産、地域ブランド
- 金融・税制：規制緩和、公定歩合、税制改正
- 外交・防衛政策
- 国土計画（インフラ整備事業）高速道路、空港、河川、港湾
- エネルギー・産業：原子力、WTO、貿易、通信、運輸
- 都市生活：まちづくり、NPO活動
- 福祉・教育：福祉（年金、医療、介護）、労働（雇用、賃金）、教育（幼児・学校・社会・生涯）、男女共同参画社会
- 農林水産、新産業創出、産業立地
- 産業振興

生活保全　　　　　　　　　　　　　　　　　　　　　　　　　　　　　　国家政策
（市区町村広報）　　　　　　　　　　　　　　　　　　　　　　　　　（政府、省庁広報）

- 生活インフラ整備：下水道、公共施設
- 生活環境問題
- 情報公開、市町村合併、選挙制度　など
- 自治事務
- 地域社会の個別課題：中心市街地、交通問題、多文化共生
  - ゴミ
  - 騒音
  - バリアフリー、ユニバーサルデザイン

コミュニティ・メディア情報
（地域メディア・口コミ）

出典：上野征洋（2003年）を一部修正。

出しつつある。

　ヨコ軸は、行政テーマの拡がりを示すもので、この四つの象限でみると、第一象限は主として政府広報、省庁広報となり、第三象限は市区町村広報の主たるテーマ領域となる。都道府県における行政広報は、その双方を繋ぐとともに、政府広報や市区町村広報と重複する領域も形成してゆく。

　この図表5-1の作成にあたって、2001～2007年頃までの行政広報が実際にとり上げたテーマを参考にしたが、市区町村広報においては、生活環境問題や地域社会の個別課題をとり上げる動きが加速している。

　ゴミの分別収集から産廃場をめぐる紛争、交通規制や駐輪場まで、この「生活環境」をめぐる課題は多様かつ深刻なものが少なくない。生活環境の

保全というテーマにみられる住民意識の高まりや生活欲求の高度化に対して，行政の対応が必ずしも追いついていない，という実情が多くの自治体で見られる。「生活者起点の行政」という時代の到来を考えると，市民生活の「安心・安全」に直結するテーマであるだけに，住民ニーズに応える行政側の意識と行動，そして広報広聴の変革が要請されているといえよう。

また，2030年頃まで続く高齢化社会の進行は，福祉や生活保全の面で自治体に大きな負担を強いるテーマであり，市民との協働が必要な課題でもある。この領域には2007年から問題化し，解決の目途が立たない年金問題や2008年に導入された「後期高齢者医療制度」などの問題も含まれるが，高齢者の生活に密着した施策への課題は今後も重要なテーマでありつづけるだろう。

（4） IT化の急速な進展——媒体の変容

1990年代に急速に進展したいわゆる「IT革命」は自治行政はもとより，生活者の意識や行動も大きく変化させてきた。ここでは，IT化の波がもたらした広報広聴の手法の変化を見てみよう。

多くの自治体は，90年代まで自ら広報誌を発行するほかに，マスメディア（新聞，テレビ，ラジオへのプレスリリースや番組提供）やコミュニティメディア（CATV，ミニコミ誌）などの媒体を駆使して情報提供をし，調査広聴や対話集会などで住民の声を収集する活動を展開してきた。1998年頃から，広報誌の発行と併行してHPを開設するインターネット広報が急速に増加している。自治体HPの集合体である「全国自治体マップ」に登録されている地方公共団体のサイト数は2002年には，2000自治体を超え，2005年度までにはほぼすべての自治体で開設されている。

HPにおける広報活動は二つの意味で自治体の広報広聴活動を変革してきた。ひとつは，遠隔地広報（いわゆる県外，市外，海外への広域広報）にとってきわめて有効であり，かつ自治体関連の諸団体（産業・観光・運輸など）と連携しての情報発信が容易になったことである。これは「ネットワーク効果」ということができる。

もうひとつは，従来の広報活動の主流を占めていた紙メディアの発行の意

義と役割を脅かしつつあることである。紙メディアの重要性は当分はゆるがないだろう。しかし電子メディアの急速な普及は，紙資源やリサイクル問題も含めて大きな変動を起こす可能性を秘めている。

　IT革命と呼ばれる急速な情報機器の普及は，すでにインターネット利用者を約9000万人，Eメール機能付携帯電話の利用者を約6000万人にまで増加させている（2007年末推計値）。いくつかの世論調査でも，今後，情報流通の行政と市民双方における主要媒体はインターネットが主流になるであろうと予測されている。すでに多くの自治体で定期発行のメールマガジンや電子行政モニター制度などを実施しており，電子メディアによる広報広聴の充実に努めている。加えて「市民電子会議室」などによる市民の意見交換や提言を政策形成へ反映させる事例も増え，「ネット市民」と呼ばれる新しい市民層も出現した。

　こうした動きは，急速に拡大し，いずれインターネットが主要媒体としての地位を占める時代が到来するであろう。とくにインターネットの即時性と双方向性は，災害広報や緊急時対応に威力を発揮する可能性があり，携帯端末活用した災害対策情報システムを本格的に導入した自治体も多い。広報広聴の担当者は，地域社会における生活者の動向に眼を向け，デジタル技術の高度化や送り手と受け手の構造変化に注目して情報の受発信に新しい展開を考えなければならない。

（5） 情報循環による広報広聴の一体化

　広報広聴の多様な課題にふれてきたが，行政組織内のコミュニケーション，すなわち庁内広報の問題がある。いわゆるタテ割行政の弊害も大きいが，むしろ「情報共有」のマインドが希薄であることを指摘しておきたい。多くの自治体，とくに規模が大きくなるにつれ，広報と広聴がそれぞれ部や課として独立し，情報提供部門である広報と情報収集部門である広聴との連携が図られていないことが多い。広報活動に対する住民の反応やニーズは，広報活動において収集・分析されなければ，住民の意思は正確に捕捉できず，同様に広聴活動によって表面化した住民からの苦情や政策課題は，広報のテーマに活用されるべきである。このように広報広聴が一体化して，庁内

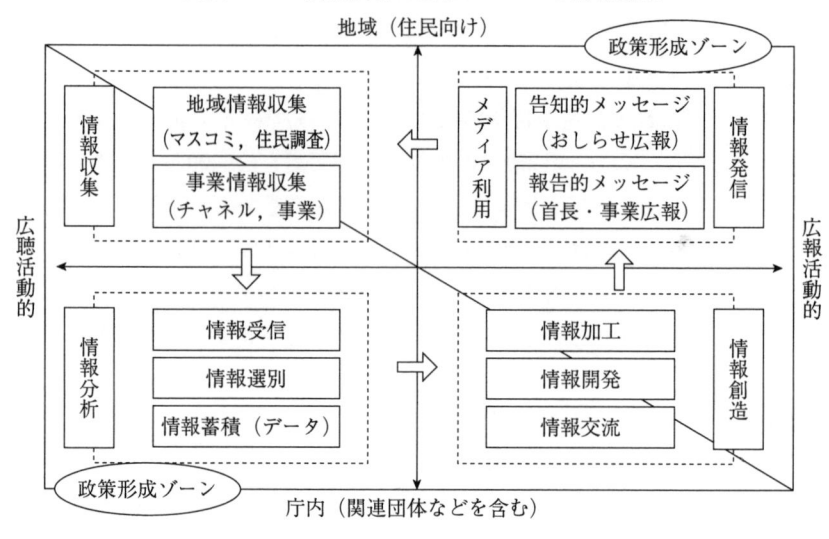

図表 5-2　広報広聴の基本フレームと情報循環

地域（住民向け）

情報収集	地域情報収集 （マスコミ，住民調査）	メディア利用	告知的メッセージ （おしらせ広報）	情報発信
	事業情報収集 （チャネル，事業）		報告的メッセージ （首長・事業広報）	
情報分析	情報受信		情報加工	情報創造
	情報選別		情報開発	
	情報蓄積（データ）		情報交流	

政策形成ゾーン（右上）／政策形成ゾーン（左下）
広聴活動的／広報活動的

庁内（関連団体などを含む）

出典：上野征洋（1992）を加筆修正

に情報流通の循環系を創り出し，多くの職員と住民が「情報共有」することが重要なのである。住民から「言い放し」「聴き放し」と批判される広報広聴の分断化は，政策形成や住民サービス向上にとっての障害であり，かつ職員の意識の覚醒を妨げることになる。

　参考までに，広報広聴を一体化する情報循環のあり方を図示しておく。この図表 5-2 は，「情報創造」→「情報発信」→「情報収集」→「情報分析」という 4 つのフレームによる情報循環を模式化したもので，情報創造や情報発信は，政策の執行や評価を促し，情報収集，情報分析が政策形成に寄与すべきことを示している。とくに，分権型社会の中で，自治体職員の政策形成能力が問われている現在，広聴活動による住民意思の収集・分析が政策のシーズとなることは自明のことである。情報発信ばかりを志向する広報偏重から政策形成につながる広聴の重視へと方向性の転換を図るべきであろう。

（6） 地域の主体性を発揮するために──課題と方向性

　広報広聴はよりよい地域社会を創出するための行財政改革の手段でもあ

る。先にふれたように「地域の個性と主体性の発揮」を住民との協働によって，確固たるものにするためには，広報広聴の担当部門は次のような課題に取り組んでゆかなければならない。

① 住民の意思を正確に捉え，行政評価に反映させてゆく。

　　これは，言うまでもなく「広聴機能の充実」である。これまでの広聴活動は「苦情処理」や「市長への手紙」など，行政施策に特段の影響もなく，首長や行政の「聴く姿勢」だけをアピールすることにとどまっており，パブリック・コメントや住民意識調査も政策形成や行政評価にあまり活用されていない。住民との協働を前提とする新しい自治行政では，住民の声を政策評価や施策の再検討に活用すべきであり，「聴き放し」と揶揄されたこれまでの広聴を抜本的に改革すべきである。また，いくつかの自治体で公開されている「事務事業評価」や「業務棚卸し表」なども，その実態は行政内部の用語と便法ともいうべき尺度で記述されており，住民には解りにくい。住民に理解されない評価は自己満足にすぎず，住民本位の行政とは言い難い。

② 住民の声を「政策形成」に活用する手法とルールの開発

　　前述の如く，住民から寄せられている苦情や提言は政策のシーズである。にもかかわらず，多くの行政機関では単なる形式的な回答で「処理」されてゆく。これでは住民の声はゴミや産業廃棄物と同様である。住民の声を総合的に検討し，政策のシーズとして活用するために組織横断的な検討委員会の設置や，部局におけるルールづくりを急ぐべきである。自治行政において，住民は最大の，そして最重要のステークホルダーである。その声を封殺するのか，活用するのか，その成否は，政策形成への活用手法にかかっている。地域の個性と主体性は，住民の声を政策に反映することで，初めて具体的に見える形となる。

③ 情報参謀による職員の意識改革を

　　住民本位の行政へ，従来のあり方を改革するには，すべての職員が住民の声に耳を傾けるよう意識と行動を変えてゆく必要がある。広報広聴

部門は，単なる情報加工や情報発信を行なう部門ではなく，行政運営全般にわたる「情報参謀」であることが望まれる。参謀とは，住民の声や地域社会の変容の中に政策のシーズを発見し，戦略（政策）や戦術（事務事業）のあり方を再構築する識見と行動力の持ち主である。広報広聴を担当する職員がまず自らを変革し，情報参謀としての役割を自覚すれば，その波及効果は大きなものが期待できる。すなわち，広報広聴の使命や役割をすべての職員が認知し，その成果を自らの部門や事務事業における改革に活用するようになろう。

　以上，三つのポイントを挙げたが，広報広聴は何のためにあるのか。初発の問いに戻ってみよう。この変化の時代にあって，自治行政は新しいかたちへの模索が繰り返されている。その目的が「地域の個性と主体性の発揮」にあることは先にもふれたとおりである。しかしその実現に向けて，今，自治行政に求められているのは，自らを問うことであろう。

　広報広聴の本来の役割は，地域社会における環境監視機能である。社会変化の中で住民の声を傾聴し，市民生活に必要な情報を提供する。その相互作用の中から住民意識の変化や地域社会の変容を読み取ることが重要なのである。相互作用が機能することで，住民の政策過程への参画が円滑に進展することになる。IT革命の影響で行政サービスも電子化が進展すると，効率や利便性は向上しても，住民にとって行政の「顔」がますます見えなくなってゆく。そのギャップを埋めるためにも，広報広聴には，血の通った情報提供や住民の声に耳を傾ける姿勢が重要になってゆく。ユルゲン・ハーバーマスは市民の自発性とコミュニケーションの合理性に根ざした領域を「公共圏（Öffentlichkeit)」と呼び，公共性の構造転換を唱えたが，これは成熟期を迎えたわが国の自治行政にも示唆に富む。すなわちパートナーシップ型行政の舞台，それが「公共圏」であり，広聴広報は住民との対話と交流・連携によって新たな公共圏を創出する原動力になるべきである。すでに，いくつかの自治体で「公（おおやけ）とは何か」という議論が沸き上がり，首長がマニフェストに「新しい公」を掲げた例もある。こうした議論は，今後ますます高まってゆくであろう。

改めて言えば、コミュニケーションによる相互作用によって「地域の個性と主体性」を育んでゆくのが行政職員の使命であり、広報広聴の担当者はまさに、そのフロンティアに立つ役割を負う。新たな変革の時代を迎える今、新たな使命の再確認から明日への展望を拓くべきであろう。

2. 非営利組織と広報

(1) 今なぜNPOか
1) 既成組織が果たせない活動

2008年3月現在、NPOは3万5000を超えるまでになった。NPOが注目されている理由の一つは、既成の政治・行政組織や企業が果たせない役割を市民活動組織が果たしつつあり、かつその領域が広がり、NPOの重要性が高まっていることである。加えて少子高齢化社会が本格的に進展し、企業のOBなどのセカンドライフのステージとしても注目されている。

環境、医療、福祉、難民、災害、人権などさまざまな領域でNGO、NPOの活発な活動が、国際的な世論、政治、経済にインパクトを与えるようになってきており、そうした活動がメディアでも大きく報道されるようになった。

行政を第1セクター、企業を第2セクター、家計（市民）を第3セクターとする分類方法があるが、従来の行政、企業、家計の範疇に収まらない領域の問題が拡大しているのが21世紀の特徴である。それぞれのセクターのボーダーが重なりあう領域が拡大し、そこにNPOが派生しているのである。したがってNPOやNGOの活動は、「公共」の意義について再検討を促し、既成の政治・行政や社会機構のあり方を問うものを内包している。

2) NPO・NGOの台頭

NPO (Non Profit Organization) は民間非営利組織と訳されているが、日本でNPOという言葉が頻繁に使われるようになったのは1995年の阪神大震災以降である。NGO (Non Governmental Organization) という言葉は80年代初頭、インドシナ難民の救済を行う民間組織の活動が報道されるようになってから使用されるようになった。

阪神大震災の災害救援活動に参加したボランティアは130万人にのぼるとも言われ，ボランティア活動を担うNPOの活動がマスコミで大きく報道された。NPOが災害復旧活動で行政の活動が及ばない領域で行政パワーを超える働きをしたことは記憶されるべきことである。95年をボランティア元年とする主張も現れたほどである。

かつて日本ではNPOが反企業的な存在として見られる傾向が強く，企業や行政がNPOと協力したり協働することが想像しにくい時代がつづいた。しかし阪神大震災以降，とくに1998年3月，特定非営利活動促進法（NPO法）が成立して以来，市民活動型の非営利組織としてNPOというタームは定着した観があり，企業のステークホルダーの一つとして存在感を強めるようになった。

NGOは，古くは1863年に設立された「国際赤十字（IRC）」，環境保護活動をしている「世界自然保護基金（WWF）」，環境破壊反対活動を活発に展開している「グリーンピース」，人権擁護運動の国際的組織の「アムネスティ・インターナショナル」，「地雷禁止国際キャンペーン（ICBL）」，戦場や紛争地帯で活動する「国境なき医師団（MSF）」，世界各国の汚職指数を発表している「トランスペアレンシー・インターナショナル」など多種多様に存在している。

ちなみに，ICBLは1997年，MSFは1999年度のノーベル平和賞を受賞しているが，こうしたNGOの活動は，ときには一国の政策を左右することも珍しくない。また小さなNGOであっても，インターネットで発信することで世界に大きなインパクトを与えることが可能になっている。

NPOの先進国アメリカでも，古い歴史をもつシエラなどの国際的な自然保護団体から，ニューヨークのブロンクス地区の再開発に取り組んだNPOやシリコンバレーにおいてネットワーク社会の構築に向けて地域開発に取り組んだスマートバレーなどのようなNPOも生まれている。

NGOは非政府，NPOは非営利というところに力点がかかるが，国際的にはほぼ同義に使用されているといわれる。日本では海外協力や国際交流活動をする組織に対してNGOという呼称が用いられることが多い。NGOの名付け親は国連と言われるが，国連こそ国際的なNGOの代表的存在である。

NPOの先進国アメリカでは，なぜ企業はNPOを支援しパートナーシップを積極的に組むのかという理由について，ある経営トップは「NPOを育成することは，大きな政府を持たせないようにするためである」と答えたという。そうしたNPOはNPO間での競争のなかで鍛えられる。そうした社会風土のある国と，行政が自らの縄張りを拡張し行政請負型の非営利組織が増殖してきた国とでは，おのずからNPO，非営利組織を生み出す事情が異なっている。

3） 社会を映しとる多様な存在形態

「企業は社会のモニター装置としてNPOを捉えるべき」（山岡義典，1997年）という指摘がある。NPOの企業に対する要求は，たとえそれが企業にとってうっとうしいものであっても中長期的には企業のあるべき方向を指し示し，ひいては世界標準をクリアし世界に通用する経営戦略を可能にさせることにつながるということを意味している。

NPOは，社会のモニター装置から企業とのパートナーシップの推進，さらに企業とのエンゲージメントを取り結ぶ主体へと役割を進化させている。いずれにしても企業・行政とNPOの協働関係の構築が21世紀社会の新しい価値創造のステージになると期待されるようになってきた。

したがってNPOの広報・コミュニケーション問題は，社会変革，企業変革の問題と関連し，行政や企業とパートナーシップを組んで進める活動そのものが広報・コミュニケーションの重要な部分を形成する。とはいっても，日本のNPOはおしなべて規模も小さく，有力なセクターを形成するにはまだ道半ばといえる。

世界の国々の非営利組織はその国の歴史に深くかかわり，その性格は一様ではない。国ごとに政治・行政機構，宗教，教育制度，法律，慣習などのあり方が異なるからである。社会や文化が多様であると同じ水準で非営利組織も多様である。

（2） 非営利組織——世界と日本——

1） 非営利組織の定義

非営利組織は多様に存在し，その性格は一様ではないことはすでに触れ

た。さまざまな国の法律制度が異なり法的にも社会的な位置づけも異なっているからであるが，非営利組織と呼ばれるための共通した基準もなければならない。

　非営利組織を文字通り解釈すれば，「利潤をあげることを目的にしない，公益的な活動を行う民間の法人組織」ということになろうか。非営利組織は今や国際的にも注目される存在であり，世界共通のNPOのあり方を考えることは意味のあることだと思える。世界のNPOを研究しているジョンズ・ホプキンス大学のサラモン教授による非営利組織の「定義的特徴」は次のようである（電通総研，1996年）。

① フォーマルな組織：公式なもの，つまりある程度組織化されたものであること。法人化している必要は必ずしもないが，一度かぎりの集まりや全くインフォーマルな集まりは含まない。

② 非政府性：民間のもの，つまり制度的に政府から独立しているものであること。政府から資金をもらっていてもよいし，理事会・評議会への政府からの参加があってもかまわないが，基本的には政府機関の一部でもなければ，役人の統制下にあるものでもなく，民間の独立機関である。

③ 非営利分配：利益配分をするものではない，つまり，組織の所有者に利益を生み出すものではないこと。事業活動から利益を生んでもかまわないが，それを団体所有者が分配するのではなく，本来の活動目的に投入する。

④ 自己統治性：自主管理，つまり自分たちの活動を管理する力を備えており，外部によって管理されることはない。

⑤ 自発性：自発的な意思によるもの，つまり組織の実際の活動において，あるいはそのマネジメントについて，何らかの有志による自発的な参加を含むものであること。必ずしも活動を補助するボランティアの存在をさすわけではなく，有志による理事会や財政的な参加（寄付）なども含まれる。

⑥ 公益性：公共の利益のためのもの，つまり公共（不特定多数）の利益に奉仕し，寄与するものである。

1990年に着手したジョンズ・ホプキンス大学政策科学研究所の非営利セクターに関する研究では、以上のような項目に加えて政治組織、宗教組織でないという制限を設けている（サラモン他、1996年）。この定義を掲げたのは、とくに日本の旧型非営利組織のあり方を考えるうえで重要な示唆を含んでいると思われるからである。

2）非営利組織の種類

では、日本の状況はどうか。非営利組織は、教育、社会福祉、保険医療、環境保全、国際交流・援助、文化芸術などの分野にわたって存在しているが、日本は長らく官主導できたためにさまざまな法律によって規制されており、自主性、独立性に欠けている傾向は否めない。このことは非営利組織が近代社会の形成過程と密接な関係があることを示している。さらにいえば、公団のように日本の非営利組織にはサラモン教授の定義に適合しないものもある。

また法人というカテゴリーから見ると、日本における法人には営利法人、公益法人、中間法人がある。このうち非営利法人は公益法人と中間法人になる。民法34条で定められている公益法人には社団法人と財団法人があり、加えて学校法人、社会福祉法人、宗教法人、医療法人、更正保護法人がそれぞれの特別法によって定められている。「特定非営利活動促進法（通称NPO法）」も特別法の一つである。

3）NPO法

市民活動型のNPOがつぎつぎに生まれ、社会的な活動をしていく上で法人格を必要とする機運が高まったことに対して超党派の議員立法によって生まれたのがNPO法である（1998年12月に施行）。この法律はその後改正され、次のような活動を行う法人をNPOとしている。

① 保健、医療又は福祉の増進を図る活動
② 社会教育の推進を図る活動
③ まちづくりの推進を図る活動
④ 文化、芸術又はスポーツの振興を図る活動
⑤ 環境の安全を図る活動
⑥ 災害救援活動

⑦　地域安全活動
⑧　人権の擁護又は平和の推進を図る活動
⑨　国際協力の活動
⑩　男女共同参画社会の形成の促進を図る活動
⑪　子どもの健全育成を図る活動
⑫　情報化社会の発展を図る活動
⑬　科学技術の振興を図る活動
⑭　経済活動の活性化を図る活動
⑮　職業能力の開発又は雇用機会の拡充を支援する活動
⑯　消費者の保護を図る活動
⑰　前各号に掲げる活動を行う団体の運営又は活動に関する連絡，助言又は援助の活動

　こうした民間の組織の活動は，本来行政や企業がカバーすべき領域と重なっている部分がある。とくに行政の制度疲労した部分を埋める役割を果たすことができる。NPOについての議論は，そうした社会の仕組みのあり方についての本質的な議論を提起する可能性を常に宿している。それは，民法や商法，税制の改革に及ぶものを内包する。

（3）　非営利組織の広報と広報課題——大学と病院
1)　まず情報公開から

　特殊法人などの存廃を含めて公共法人，公益法人のあり方は依然として問題がある。特殊法人，認可法人，公益法人の「三者は複雑に絡み合い地下茎のように自己増殖している。それだけでなく，補助金漬けで天下りの素地となり，民業を圧迫し，寄生虫のように国家財政を喰い荒している」（猪瀬直樹，1999年）という実態は依然としてある。

　さらにこうした公団などが出資する株式会社の存在は問題をいっそう複雑にしている。公社・公団が支配する企業群にはすでに時代にマッチしなくなったものが存在したり，非効率な経営が公然と行われていたりする。

　こうした旧型非営利組織は，一般に情報公開が積極的ではない。とくに特殊法人の場合，アンケート調査にも無反応で，情報を公開しないところが多

い。(林知己夫・入山映, 1997年)

　予算が財投など公的な資金で成り立っているそうした公益法人は、たとえ民間の調査であっても積極的に応え、情報開示すべきである。対官庁だけの関係づくりさえすれば安泰という構造の中で、対社会的な広報・コミュニケーション活動は二義的問題として軽んじられてきたのであろうが、今後はこれまでの延長では決してないはずである。公社・公団が官僚の天下り先で、官僚機構が肥大化するなかでもたらされた日本型システムの改革こそ構造改革の中核的問題である。特殊法人などにおけるビジネス倫理は反社会的な水準にまで退廃しつつあることが危惧される。行政機関である社会保険庁の組織的退廃の例はそうした傾向の典型としてある。

　ここでは数ある非営利組織のなかで改革を模索している大学と病院を取り上げ、その広報・コミュニケーション問題を検討したい。

2) 大学

　戦後進学率の上昇とともに大学・短期大学の数が急増したこと、少子化の影響が本格化して実質的に大学全入時代を迎え、文字通り大学経営は「冬の時代」に入った。大学数は、1966年の346校、短大は413校が2007年にはそれぞれ744校、468校、になっている。

　逆風のなかでの対応として、まず、受験生を確保するために系列校との連携の強化、特待生制度の導入、推薦入学基準の緩和などが試みられている。一時は広いキャンパスを求めて郊外に展開した大学が志願者を確保するために都心に回帰する現象も出ている。

　また、教育内容にどのような特色を持たせるか。留学制度やインターンシップ、あるいは大学同士が提携し、単位取得や図書館の利用を共通にするなどの工夫も始まっている。

　広報活動においては、それぞれの大学の独自性や個性、魅力を発信することが重要になってきている。広報活動に関する関心は高まっており、広報セクションのない大学はほとんどないほどである。

　教員の高校訪問活動、メディアを活用した情報発信活動、オープンキャンパスや体験入学などがますます活発になっている。地下鉄など車内ポスターで大学の宣伝・広告が最近とみに多くなっている。そうした広告には必ず大

学のホームページのアドレスが記されている。またOBやOGに大学報を配布する大学も増えている。

しかし、こうした広報活動の一方で、根本的な問題として大学の改革が挙げられる。研究成果を挙げることが研究機関としての大学の本来の課題である一方、教育機関としていかに創造的な能力を身につけた卒業生を世の中に送り出していくかが問われている。

新しい学問体系に基づくカリキュラムや授業方法の改革、創造的な研究活動への革新、意思決定機関である教授会の変革などと連動してこそ広報・コミュニケーション活動は機能する。そのために、企業ならばCIにあたるユニバーシティ・アイデンティティを試みた大学もすでにある。大学変革のための広聴活動が広報活動の前提になるのは企業の場合と同様である。

3） 病院

近年、医療についての問題は社会的にも大きな関心を集めている。乱療・乱診、誤診、薬漬け、はては患者を取り違えた手術や投薬ミスなどの医療事故が後を絶たない。なかでも薬害エイズ、薬害肝炎などは厚生労働省、大学医学部、製薬会社や病院などにわたる構造的な問題であることを示した事件であった。

医療機関において広報的に根本的に問題なのは、情報開示の乏しさである。診療情報や使用医薬の情報開示、インフォームド・コンセントなど患者＝顧客とのコミュニケーションが改善される必要がある。

医療機関の質を高めるために、第三者の立場から医療の質やサービス、患者の満足度について医療機関を評価する機関が1995年に生まれた。日本医療機能評価機構がそれで、全国8892の病院で同機構の評価を受けたのは2489。

日本医療機能評価機構の実施している評価項目は、企業ならば危機管理マニュアルにも相当するものといえるが、広報的に重要と思われるのは、たとえば「患者または家族に、診療について説明を行い、同意を得ている」「患者のプライバシーに配慮している」「診療録の管理が適切に行われている」などの項目である。

とくに「患者への説明や同意」はインフォームド・コンセントにつながる問題で、医療の使命を果たし患者やその家族との信頼関係を築くために不可

欠なコミュニケーションである。病院広報の原点の一つといえる。

(4) NPOの情報発信
1) 広報メディア

NPOの多くは小規模のため，発信力を十分にもっているという状態にはほど遠い。1996年に設立された日本NPOセンターは，そうした個別のNPOの受信・発信をサポートすることを主要な任務の一つとしている。個々のNPOはローカル性や専門性が強く，インターネット，ミニコミ誌やFM放送などが有力な広報メディアである。

資料はやや古くなるが，経済企画庁がNPO3000団体を対象にした調査（1998年）では，インターネット以外のメディアで自前で発信する主なメディアは「会報・機関紙・ニューズレター」「行政で発行する広報紙」「チラシ，ビラ，ポスター，パンフレット」「口コミ」などである。これは今日でもそう変わらないと思われる。ただ，NPOは多様に存在しており，こうした一般論がどの程度あてはまるかは，それぞれのNPOにおいて千差万別であることには留意したい。

今日では日本NPOセンターや内閣府のNPOホームページも充実し，NPOを探す場合も，作る場合も，活動の情報支援も知ることができる。全国のNPOも検索でき，関連団体へもリンクが張られている。

2) NPOの発信をサポートするNPOと自治体

NPOに関する情報を提供するNPOには，NGO活動推進センター，大阪ボランティア協議会NPO推進センター，関西NGO協議会，名古屋NGOセンター，シーズ＝市民活動を支える制度を作る会，NPOサポートセンター，NPO事業サポートセンター，アジア太平洋資料センター，市民フォーラム2001，原子力資料情報室，アジア女性資料センターなど多様に存在する。

また，NPOの活動を支援するNPOも各地に生まれている。NPOの活動範囲は県レベルの範囲を基礎としているため，各県別にそうしたサポート組織が生まれている。

またこれまでの社会福祉協議会が名称変更して設立した組織がNPOの支援組織になっているほか，各県の社会福祉協議会にはボランティアセンター

が設置されて、ボランティア活動の推進やボランティア団体の支援を行っている。さらに各県にはNPOの活動に関する問い合わせ先が設置され、ガイドブックを用意したり、ホームページを開設してNPOの情報提供に努めている。

個別のNPOではできにくい情報発信を、自治体やNPOがネットワーク的に展開しているのが特徴的であり、NPOにおける広報・コミュニケーションはその情報発信の段階から自治体とのパートナーシップによっているといえる。

（5） CSR時代のパートナーシップ
1） 企業とのパートナーシップ

企業とNPOのパートナーシップは、CSR時代の新しい社会的価値を創造していく取り組みとして注目される。日本広報学会の報告書『企業とNPOのパートナーシップ研究』（2004年）によると、企業のNPOに対する認識がかつてとは異なってきたことが窺われる。

同報告書では、朝日新聞文化財団の調査で「NPOと協働プログラムがある」と回答した78社を対象にして45社から回答のあったアンケート調査を基礎に分析がなされている。

これらの企業はNPOに対する認識が高い日本のトップランナー企業といってよい企業であると思われる。以下に回答企業名を記させていただきたい。

　　朝日生命保険，アサヒビール，アジレント・テクノロジー，アラコ，イオン，イトーヨーカ堂，伊藤忠商事，INAX，NEC，NECソフト，オムロン，沖電気工業，花王，キッコーマン，キヤノン，三洋電機，ジャパンエナジー，ジョンソン・エンド・ジョンソン，西友，積水化学工業，セブン―イレブン・ジャパン，ソニー，損害保険ジャパン，第一生命保険，田辺製薬，TDK，デンソー，東京ガス，東京海上火災，東京電力，トヨタ自動車，日本マクドナルド，日本生命保険，日立製作所，富士ゼロックス，松下電器産業，三井住友海上火災，三井住友銀行，三井物産，三菱地所，明治生命保険，リコー，ヤマト運輸，横河電機，リコー。

企業のNPOに対しての認識変化の最大のポイントは，企業のステークホルダーの一員として明確に認識していることである。とくに企業の社会貢献活動の展開にとって企業とNPOのパートナーシップは不可欠だとする見解が多かった。

　次いで目立ったのは，NPOとの関係を構築するにあたって「新しい公益性を意識し」「市民社会のなかでの企業の在り方を考え」「新たな事業展開に有益」と考えている姿勢である。

　具体的には「行政だけで対応することが困難になっている問題で，新しい公益実現の担い手としてNPOの役割に注目する。NPOとのパートナーシップによって生み出される社会的価値は今後大きくなる」という先駆的な考え方を示す企業もある。

2) 企業のNPOへの評価と要望

　企業はNPOをどのように評価しているか。重要度の高い順にその要素をまとめるとつぎのようになる。

　第1番目に重視する要素で目立ったのは，公正性，公益性，専門性，信頼性，活動内容。

　第2番目は，ネットワーク，活動内容，専門性，信頼性，先進性，企画力。

　第3番目は，マネジメント力，担当者の人間性，継続性，活動力，信頼性。

　企業とNPOのパートナーシップを担当するセクションは社会貢献部などのセクションが多いので企業の広報セクションとの連携が課題となっている。とくに，社内広報においては，企業とNPOのパートナーシップが「社会への啓発」と並んで「従業員のモラルアップ」に有効であると認識する企業もあり，社内外へのコミュニケーションの必要性を意識している。

　なお，企業とNPOのパートナーシップによって創造する新しい社会的な価値について，「社会変革」「企業・行政・市民の連携」「公益循環型社会」「CSRの向上」「持続可能な社会」「非財務的な価値」「総合的社会貢献」「最適化社会」などというキーワードが挙げられている。

3) NPOと企業のパートナーシップの具体例

企業とNPOのパートナーシップの具体的な事例については，NPO的な団体も含めていくつかの代表的な事例の紹介にとどめたい。

① プロップ・ステーション

プロップ・ステーションは，障害を持つ人たちの社会参加，就労をコンピューターネットワークを活用して進めていこうという社会福祉法人であるがNPOのスピリットでスタートしているので取り上げた（本部：大阪）。1991年から活動を始めており，障害者がベッドでも作業できるコンピューター関連の仕事を主体に社会参加を図っている。「少子高齢化が進む社会では支えられる人が増える一方で，チャレンジド（障害をもった人の意）も支えられるばかりでなく自立を目指すべき」（竹中なみ代表）と在宅ワークの輪を広げている。仕事の受注先は企業，大学，行政と多様である。

プロップ・ステーションの広報活動は積極的で，機関紙「FLANKER」を発行したり，学者や経営者，官僚，ジャーナリストなどをネットワークし国際シンポジウムを開いたりしている。障害者と呼ばずChallengedと呼び，「Challengedを納税者にできる日本」をスローガンに掲げて関係者の認識を高める広報活動を意欲的に展開している。パートナーシップを組んでいる企業は日本IBM，松下電器産業，関西電力，NTTなど。

② NALK

NALKはニッポン・アクティブ・ライフ・クラブの略（日本時間預託ボランティア協会が正式名）で，1998年にスタートした組織である（本部：大阪）。この組織が目指しているのは，企業のOBが定年後も「濡れ落ち葉」にならず，仲間と出会い生き甲斐をもって過ごすため生涯学習をはじめボランティア活動を通して社会に貢献していこうという運動である。時間預託とは会員相互の助け合い運動で，サービスを提供した時間を1時間1点としてNALKに預託し，自分がサービスを必要とするとき預託した点数を引き出して使う制度である。介護，家事援助などが主なサービスである。会員は約1万3500人（今田忠，2006年）。この活動に参加している主な企業は，松下電器産業，大阪ガス，オムロン，関西電力，鹿島建設，三共アルミ，松下電工など。

NALKは機関紙「アクティブライフ」を関係企業にも配布して認知度を高め，組織や仕事の拡大につなげていく努力を払っているが，各会員の元気な活動が増之，広報効果が高いという自覚を持っている。

③ 共用品推進機構

（財）共用品推進機構はその前身をE&Cプロジェクトといい，1991年にスタートした共用品の開発・普及を目指したNPOで，現在もNPOのスピリットが生きていることで取り上げた（本部：東京）。共用品開発の調査，配慮点の検討とガイドラインづくり，啓発・普及が活動の3本柱である。「視覚障害者班」「高齢者班」「操作性班」などに分かれて活動している。

共用品とは障害者と健常者が共通に使える製品・サービスを意味しているが，たとえば電話カードの1つの辺に丸い切り込みがあるが，これは目の不自由な人も使えるためのものである。そうした試みは地下鉄カードにも施されており，またシャンプーとリンスの違いがわかるようにシャンプーの容器に凹凸をつけているのもこのNPOが開発したものである。

こうした共用品は国内ばかりでなく製品によっては国際的な規格づくりが要請されるものでもある。将来のISO規格を目指した取り組みも始まっている。会員は企業や団体に所属しており，新たに共用品として開発された製品やサービスは自社に持ち帰ることになるが，それは同時に企業単体ではなく業界レベルで展開していく性格のものである。本来はこうした公共的な役割は行政が担うべきものかもしれないが，企業の担当者が直接かかわることで公共的な機能を果たしている。

④ イオングループ

イオングループでは，「イオンデー」を設け，この日に発行する黄色いレシートを店内のボックスに投函してもらう。レシートの金額の1％が地域のボランティア団体に品物で寄贈される。地域の子供を対象にした環境保全のクラブをつくって活動するなどNPOとのコラボレーションを地域をベースに展開し，地域と共に育つ企業を意識している。ちなみに2006年まで，のべ3万7000団体に2億2000万円相当を贈呈している。

（6） 非営利組織の広報課題
1） 非営利組織とマネジメント

　非営利組織の中には膨大な数の財団，社団をはじめ公共法人，公益法人，協同組合などが含まれるが，本書ではNPOを重視した関係で紙幅的に割愛せざるを得なかった。非営利組織は本来行政や企業の付属物ではなく，政府や企業の活動ではカバーできない部分をいきいきと担当し，活力ある社会をつくっていくべき存在である。

　現代社会が複雑さを増せば増すほど社会的なサービスは多様になる。そうした多様なニーズに応える組織としてNPOが注目されているのであるが，これまでNPOにおけるマネジメントの問題は後景に退いていた観がある。NPOに特有の「使命」をメンバー全員が共有するとき，ボランティア的な献身性が前面に出て，報酬などは二の次という雰囲気があるような場合，近代的なマネジメントは整備されにくい環境にある。しかし巨大になったNGO，NPOの場合，一時のIOCのように一部のリーダーの専横がまかり通ったり，巨額の不正が行われるケースも珍しくない。

　NPOにおけるマネジメントは近代的に整備される必要があるが，利益追求が組織の原理でないだけに，業績評価の方法が確立しにくいという事情がある。ドラッカーの『非営利組織の「自己評価手法」』（1995年）は，その方法を提起したものであるが，「使命」を実現した「成果」について目標管理に近い方法で明らかにしていく方法がとられている。

2） 開かれた組織と情報開示

　非営利組織においては情報開示の点で遅れていることはさきに指摘したが，マネジメントの近代化と透明性は今後も多くのNPOで要請されるテーマである。高齢者社会では企業OBのパワーが再活用されることが社会的な課題になっており，NPOの事業企画や展開，経理事務，決算報告などの面において，企業のマネジメントで鍛えられたスキルを発揮することが望まれる。

　そうした近代的なマネジメントの確立が組織的な倫理の確立にもつながり，広報・コミュニケーション活動の前提にもなる。

(参考文献)

猪瀬直樹『日本国の研究』文藝春秋, 1999年。

今田忠編著『日本のNPO史』ぎょうせい, 2006年。

上野征洋「地方分権と政策形成への住民参加——分権型社会における広聴活動」『共創型行政コミュニケーション活動の展望』日本広報学会, 1998年5月。

上野征洋「自治体広報広聴の現状と課題」, 市町村アカデミー編『広報広聴』日本加除出版, 1992年。

上野征洋「行政広報の変容と展望」, 津金澤聡廣・佐藤卓己編『広報・広告・プロパガンダ』ミネルヴァ書房, 2003年。

経済企画庁国民生活局編「Open the NPO——効果的な情報発信のために——」大蔵省印刷局, 1998年。

後藤仁「『市民』と『行政』をめぐる概念の転換」『共創型行政コミュニケーション活動の展望』日本広報学会, 1998年5月。

サラモン&アンハイアー著, 今田忠監訳『台頭する非営利セクター』, ダイヤモンド社, 1996年。

電通総研編『NPOとは何か』日本経済新聞社, 1996年。

ドラッカー著, 田中弥生訳『非営利組織の「自己評価手法」』ダイヤモンド社, 1995年。

日本広報学会（企業とNPOのパートナーシップ研究会）『企業とNPOのパートナーシップ研究報告書』日本広報学会, 2004年。

林知己夫・入山映『公益法人の実像』ダイヤモンド社, 1997年。

山岡義典「NPOは社会のモニター装置」『経済広報』経済広報センター, 1997年1月号。

第6章
広報・コミュニケーションマネジメント

1. 広報活動の現状とマネジメント課題

(1) ダブル・ムーブメント時代とCSR

　80年代の欧米諸国のみならず90年代の日本においても，企業や行政のような大組織は，グローバル化を背景に効率性や経済性を評価軸とした社会的選択（市場競争）を受けてきた。その一方，効率化や経済性の競争に伴うさまざまな社会・経済問題も指摘されるようになっている。21世紀初頭の世界は，従来とはいささか異なる構図で企業・組織と社会との関係が語られるだけに，企業のコーポレート・コミュニケーション活動は，企業存在の生命線として，確実にマネジメントしていくことが求められるようになるだろう。

　今日の社会・経済問題は，たとえば不公正や倫理観の喪失，雇用悪化，人権侵害，水・食糧不足，環境汚染などのように，さまざまな問題が地球規模でリンクするところに特徴がある。人々に「我々の世界は持続可能なのか」という疑問を沸き立たせてしまうのである。それは片方でフェアネス（公正，公平，均等などの概念）を要求する声を高めて大組織への抗議活動を活発化させるが，他方で国連やISO，GRIなどの国際組織を通じて企業責任の自主的アプローチによる新たな世界合意の仕組みの構築も促進しつつある。

　それは，企業存在の前提である文明社会の基盤が脅かされているという認識に基づくものである。企業は対抗運動の制裁や回避ではなく，地球資源の費消や社会構造を転換させてしまった結果生じた多様な社会問題の解決に向けて，自ら社会革新の担い手として登場することこそ，対抗運動との協働も社会との共生も実現しうるし，新たな成長の果実も手にすることができると理解するようになってきている。

そのような事態を象徴する時代的キーワードがCSRである。それは宣伝・慰撫工作ツールでもなければ，イメージアップのための社会貢献活動なのでもない。

19世紀に最初の全盛期を迎えた市場経済の意味を説き明かしたポラニー（1975年）は，一世紀のあいだ近代社会のダイナミックスは二重の運動（ダブル・ムーブメント）に支配されていたと喝破した。すなわち「市場は絶え間なく拡大したが，その運動は特定方向への拡大を妨げる対抗運動に出くわした」と，まだ第二次大戦中だった亡命先のアメリカで書き下ろした。

市場は自己完結的システムではないし，時間的にも空間的にも外部に向けて開かれたシステムである。それゆえ，対抗運動が社会防衛的意味をもって登場してこざるをえない——史上何度目かのグローバル化が急進展しつつある今日，われわれはポラニーの主張を無視できないだけでなく，対抗運動の対抗運動を誕生させて，企業変革を内外から迫るというダイナミズムを見ていかなくてはならないのである。

（2） 企業責任自主アプローチとコミュニケーション活動

効率性原理は開かれた市場システムを通じて非経済的領域にまで浸透し，代替不可能な地下資源や自然生態系の毀損や地域間格差，文化変容までもたらす一方で，企業に3つのオプションを選択するよう迫る。対抗運動による様々な制約打破のための財力か権力の行使という選択，制約回避のための逃避行動という選択，それとも企業の自由を基本としつつ制約を企業革新のバネにする企業責任自主アプローチという選択，それのいずれかである。

たとえば公害問題における企業責任と規制との関係は，比較的単純な図式であった。IBMデイトン工場の土壌汚染事故（77年）で同社は全事業所の地下タンクの地上への移設を行ったが，「スーパーファンド法」（80年）を誕生させる契機となった。ユニオン・カーバイド社のインド・ボパール及び米国ウェストバージニア工場の有毒ガス漏出事故（1984年）により同社は事業再編を強いられるとともに「地域住民の知る権利法」（84年）制定に繋がった。

しかし地球環境問題登場後の80年代後半になると，様相は一変する。エク

ソン社の大型タンカー「バルディーズ号座礁事故」(89年) は,「油による汚染に係る準備,対応及び協力に関する国際条約」(OPRC条約,90年)を生んだだけではなく,米国の環境保護グループ,セリーズ (CERES) の情報公開要求を生み出した。

そしてセリーズの企業行動原則（セリーズ原則)[1]のうち「情報の公開」は各国で「環境報告書」の発行を実質化し,「環境問題担当取締役の設置」や「環境問題取組み評価のための年次監査報告の公表」は,国際商業会議所「産業界憲章」(91年) や国連環境開発会議 (リオデジャネイロ,92年) などでの検討を通じて環境マネジメントシステム規格 (ISO14001, 96年) として具体化していき,ISO認証取得企業は取引原則に組み込まれることによって,市場競争優位の地位を獲得したのである。

また,環境マネジメントの取り組みが工場から地域や途上国などに拡大するようになり,取組領域も人権,雇用,社会開発,生物多様性などに拡大していくと,経済的・制度的ガバナンスの隙間を埋めるべく,企業はNGOとの協働行動を探索するようになる。コミュニケーション活動を通じた潜在リスクを把握する活動の契機が,ここに開かれたのである。

このように,グローバル化の進行や通信・情報システムの発達は,組織関係や組織・個人関係にさまざまなダブル・ムーブメントを登場させることになる。関係性の高度化や複雑化は,メディアによる「攻防の見える化」を一層促進していく。企業の攻防,組織の盛衰を巡って多様な戦略・戦術がコミュニケーション活動と共に展開される中で,組織における広報・コミュニケーション活動はさらに多様化していくことだろう。

その一端を実態調査で確認してみよう。

(3) 戦略化と多様化——広報・コミュニケーション活動の現状

企業広報活動の調査研究機関である（財）経済広報センターでは,ほぼ3年おきに継続的な企業調査を行っている。「第7回企業の広報活動に関する意識実態調査」(1999年) によると,企業経営者は,広報部門が「その活動を重点化し戦略的展開していくべき」と考えており,将来の企業成長に向けて「企業イメージの向上やIR活動,環境広報」の強化を主張している。

このことを反映して，90年代前半に15.1%だった「過去3年以内に組織改革を実施した」企業割合が，99年には35.5%，2002年には45%にも達している。「第9回意識実態調査」(2005年)ではやや落ち着いて35.6%になったが，いずれにしても企業全体の改革と並行して，広範な企業で広報組織の改革が行われたのである。

その改革内容は，「広報・IR・宣伝・社会貢献などの一体化」(25.9%)，「広報の独立部門化」(18.1%)，「広報機能の分離・独立化」(16.3%)，「社長直轄組織化」(9.6%)などであり，IR，環境，CSR，ブランドなどの新たなコーポレート・コミュニケーション課題に対応しての組織改革が行われたことが分かる。

広報部門の大規模な組織改革は，おそらく1970年代の広報部門創設ブーム，80年代のCIなど企業変革運動への関与に続く，第三のエポック・メーキングになる可能性をはらんでいるのである。

ここでは主として，「第9回意識実態調査」(2005年)にもとづいて広報部門の現状を概観してみよう。

1) 広報部門の組織と機能

広報部門の設置割合の推移を見ると，80年には33.8%であったが年々増加して99年には57.0%と過半数を越えた。また，従業員数1,000人以下の中堅企業では設置率は25.5%に止まるが，5000人以上の大企業では76.9%に上る。

2005年調査によれば，広報担当組織の名称として最も多いのは「広報部(室)」25.6%，「コーポレート・コミュニケーション本部(部)」の9.8%だが，企画部門系が19.9%，総務・人事部門系も16.5%ある。部門の性格としては企画・社長直轄が多く，トップサポート部門としての性格を強めていることがわかる。

2) 広報部門の業務と規模

業務内容は「報道対応」98.1%，「社内広報」90.9%，「広告・宣伝活動」59.3%，「IR活動」51.2%，「危機管理」50.2%，「ブランド戦略の推進」45.7%，「広聴活動」41.6%，「地域住民広報」26.8%などであり，官庁渉外，消費者対応を行う企業もある。

これらの活動を行う担当者数は，8.0人（99年），8.8人（02年），10.3人（05年）と拡大傾向にあり，広報部門が第三次の高揚期にあることを反映している。

とはいえ部員40人以上の企業数が15社もある一方，部員3人（58社），4人（49社），5人（30社）など少数精鋭の部門があることは変わらない。社員数との関係で見ると，社員1万人以上の企業が19.6人，1000人未満が4.8人とほぼ企業規模に比例している。また業種別では，電力・ガス24.4人，農水産・食品16.4人，電気機器16.0人，輸送・精密15.9人，運輸・倉庫14.1人などが多い。

また広報予算の1998年から99年への変化をみると，「横這い」50.8％，「減少」35.3％，「増加」12.6％で要員数とともに減少傾向をみせている。とくに，大規模企業ほど予算縮減傾向にあるが，これは自社メディア等の制作，印刷費を減少させためと見られる。

3）広報活動の重視対象の変化

広報・コミュニケーション活動にとって不可欠の対象者の中で最も重視しているのは「報道関係者」77.8％であるが，「株主・投資家」47.1％と並んで年々漸減気味である。これに反して，「取引先・顧客」43.3％，「社員・グループ社員」39.7％，「地域住民，地域社会」16.3％はやや増加傾向にある。89年から99年の間に，「株主・投資家」が倍以上になり「地域住民・地域社会」がほぼ半減となったが，振り子は元に戻りつつあるようだ。

ただしこれは平均値での状況であり，業種によって重視対象は大きく異なる。重視対象の1位から3位までの合計値で見ると，電力・ガスは「報道関係者」70.6％だが「地域住民」が64.7％と続く。建設は「報道関係者」78.6％，「株主・投資家」64.3％，「取引先・顧客」64.3％の順である。

報道関係者を除いた2位・3位の重視対象を見ると，業界特性がくっきり出てくる。建設のような「株主＋取引先・顧客」タイプは繊維・化学，鉄鋼・非鉄，機械，金融・保険といったどちらかというと重厚長大型産業であり，「株主＋社員」タイプは電気機器，輸送・精密，その他製造，商業である。

このように業界によって広報・コミュニケーション重視対象が変わるの

は，企業の意思決定や業務行動に重大な影響を与えるステークホルダーが異なるためであり，広報部門はまさにこれらの重要ステークホルダーとどのようなコミュニケーション関係をもつのかを問われているのである。

（4） 広報部門の活動領域とコーポレート・コミュニケーション

このような広報部門の活動領域の拡大や業務の多様化は，どのような意味を持っているのだろうか。

組織内部からの観察では，IRやブランド戦略強化，不祥事や事故対応に迫られた経営トップによる内部統制強化対策の一環として映るかもしれない。とりわけ大企業は，CSRへの取り組みを開始する2003年前後から，環境保全はもとより，安全・品質保証，個人情報保護，人権擁護，雇用多様化，次世代育成，労働力確保など，次々と提起される経営課題に振り回されてきた。そのため，時にはコンプライアンス不況とも呼ばれる管理強化の弊害が懸念されるまでに至っている。

しかし広報活動領域の拡大は，金融ビッグバンや規制緩和，M&A，企業評価軸多様化（資本投資の変化）などを背景として，企業の競争力が個別商品から企業組織（事業／活動内容）に競争力が移りつつあるためである。企業の物的価値（土地や建物，設備，在庫など）や財務的価値に加えて，非財務的価値（ブランド，ビジネスモデル，経営システム，トップのリーダーシップなど）も企業の競争力の大きな要素であるとの視点も提起されている[2]。

企業内の各部門において，ステークホルダーと非財務価値のコミュニケーションを行うことができる部門はどこか，と経営者が考えたとき，そこには広報，宣伝，営業，渉外，社会貢献，環境，総務などの部門や人材が浮かんだに違いない。物的価値や財務的価値の取引部門は社内にすでにある。それに加えて，非財務的価値の取引部門（すなわち，わが社の企業価値を一層向上させる担当部門）を強化したいとの狙いが広報部門の組織改革の背景にあると考えられる。

〈企業の広報組織改革事例〉

日立製作所は1999年4月に経営組織を変更し，それまでの「5事業グルー

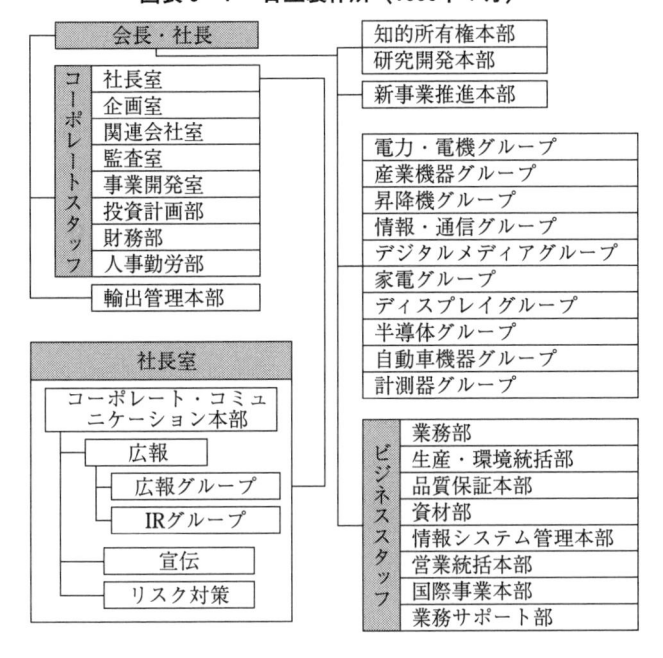

図表 6-1　日立製作所（1999年 4 月）

```
会長・社長 ─┬─ 知的所有権本部
            ├─ 研究開発本部
            ├─ 新事業推進本部
            │
コーポレートスタッフ
            ├─ 社長室
            ├─ 企画室
            ├─ 関連会社室
            ├─ 監査室
            ├─ 事業開発室
            ├─ 投資計画部
            ├─ 財務部
            └─ 人事勤労部
            ─── 輸出管理本部

社長室
  └─ コーポレート・コミュニケーション本部
       ├─ 広報 ─┬─ 広報グループ
       │        └─ IRグループ
       ├─ 宣伝
       └─ リスク対策

ビジネススタッフ
  ├─ 電力・電機グループ
  ├─ 産業機器グループ
  ├─ 昇降機グループ
  ├─ 情報・通信グループ
  ├─ デジタルメディアグループ
  ├─ 家電グループ
  ├─ ディスプレイグループ
  ├─ 半導体グループ
  ├─ 自動車機器グループ
  ├─ 計測器グループ
  ├─ 業務部
  ├─ 生産・環境統括部
  ├─ 品質保証本部
  ├─ 資材部
  ├─ 情報システム管理本部
  ├─ 営業統括本部
  ├─ 国際事業本部
  └─ 業務サポート部
```

プ・事業部」体制を「10グループ」に再編成し大幅な権限委譲を行った。本社部門の組織においてもコーポレートスタッフとビジネススタッフに分離し，それぞれの役割分担の明確化を図った（図表6-1）。

　これまで社長室にあった「弘報部」は「宣伝部」「リスク対策」とともに「社長室　コーポレート・コミュニケーション本部」に組み入れられた。広報部にはIRグループも含まれ，マスコミ対応と格付機関対応の一元化を図った。

　東京ガスは2002年6月に組織変更を行い，新たに「企画本部」「ビジネスサービス部」に加えて「コーポレート・コミュニケーション本部」を立ちあげた。

　その目的は「企業ブランド価値の向上」にあり，多様なステークホルダーに経営方針から具体的な施策まで効果的に伝えるだけでなく，それらに対する反応を素早く経営に反映させることを目的としている。そのために役員担当やIRや渉外担当者との連携が円滑にとれるような組織体系を目指したの

図表6-2　東京ガス（2002年6月）

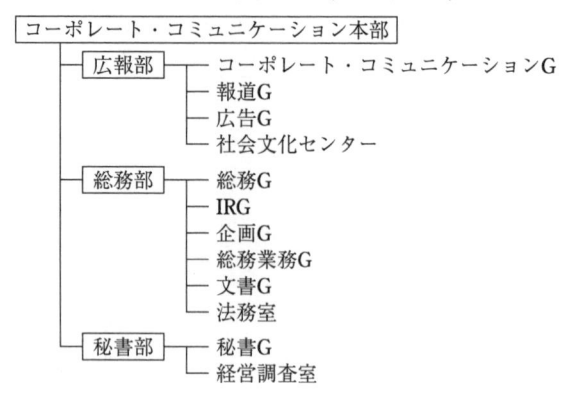

```
コーポレート・コミュニケーション本部
├ 広報部 ─┬ コーポレート・コミュニケーションG
│         ├ 報道G
│         ├ 広告G
│         └ 社会文化センター
├ 総務部 ─┬ 総務G
│         ├ IRG
│         ├ 企画G
│         ├ 総務業務G
│         ├ 文書G
│         └ 法務室
└ 秘書部 ─┬ 秘書G
          └ 経営調査室
```

である（図表6-2）。

　損保ジャパンは2003年4月に，経営企画部やコーポレート・コミュニケーション企画部，グループ事業企画部からなる経営企画部門を改組し，環境・社会貢献部，人事部，お客さまサービス部，秘書部を吸収して新・経営企画部門を創設した。コーポレート・コミュニケーション企画部には，新たにCSR・環境推進グループが加わり，メディア企画グループやカスタマーセンターグループ，広報室とともに，全社的観点から総合的な双方向コミュニケーション活動を展開していく体制を整えた（図表6-3）。

図表6-3　損保ジャパン（2003年4月）

【組織改革以前】

経営企画部門
- 経営企画部
  - 企画G
  - 経営管理G
  - 調査企画G
  - IR室
- コーポレート・コミュニケーション企画部
  - 品質管理G
  - メディア企画G
  - 広報室
- G事業企画部

- 環境・社会貢献部
- 人事部
- お客様サービス部
- 秘書部

⇒

【組織改革以降（2003年4月～）】

経営企画部門
- 経営企画部
  - 企画第一G
  - 企画第二G
  - 調査企画G
  - 経営管理G
  - IR室
- コーポレート・コミュニケーション企画部
  - メディア企画G
  - カスタマーセンターG
  - CSR・環境推進G
  - 広報室
- 人事部
- 秘書部

（5） 広報・コミュニケーション部門の将来像

1） グローバル化のインパクト

　グローバルな企業活動を展開する企業では，世界各地域の価値観や世界的な基準，ルールなどの問題に日々対応を迫られる。このような組織では，多様な価値観をもつステークホルダーとの接触，すなわち双方向のコミュニケーションによる情報収集や企業活動の評価・検証が必要である。

　このようなステークホルダーを捉えることは難しく，しかも流動的であり多様な形の活動を展開している。情報の受発信は個別化が要求される一方，企業グループとしての整合性も求められる。また状況変化に機敏に対応する仕組みも必要となる。このため，経営各機能と地域別組織とが緊密な調整を行い，企業理念・方針に即して最適の広報・コミュニケーション施策の計画立案を行わなければならないのである。

　このような「複雑系」に似たコミュニケーション業務になると，かつてのような部門間の調整だけでは済まなくなり，コーポレート（本社）意思決定機構とコーポレート・コミュニケーション（CC）部門とが，経営目的に対応した明確な目標によるベクトル合わせを行い，各担当組織が自律的に計画の実施を行えるようにしなくてはならない。

　それでこそコミュニケーション・プロセスを短縮化することができ，また素早いメッセージの発信も可能にするのである。

2） 統合型コミュニケーション組織の3M社

　統合型コミュニケーション組織の先行例は，米国の3M社である。組織全体の名称は「コーポレート・マーケティング＆パブリックアフェアーズ」で，統括責任者はマーケティング担当の副社長（図表6-4）。この図は，パブリック・リレーションズ＆コーポレート・コミュニケーションズ（PR&CC）の部分を表示しており，日本企業の広報コミュニケーション組織にあたる。

　コミュニティ・アフェアーズ（CA）は，全社レベルの地域対応活動や3M財団の活動を含めた企業市民活動を担当する。パブリック・イシューズ（PI）は，イシュー・マネジメントの活動，たとえばグローバルな規模で各国政府の動向や国内外の法改正など，経営戦略上の重要事項に関して情報収

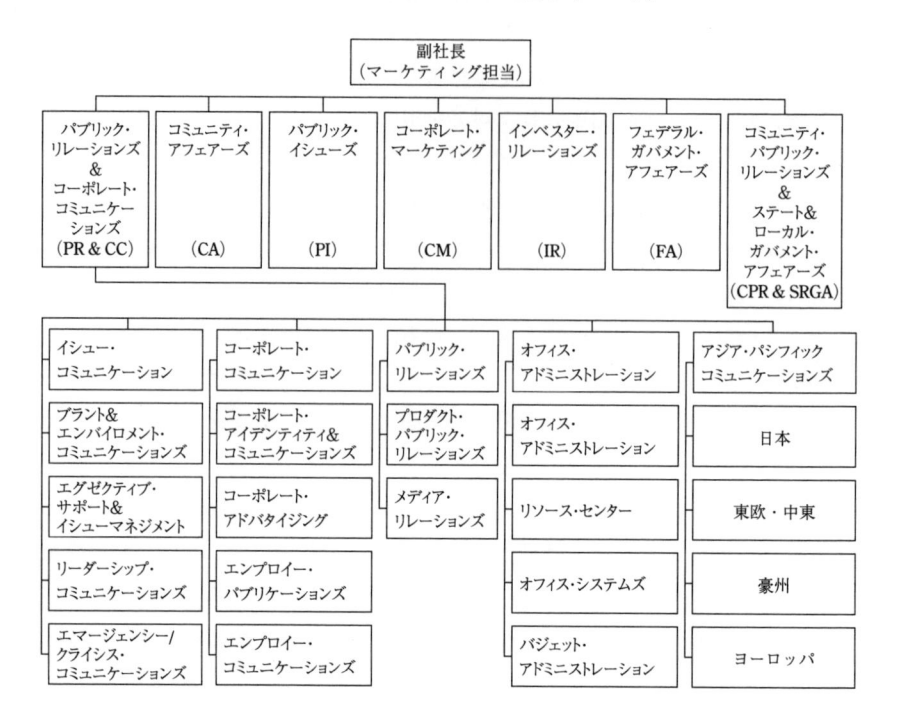

図表6-4　3M社のCM&PA部門（1998年）

```
                          副社長
                    （マーケティング担当）
```

パブリック・リレーションズ&コーポレート・コミュニケーションズ(PR & CC)	コミュニティ・アフェアーズ(CA)	パブリック・イシューズ(PI)	コーポレート・マーケティング(CM)	インベスター・リレーションズ(IR)	フェデラル・ガバメント・アフェアーズ(FA)	コミュニティ・パブリック・リレーションズ&ステート&ローカル・ガバメント・アフェアーズ(CPR & SRGA)
イシュー・コミュニケーション	コーポレート・コミュニケーション	パブリック・リレーションズ	オフィス・アドミニストレーション			アジア・パシフィックコミュニケーションズ
プラント&エンバイロメント・コミュニケーションズ	コーポレート・アイデンティティ&コミュニケーションズ	プロダクト・パブリック・リレーションズ	オフィス・アドミニストレーション			日本
エグゼクティブ・サポート&イシューマネジメント	コーポレート・アドバタイジング	メディア・リレーションズ	リソース・センター			東欧・中東
リーダーシップ・コミュニケーションズ	エンプロイー・パブリケーションズ		オフィス・システムズ			豪州
エマージェンシー/クライシス・コミュニケーションズ	エンプロイー・コミュニケーションズ		バジェット・アドミニストレーション			ヨーロッパ

集・調査分析しトップに報告する。フェデラル・ガバメントア・フェアーズは，連邦政府の渉外活動担当し，コミュニティ・パブリック・リレーションズ&ステート&ローカル・ガバメント・アフェアーズ（CPR&SRGA）は，地域的な企業市民活動や州政府やカウンティ（郡）レベルの渉外活動を担当する。

　日本企業の組織と異なるのは，企業活動の阻害要因（製品への反対運動や批判，行政施策など）を解決するために，反対運動や批判勢力に対して継続的に企業活動への理解を求め，阻害要因を排除していく活動である「イシュー・コミュニケーション」部門が含まれている。このセクションはコミュニティ・アフェアーズと連携して活動を行う。イシュー・コミュニケーションは企業の戦略を進めるうえで重要な役割を担い，連邦レベル・州レベルの渉外活動とも密接に連動するほか，別組織のIR活動，宣伝・広告活動とも連

動する。

(6) 21世紀初頭の経済社会と企業広報実務

　企業の広報部門は限られた予算と人員のもとで，トップの期待に応え，重要な経営機能の担い手として活動することが求められる。その一方，企業・消費者・地域住民との1対1の対応体制も求められる。このような状況を打開していくためには，これまでにない方法で広報業務の抜本的改革を図っていく必要がある。

　企業コミュニケーション部門のひとつである広報・コミュニケーション部門は，経済的価値だけでなく，社会的価値や環境価値までも行動判断の要素として取り込まねばならないというそもそもの成り立ちからみても，相矛盾する原理を統合していかなくてはならない宿命を負っている。それは同部門が企業と社会とのゲートウエイに位置することからくる必然的矛盾である。

　とくに今日のような世界的大競争の中で従来とは異なるコミュニケーション関係が出現してくるにつれ，「社内情報コーディネータとしての広報部門」と「企業コミュニケーションの戦略部隊としてのCC部門」との役割の違いは，ますます大きくなりつつある。このことが広報部門に，一方で拡大強化を，他方で縮小統合を要請しているのであるが，その根底に流れる時代的ニーズは，組織において情報参謀本部的なコミュニケーション部門が何らかの形で求められていることに他ならない。

　それでは，21世紀初頭の10年間から2010年代を視野に入れようとするとき，広報部門あるいはCC部門は，どのような変動要素を考慮に入れて中長期戦略を位置づけたらよいのであろうか。

1) メディア環境の変化と新手法開発

　第1にメディア環境の変化が急速に進むだろう。総務省が情報端末の普及や利用の進化度合いをもとに算出した「ユビキタス指数」の推移は図表6-5のようになる[3]。

　1995年頃から伸び始めた指数は，2000年以降，爆発的とも形容すべき急速な伸びを見せた。情報コンテンツの大部分が複製情報だということを割り引

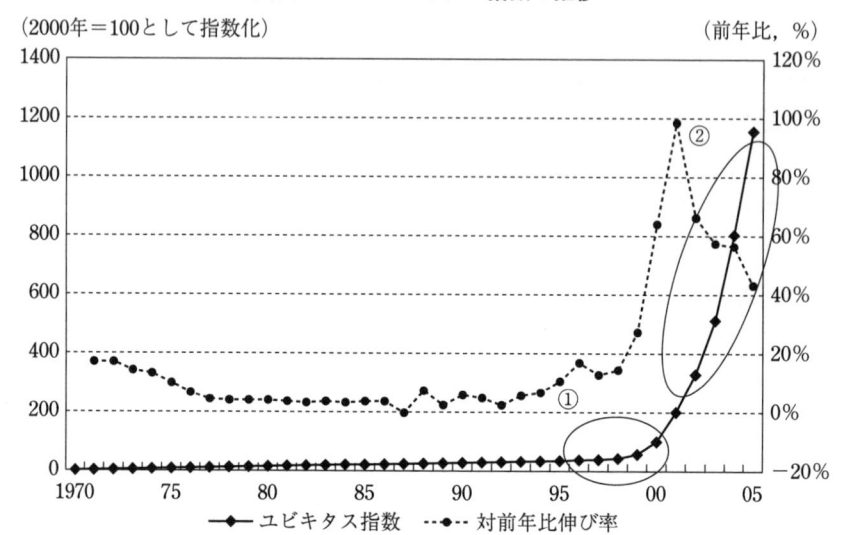

図表6-5　ユビキタス指数の推移

出典：総務省『平成19年版　情報通信白書』

いたとしても，"情報爆発"といってもよい状況が21世紀日本社会に出現してきたのである。

情報環境の急変は，メディア産業の変化を促進している。具体的な内容は第4章を参照いただきたいが，広報・コミュニケーション部門にとってまず認識しなければならないのは，以下の2点である。

① 単純な情報受発信のコスト低減は進むが，情報整理や判断のためのコストは逆に高騰する可能性があること
② 多様化する情報通信システム共に新たなメディアが登場したり，既存メディアの合従連衡が進んだりすること

インターネットや携帯（電話）端末により人々に直接情報を伝達することも可能になったことから，企業コミュニケーションは少しずつ報道機関への全面依存からの脱却を図り始めている。世論形成の中心に位置していたジャーナリズムはその機能を徐々に低下せざるを得なくなり，「グーグル」を介在した直接民主主義社会が登場する——そのような予測も行われる時代になった。

しかしどのような仕組みを採用しようと，企業が市場システムの中で事業

活動を行う限り，いかなる独占的なコミュニケーション手段ももつことはできないし，何らかの第三者機関（メディア：報道機関や何らかの意味伝達システム）を活用せざるを得ないのである。

2) 第三者の「報道」領域への参入

ただし，メディアの多様化にばかりに目を奪われてはならない。広報・コミュニケーションの重要な対象者も変わる。これまで報道対応がもてはやされたのは，広報・コミュニケーションの中間プロセスに位置するマスメディアの担い手やジャーナリストが，「一次情報」を評価・選択して「二次情報」に加工・伝達するプロセスをほぼ独占していたためである。彼らはコーチと審判員を兼ねたような存在であり，広報マンは「記事にお取り上げいただく」ことに精を出すしかなかった。

ところが，グローバル化や情報ネットワーク化が急進展する今日においては，市場競争の様々な局面ごとに「評価基準」が設定される。しかも，グローバル化に伴い「地域市場」と「世界市場」とが緊張関係をはらみ，市場の成熟化と情報ネットワークの高度化は「市場障壁の融解」を押し進める。このような中で，まずIRにおける広報・コミュニケーション活動が新たな領域として登場してきた。

これは，財務状況を含む企業調査の専門家からなるアナリストやリサーチャーの「格付評価」が株価に多大な影響を与えつつあるからである。ただし財務分析だけが企業行動に影響を与えるのではない。企業評価の領域は，環境負荷やさまざまな社会問題への対策，経営倫理などの分野にも広がっている。この場合の情報の選択・加工・評価の担い手は，各分野の専門家となる。

このような評価・格付機関の多くは民間の第三者機関によって担われており，その評価情報は，幅広い投資家からの資金吸収力（投資信託による株式購入など）や購入推奨力（基準設定や推奨情報の伝達）として市場での企業行動に影響を与えている。いわば「声なき民意」を市場に反映させることにより，あたかもマスメディアと同様の報道効果を発揮しようとしているのである。もはや報道機関の独占状態はおわったとも言えるのである。

3) 新しい「言語」の登場

　第5章にみるように，20世紀最後の10年間に登場してきた非営利団体（NPO／NGO）や社会的問題に関わる専門機関は，必ずしも資本や人的な支配によらずとも企業行動を左右したり，場合によれば経営意思決定にも影響を与えたりするようになってきている。彼らの得意技は調査・告発やロビーイング，抗議行動だけではない。問題提起のコミュニケーション方法も開発しつつあると言える。その一つが，当該問題の実態をわかりやすく表現する新たな「言語」や「シンボル」「デザイン」などの開発である。

　JISマークや環境ラベルは，貨幣価値と並ぶ商品価値を代替的に表現しており，二酸化炭素の市場取引金額値は，外部不経済の経済価値化であるとも言える。米国のCEP (Council on Economic Priorities：経済優先度評議会)[4]は，*The Shopping for a Better World* (1991年) を刊行し，鳩マークの数で当該商品の社会的良さを一覧表で示した。いずれも，商品の社会的良さの度合い（品質や環境など社会的弊害に繋がるかどうか）をわかりやすい指標に換算して，社会的責任を消費行動に反映させようとする試みである。

　貨幣にせよ鳩マークにせよ，それらは数量での表現であり，みなコミュニケーションにおけるわかりやすい言語となる。こうした表現ツールや様式の開発と普及も「広報コミュニケーション手法」の変化を促進する。

　政治哲学者のハンナ・アレントは他の人々と力を合わせて協調して行動できる能力のことを「コミュニケーション的権力」といい，公的領域を拡大していく，暴力装置をもたぬ新しい権力の可能性に注目した（アレント，1994年）。権力的手段の行使が難しかった反対派政党やNPO／NGO，市民活動家などは，これまで啓発や説得のための街頭行動，議論の場の設定など，コミュニケーション行為を通じて人々への働きかけを行ってきたが，新しい言語の開発は，コミュニケーションの枠組みを変革することによって対立者を協働者に変えてしまう可能性をも孕むのである。

4) コミュニケーション・ガバナンス

　企業がどんなにグローバルに事業活動を展開しようと，企業は経済社会システムのサブシステムにしかすぎない。このため，個別企業が極限まで効率性・経済性を追求すると，競争企業や他産業のみならず，地域経済や地域生

活など人々の生活を支えている基盤的な社会システムとの摩擦を引き起こすことになる。他者の受忍限度を超えた個別利益の追求は、いずれにせよ企業批判として現れることが企業コミュニケーション史における歴史的教訓である。

　企業の持続的発展は社会の持続可能な発展によって担保される。このことを実現していくためには、「経営の健全性」のみならず「社会との健全性」も保っていかなければならない。このような社会的責任に関する様々な活動（CSR活動）は評価しにくく効果の測定も難しい。CSR活動を企業内で継続的に実施していくためには、トップが明確な方針を打ち出すと共に、「企業行動基準」など自主的な評価基準を設定したり、その基準や達成状況（パフォーマンス）に関する情報を社内外に公開したりするなどの情報開示（ディスクロージャー）が必要である。

　ただし、ただディスクローズするだけでは十分な効果が見込めない。コミュニケーション活動によって幅広いステークホルダーの関心を高め、経営層への意見や評価の提出を促進して監視の目を働かせたり、消費・取引行動にも反映させたりしていくことが不可欠である。いわば「経営の健全性確保」に対して「コーポレート・ガバナンス原則」の確立が求められているように、「情報受発信活動の健全性確保」に向けた「コミュニケーション・ガバナンスのルールづくり」も必要だろう。

　ガバナンスとは自主的統制の仕組みであり、自主的統制のためには、組織成員が自立して行動できるようなマネジメントシステムがふさわしい。J—SOX法など日本的内部統制の仕組みが整備されるに従って、経営システムに多様な基準や統制／管理システムが導入され「コンプライアンス不況」とも呼ばれる逼塞状況を出現させてしまった企業もある。

　従来、「倫理規定」「行動基準」などの規定に頼りすぎていた企業は、アレントの「コミュニケーション的権力」の発想に学び、CC戦略によるアプローチを検討してみることも必要ではないだろうか。

2. 広報マネジメント・プロセス

(1) 不確実性とリスクの拡大時代を担う

　21世紀最初の10年間には，大きな変化が進行するだろう。企業も行政も，その他の社会的組織も，その影響から逃れることはできない。その変化の具体例を，『市場主義の終焉』(佐和隆光，2000年)は次のように描く。

　第1に「ポスト工業化の進展により，不確実性とリスクが増大し，その結果，少人数の勝者と多人数の敗者が生まれ，社会的な結束がゆらぎ，犯罪が増加し，新興宗教への帰依者が増加する」。第2に「情報技術革新のさらなる進展は，個人間，国家間の所得格差を途方もなく拡大する」。第3に「自由競争の結果が『一人勝ち』に終わる可能性がいっそう高まる」。この予想は，著書執筆時から10年近く経った今日，ほぼ予想通りの結果となった。

　われわれはこういう時代にあって，20世紀に獲得した企業組織や業務活動の「常識」を変えていかなければならなくなった。

　1990年頃までの企業は，企業活動を有効に進めるために，コーポレート(本社)に生産本部や営業本部，また総務・財務・人事教育などの管理部門を設けるとともに，意思決定の仕組みとして経営者や管理者，専門職，一般職等の職階を設けることが普通であった。このような組織形態では広報部門は管理部門に所属し「防衛型広報」の企業も多かった。

　しかし90年代末頃からの組織改編に伴って，広報部門は他の企業コミュニケーション機能と連携あるいは協働して，経営トップの意思決定を支援するとともに，経営からのメッセージのステークホルダーへの発信に力を入れるようになってきた。

　それは不確実性とリスクが拡大する時代を迎えて市場環境が著しく不透明になる中で，市場の変化や経営リスクを事前に把握し，経営資源の配分や計画変更などを迅速に決定し，素早く市場に適切なメッセージを送りたいという経営トップのニーズに対して，広報担当が情報参謀として，情報収集・加工・発信機能を果たすよう求められたからである。

（2） 情報のコミュニケーション・プロセスへの変換

　ここでいう情報とは，インテリジェンスのことである。インテリジェンス（Intelligence）とは，知性・理知・知恵（大辞林）あるいは知性・知能・理解力（大辞泉）などと訳され，軍事上の秘密情報や諜報部員という意味もあるが，ここでは「情報や知識を操作する能力」の意味で使う[5]。広報部門が扱う情報とは，単なるデータの羅列や一定の様式をもった情報（インフォーメーション）ではなく，知性や知能によって解釈されて何らかの意味を持った情報（インテリジェンス）であり，それが経営者に「伝達」され「理解」されることによって，経営者とのコミュニケーションが成立し，相互関係が構築される。

　しかし実際問題として，不確実性に満ちているこの時代にあっては，的確に中長期的な状況変化を見通すことは至難の業である。今後，どのような現象が発生するか分からないという意味での「多種多様なリスク」への対応を企業は迫られている。企業はリスク回避のためには「複雑な企業環境の変化についての多種多様な情報をコミュニケーション的に構造化するという機能をもつことが要求される」（恩田・清水，2001年）のである。

　戦略広報部門における情報の構造化とは，組織の目的・目標の達成に関わるターゲット（対象）に関わるデータやインフォーメーションを入手し，整理・選択し，組織における意味を分析するところから始まる。たとえばその情報は誰が何のために，どのような意図をもって伝えてきたのか（インテリジェンス化），それに対してどのような事実や主張を伝えればよいか（メッセージ化）などについて明らかにすることである。

　このような内部コミュニケーション活動は，組織経営戦略の下位概念にとどまるものではなく，戦略策定の基礎要件として位置づけなくてはならない。

（3） コミュニケーション・プロセスと受容性

　われわれ人間社会は，ヒトの集まりから成り立っている。ヒトは，コミュニケーションを行う動物である。ヒトは感覚器官を通して得られる刺激を情報に変換しつつその意味を考え，主体にとっての対応策を判断して何らかの

意思決定を行い行動する。情報は行動を伴い，行動は情報を伴う。そして，情報がコミュニケーションを通じて人々の関係を形成している時，そこに社会や組織が現れる

　ある目的を持った人間集団においてはどうであろうか。組織をつくる，相手に要求し，必要な仕事し，会議で意見を述べる——こうしたヒトの行いは，すべてコミュニケーションによる情報のやりとりを通じて行われているはずである。ヒトがなにがしかの「目的」のために集まり，その問題を理解し，課題を設定し計画をつくり，解決すべく行動するのは，そこに自然の光景や人々の姿・行動，その記録（音声や文字，画像など）といった刺激（データ）があり，その刺激が情報（インフォーメーション）に変換され，他のヒト（集団）との相互のコミュニケーションにより伝達され，意味（インテリジェンス）が理解されるからである。

　組織において，ターゲットとのコミュニケーションはどのようなプロセスで行われているのだろうか。ここでは簡単に，組織のコミュニケーション・プロセスを図示してみよう（図表6-6）。

　組織方針の下で経営を取り巻く状況が分析されて経営計画が設定されると，事業活動が開始される。広報活動は，事業活動と同様，経営計画に従って方針・計画が立案され，事業活動と並行して広報活動が行われる。

　組織における広報活動には，組織情報の開示活動だけでなく経営意思を表明する活動も含まれる。情報開示であれば，一定の基準に基づいた正確な情報がタイミング良く公表されればよいが，広報活動は経営意思を幅広いステークホルダーに表明する活動でもあるため，経営意思からメッセージが作成される。次にメッセージが様々なメディアに提供され，メディアを通じて受け手（ステークホルダー）に届くというプロセスである。

　ここでコミュニケーション・プロセスは完結しない。コミュニケーション・プロセスが一方通行で終わるのであれば，メッセージの「言いっぱなし」という誹りを免れないし，一方通行の説得ということであればプロパガンダに終わらざるを得ないからである。コミュニケーションを通じて伝達されたメッセージ（意味）が，相手に受容され，知覚され，理解されない限り，コミュニケーションはまだ成立していないのである。

図表 6-6　報告活動のプロセス

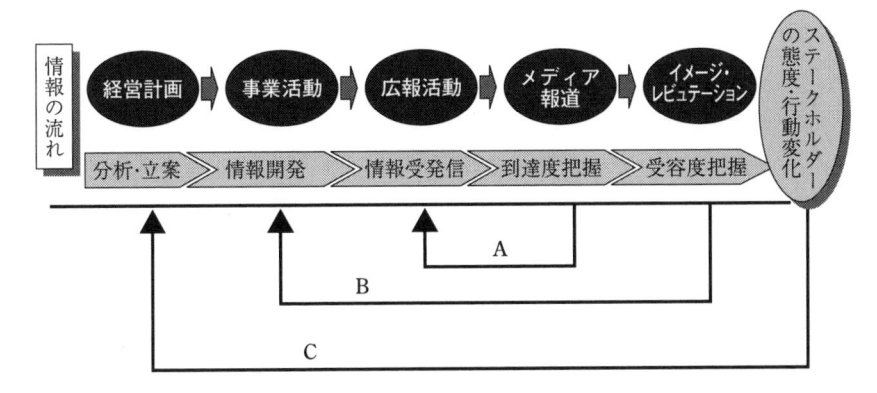

［図：情報の流れ　経営計画→事業活動→広報活動→メディア報道→イメージ・レピュテーション→ステークホルダーの態度・行動変化／分析・立案→情報開発→情報受発信→到達度把握→受容度把握／フィードバック回路A、B、C］

　コミュニケーションが成立したと判断できるのは，図表6-6のA～Cで示したフィードバック回路を経て到達度や受容度あるいはターゲットの行動変化を確認してからのことである。

　人間が介在するコミュニケーションというのは，デジタル回線上の受発信装置同士のように，一方から発信されたデータは障害が発生しないかぎり間違いなく相手方に到達し，しかもその内容がほぼ100％の割合で再現される（伝わる）わけではない。すなわち単に情報を伝達しただけではコミュニケーションは成立していないし，肝心の相手の理解も得られないのである。

（4）　広報・コミュニケーションのマネジメント

　大組織におけるコミュニケーション問題に関心を寄せたドラッガーも，「情報とコミュニケーションとは全く別のものである」と指摘する（ドラッカー，1994年）。

　ドラッカーによれば，コミュニケーションとは「知覚すること」「期待すること」「関与する」ことであるという。

　すなわち，「コミュニケーションの送り手は話をし，物を書き，歌を歌う。しかし……送り手にできることといえば，コミュニケーションの受け手，あるいは知覚する者に，知覚させることができるか，できないかである」。まず知覚されるかどうかに第1の障害がある。

　また知覚されるためには，「その場の状況や話されない言葉など全体像の

部分としてでなければ，そもそも何の意味も持たない」し，ヒトが「知覚したいと思うものを知覚する」存在である限り，「コミュニケーションを成立させるためには，コミュニケーションの受け手が，何を見ることを期待し，何を聞くことを期待しているかを送り手側が知らなければならない」。

そしてドラッカーは，このように結論づけるのである。「コミュニケーションは，受け手の願望・価値観・目的に合致すれば強力になるが，もし合致しなければ，まったく受け入れられないか，せいぜい抵抗されるだけである」。

それだけに，組織においてコミュニケーション活動（アクション）を，社員，株主，取引先，地域住民，協力者などのステークホルダーに，確実にしかも効果的に進めていくためには，しっかりとした取り組みが必要である。このようなコミュニケーション活動を確実に行うための概念・手法の体系が，広報マネジメントである。

広報マネジメントのポイントを簡単にまとめてみると，以下のようになる。

　事業活動と連動して，ステークホルダーの期待やニーズをきちんと汲み上げて経営の意思決定や事業活動に反映させ，経営方針や事業活動に関する事実やデータをステークホルダーに伝達し，理解してもらうために，戦略・方針を確立し，計画を立案し，実践した成果を測定・評価し，よりよい成果を追求していく経営活動のひとつであり，主として，コミュニケーション機能が活用される。

（5） コミュニケーションの自己組織化機能

受け手からコミュニケーションが始まるのであれば，企業や組織がコミュニケーションを行おうとするならば，その目的にふさわしい対象者を選ぶ（コミュニケーション関係が確立されている者を選ぶ）か，受け手である対象者の期待やニーズを調査し，送り手が受け手にふさわしいコミュニケーション内容に変える（コミュニケーションができるよう自らのメッセージを変える）しかない。

広報・コミュニケーションのマネジメントは，

① 対象者を調査してニーズや期待を明らかにし（状況分析と問題の明確化），
② 対象者を選択とコミュニケーション関係形成のための計画やプログラムを作成し（計画の策定），
③ 広報・コミュニケーション活動を実践し（具体的行動の実施），
④ 実践した結果を測定・分析して計画やプログラムを見直す（評価・見直し）といった一連の活動のことを指す。

よく「広聴なくして広報なし」と言われるのは，広報・コミュニケーション活動の前提として，コミュニケーションの受け手分析からスタートしなければならないためである。

そのためには，まず対象者（ステークホルダー）の調査分析が不可欠であり，その結果として，組織と対象者のギャップが大きすぎ，相手の認識や態度，行動を変えることが難しければ，自己変革のための組織改革活動も必要になる。広報・コミニケーションマネジメントを実践できるようになるためには，自己組織化のプロセスを組み込んでおく必要がある。

自己組織化とは，他人からの指示や制御なしに自分自身で組織や構造をつくり出すことで，人間の学習過程において脳内で神経回路が構築されるプロセスも自己組織化の一つである。このような自発的な秩序形成の仕組みが組織に出来ていれば，コミュニケーション上の問題も組織の危機として捉え，問題解決に向けた行動が直ちにとられることになるだろう。

このように広報・コミュニケーションには自己組織化のプロセスが内包されるのであって，一般に自己主張内容を確定させた上で取り組む広告宣伝活動との違いもここにあるし，「広報は経営そのもの」（平岩外四・元経団連会長）とも言われる根拠がここにある。

つまり経営とは「目的や戦略をいかに定式化し，あるいは変更するかを通じて，経営資源の集合のあり方を状況に適合させていく」活動であり，「構造を状況に適合するよう変革すること，すなわちイノベーションを本質的課題としている」（森本三男，1989年）のである。自己変革を内包するという意味で，経営も広報・コミュニケーションも同質の機能をもっていると言える。

（6） 広報・コミュニケーション活動の4ステップ
1） まず何が問題かを明らかにする

　未来を見通すことが難しい時代にあっては，経済・社会システム自体が複雑に変化しつつあるために，組織が現在，置かれている状況や業績内容を測定・評価し活動内容に反映させることが有効である。第三者による企業評価や業績評価，格付けも盛んになっている。行政でも監査や政策・施策，事務事業評価の手法開発が進められている。

　組織を取り巻く環境が複雑になり，組織には多くの込み入った問題が発生している。また組織自体も巨大化・多角化し，グローバル化していくと，経営者であろうと組織にどのような問題が発生しているか，何が最も深刻な問題なのかを客観的に理解することは一段と難しくなっている。何らかの事件，事故が発生した場合に，しばしば経営者は，先行するマスコミ報道に受け身の対応を行い，コミュニケーション・リスクを発生させてしまうのはそのためである。

　このため，まず第1に必要なことは，「われわれが直面している問題とは何か」を明らかにすることである。問題を調べる方法はいろいろあるが，広報・コミュニケーションにおけるアプローチは，ある「経営目的」を共有している「ヒトの集団＝組織」が，その目的遂行に障害となる「問題」に関するステークホルダーの意識や行動の調査を通じて，ニーズや期待あるいは要求や抗議内容を明らかにしていくことである。

2） ステークホルダーの選択

　対象者は，社員・職員など組織内部の構成員だけでなく，住民や顧客，株主・金融機関，取引業者，行政機関，あるいはアナリスト，専門研究者，環境保護団体，業界団体などのきわめて広範な個人や組織構成員である。こうした対象者は，かつてはパブリック（公衆）と呼ばれていたが，今日ではステークホルダーと称されることが多くなった。

　ステークホルダーについて，わが国企業関係者の多くは，特定の価値観をもつ固定的集団と捉えがちであるが，21世紀初頭のような経済・社会の変動期にはとくに流動的な様相をみせる。このため，ステークホルダー全般について平均値を求めるような調査を行うのではなく，できるだけ対象者を絞

り，具体的なテーマや争点を決めてステークホルダーごとの志向やニーズ，期待内容や行動様式などを洗い出していくことが不可欠である。

3) マネジメントシステムの構築

今日，多くの企業が，品質管理や環境保全，労働安全衛生，苦情対応，また情報管理や危機管理などの活動を，遺漏なく効果的に実施するために，国際的なマネジメント規格を採用しつつある。

このような国際的なマネジメント規格が普及するに従い，企業や行政，NPOなどの団体の経営にもマネジメントシステムの考え方が浸透しつつある。繰り返しになるが，マネジメントシステムの最大の特徴は，計画立案（PLAN）―実施（DO）―点検・評価（CHECK）―改善（ACT）の4ステップからなるマネジメントサイクルによって，業務を間違いなく効果的に進め，継続的に改善を図っていくという仕組みを持っていることである。

この考え方は1952年の刊行以来，50年余り版を重ねてきている*Effective Public Relations*（カトリップほか，2005年）では，図表6-7のような循環

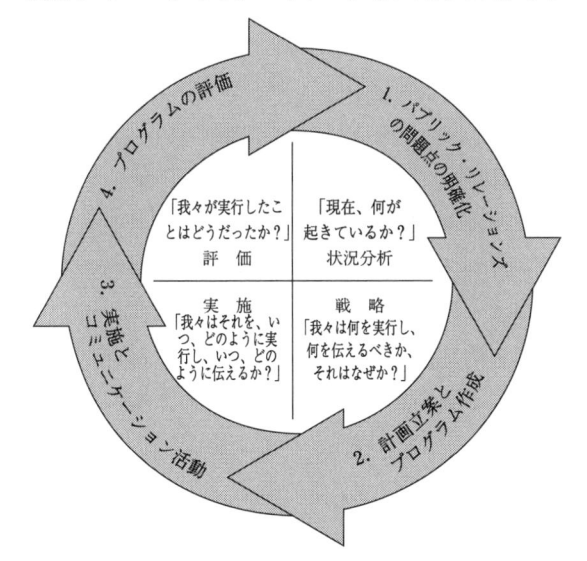

図表6-7　パブリック・リレーションズの4ステップ

1. パブリック・リレーションズの問題点の明確化
 「現在，何が起きているか？」状況分析
2. 計画立案とプログラム作成
 戦略「我々は何を実行し，何を伝えるべきか，それはなぜか？」
3. 実施とコミュニケーション活動
 実施「我々はそれを，いつ，どのように実行し，いつ，どのように伝えるか？」
4. プログラムの評価
 「我々が実行したことはどうだったか？」評価

出典：カトリップほか，日本広報学会監修『体系パブリック・リレーションズ』ピアソン・エデュケーション，2008年，338頁。

型のフローとして描かれる。ここで留意すべきは，マネジメントサイクルの開始時点が計画からではなく，改善に相当する状況分析から始まっていることである。一見，PDCAのマネジメントサイクルと異なるように見えるが，Defining（Act）—Planning（Plan）—Action & Communicating（Do）—Evaluating（Check）と対応させていくと，基本構造はまったく同じであることが分かる。これは広報・コミュニケーション活動がつねに変動する経営環境の中で実施される戦略的活動であることを考慮し，とくに状況分析が強調されたと考えることが出来る。

4）プログラム化のポイント

広報マネジメントの第1ステップは「広報・コミュニケーション問題の明確化」（Defining Public Relations Problem）である。ここは組織に何が生起しつつあるのか，その状況分析を行う段階であり，前述のマネジメントサイクルの4ステップでいうと改善（Act）にあたる。ここではある組織の行動や政策によって，人々の意見や価値観，態度や行動がどのように変化したのか，あるいは組織とステークホルダー間にどのような差異（ギャップ）が生じているのかなどについて調査をする。第1ステップでは，いま「組織の内外環境でどんな問題が起こっているのか」を確認することによって，問題解決を進めていこうとする計画と全体プロセスの基礎を構築する。

第2ステップは「計画とプログラムの立案」（Planning and Programming）であり，具体的な計画策定の段階である。第1ステップで得られた情報は，ステークホルダーの特性に合わせてコミュニケーション・プログラムを具体的に決めていくことに使われる。この第2ステップでは，第1ステップで得られた事実を組織の政策や具体的計画に反映させる。

ここでは，組織を取り巻く状況の分析から得られたコミュニケーション課題をもとに，何を変えるべきなのか，何を行うべきなのか，そしてどのような主張をしなければならないのかについて，経営者あるいは担当役員と確認（合意）することになる。

第3ステップは「経営行動とコミュニケーションの実践」（Taking Action and Communicating）である。ここではコミュニケーション計画やコミュニケーション・プログラムにもとづいて，個々のコミュニケーション

活動が推進されるのであるが，それは開発や生産，販売などの経営行動と協働しての作業となる。

コミュニケーション・プログラムにおいては，達成すべき具体的な目標を設定され，その目標を達成するためにステークホルダーにどのようなメッセージを伝えていくのか，その際に最も効果的なメディア（あるいはその組み合わせ）は何かを決定していく。このプロセスにおいては，担当者の誰が，何を，いつ，どこで，どのような手段・方法でコミュニケーション活動を行うのかが問われ，またその記録も確実に把握されなければならない。

第4ステップは「個別プログラムの評価」（Evaluating the Program）である。この最終ステップは，その準備段階から実行，そしてその結果がどのような成果をもたらしたのかについて，できるだけ定量データにもとづいて評価する。むろん，定性的な評価も含まれる。コミュニケーション活動の実施中には計画の微調整が行われたり大幅に変更されることもあったりするが，その調整はコミュニケーション計画やプログラムの目的・目標にもとづく必要がある。

さらにプログラムが終了した場合には，ただちにその成果を評価して経営者・担当役員及び従業員・関係者に報告しなければならない。なお報告する場合には，あらかじめ目的・目標を設定する際に評価の基準について組織内合意をとっておくとよい。広報・コミュニケーション活動はとくに評価しにくい活動分野が多いため，このような事前合意を図っておくことも広報活動への理解増進のために有効である。

（7） 問題解決に取り組む順序

このように，各ステップをきちんと踏んでマネジメントサイクルを回していくことが広報・コミュニケーション活動の成果につながる。その際，一体何が問題かを診断し，解決に向けて動き出す第1ステップはとりわけ重要である。その意味で，第1ステップでの情報収集と分析による問題そのものの明確化は，第2段階以降のプロセスを効果的に進めるためには欠かせない。

しかし日本企業や団体の広報・コミュニケーション部門で，このような一連の作業をきちんと行っているところは少ない。役員会で決定した事実を，

あたかも荷物を配達するように受け取り，そのままマスコミに配布している広報部員も少なくない。それは，広報担当者の能力が低いからでも，経営者の広報マインドが低いからでもない。

組織における広報・コミュニケーション機能に対する理解が，「パブリシティ」と「PR」との違いも，場合によれば「広報」と「宣伝」との違いもあやふやであるということは，広報・コミュニケーション活動が経営機能であるという点についての認識が乏しいためかもしれない。

たとえば米国の「PRニュース」[6]では，PRを「パブリック（公衆）の態度を判断し，公共の利益と個人や組織の方針や手続きを一致させ，パブリックの理解と承諾を得るための実行プログラムを計画し実施する経営機能である」と説明しているし，カトリップらもPRは「組織と，組織の正否の鍵を握るパブリックとに共益をもたらす関係を構築し，維持する経営機能」(Cutlip et al., 2005, pp. 5) であると定義している。

ここに見られるように広報（PR）は，公共あるいはパブリックの利益と組織の利益とを一致させる活動を行う経営機能であり，今日標榜されるCSRマネジメントあるいはCSRコミュニケーションの概念とほぼ同様であることが分かる。ただしPRがラブ・ミー（企業に惚れてほしい）という点に重点が置かれるのに対して，CSRはトラスト・ミー（企業を信頼してほしい）に重点が置かれるという違いがあり，CSRには信頼の証である説明責任が伴うだけに，PRより用意周到な手続きが必要となろう。

いずれにしても，CSRを経営活動に取り入れた企業においては，経営機能の一つである広報・コミュニケーション活動は，トラスト・ミーも要求されるわけであり，その意味で，組織と社会（公共あるいはパブリック）との問題点を徹底して洗い出す調査や，組織成長に向けた中長期的観点からの課題発掘を行う「Defining Public Relations Problem」のプロセスは戦略広報あるいは戦略的広報・コミュニケーション活動を進めていく上で欠かせないステップなのである。

多くの経営書には，計画段階（Plan）から業務が始まるように書かれているが，所与の環境を前提にしたマネジメントであり，変容し続ける経営環境を相手にする広報・コミュニケーション部門のマネジメントでは，そもそ

も「いま，組織における広報・コミュニケーション問題は何か」からスタートしなければならないのである。

3．現状分析の方法

(1) 戦略計画立案と調査の役割
1)「守りの広報」から「攻めの広報」へ
　1960年代から70年代初めごろの日本は，戦後の傷跡も癒え，高度成長期を迎えていた。この時代に日本の組織は，広報・コミュニケーション活動の黎明期を迎えた。

　企業のコミュニケーション活動は，主として広告・宣伝や営業，販促あるいは告知を通じたコミュニケーション活動に重点が置かれ，消費者の購買意欲を喚起するさまざまな手法が導入・開発されつつあった。当時，爆発的に普及し始めたさまざまなメディアを通して，製品・サービス情報をどう消費者に伝えるかに精力が注がれたのである。また行政においても，増大する行政需要に応えるためのインフラ整備を急ぐために，その施策や計画の伝達，事業内容の周知に重点が置かれていた。この時代の広報・コミュニケーションの基本的視点は「お知らせ広報」であり「守りの広報」であった。

　「守りの広報」時代には，現状調査の必要性はほとんど認識されなかったといってよい。しかし70年代の狂乱物価やオイルショックによる経済混乱から長期不況を経験する中で，企業は，政治・経済から社会・文化・生活価値観の変化に至る社会の環境変化を予測し対応することなくして，経営活動を効果的に進めることが難しいことを認識するようになった。

　80年代に入り，多くの企業で戦略経営の採用が不可欠であるとの認識が確立されるようになったのは，企業や事業の存在だけでなく経済的価値もステークホルダーの評価内容にかかっていることが理解されるようになってからである。企業の社会貢献活動やさまざまな広報イベントの萌芽もこの頃から始まっている。

　ステークホルダーの認識調査を踏まえて，企業実態とのギャップ把握のみならず，企業理念や長期方針の確立とその浸透を図るための，中長期的な観

点からの広報・コミュニケーション計画を策定する動きも相次いだ。80年代半ばにブームを迎えたCI計画は、その象徴である。

CI計画では、企業活動に関与するさまざまなステークホルダーに対して、現状の企業価値や事業・製品内容、商品などの認知やイメージを調査し、企業像や事業像を検討し、顧客や消費者、企業をとりまくステークホルダーの好意形成や事業認知の促進、さらに新規労働力の獲得までがその目的に置かれた。

こうして80年代後半になると、広報・コミュニケーション活動は「企業戦略と連動した活動」を目指す動きが始まり、経営者を先頭に立てた「トップ広報」が試みられ、マーケティング活動や渉外、採用活動、組織活性化運動などと連動した「コーポレート・コミュニケーション」活動の模索も始まった。

2） 経営戦略との連動

コーポレート・コミュニケーション戦略としてのCI活動は、企業の将来像を構成するのに必要な各種経営資源の獲得と理念、方針に沿ったステークホルダーの参加・協働の実現である。このため、まず、従業員や取引先・販売店、顧客・消費者、一般生活者、株主・金融機関、行政、各種NPOなどのステークホルダーの洗い出しとともに、そのニーズを明らかにしなければならない。

このため、従来の広報・コミュニケーション活動では採用されることがなかった、広範なステークホルダーを対象とした実態調査が行われることになった。

こうした調査は、アンケートやヒヤリングにとどまらず懇談会、モニタリングなど、さまざまな調査手法を活用して行われ、これまで「経営計画」や「企業分析」には疎遠であり、マスコミ対応を中心に、短期的かつ部分的対応にとどまりがちであった広報部門の仕事のあり方も変えていった。

現状調査を行うには、組織の全部門からの協力（データや業務ノウハウの提供など）が必要であり、予算やスタッフの手当も必要になり、何よりも経営者の理解と支持が不可欠である。また自社の将来像を描いていくためには、事業の競争力やポジショニング、市場動向などの経営分析を踏まえて課

第6章 広報・コミュニケーションマネジメント　211

図表6-8　CI導入作業の典型的なフロー

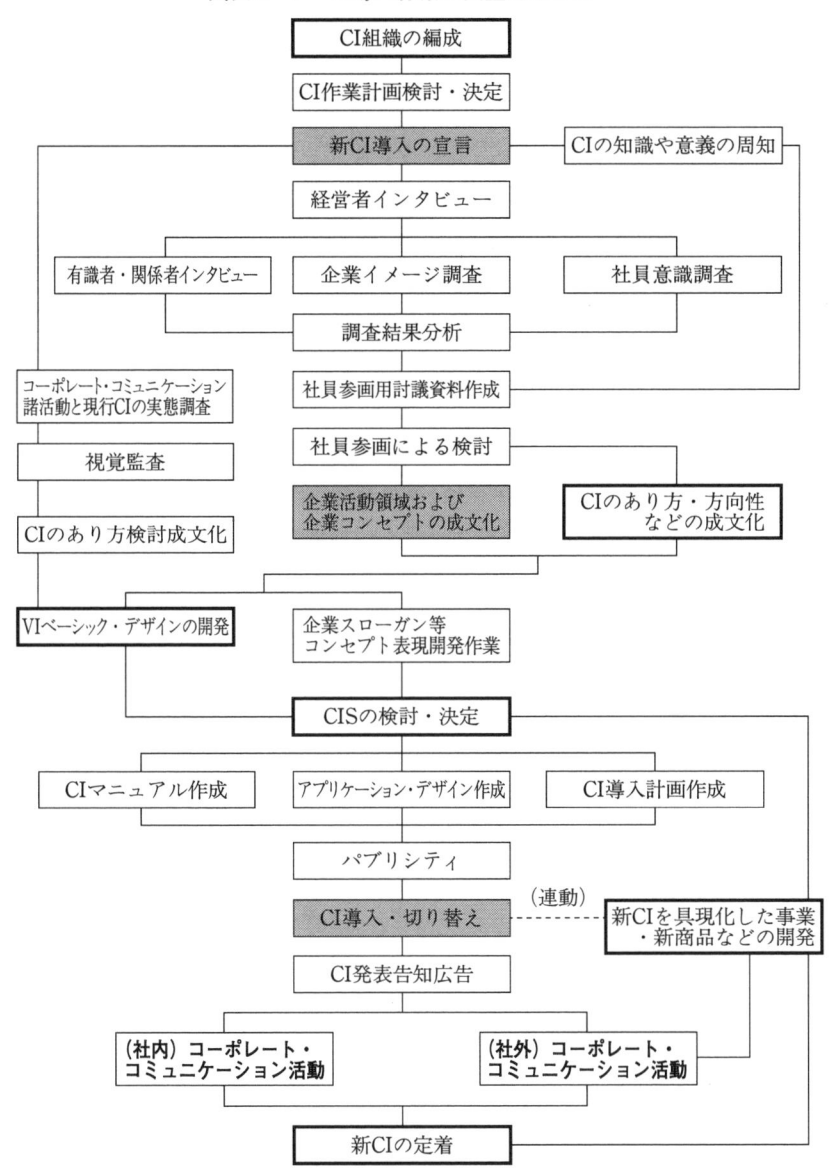

```
CI組織の編成
    ↓
CI作業計画検討・決定
    ↓
新CI導入の宣言 ──→ CIの知識や意義の周知
    ↓
経営者インタビュー
    ↓
有識者・関係者インタビュー　企業イメージ調査　社員意識調査
            ↓
        調査結果分析
            ↓
コーポレート・コミュニケーション    社員参画用討議資料作成
諸活動と現行CIの実態調査
    ↓               社員参画による検討
 視覚監査
                企業活動領域および      CIのあり方・方向性
                企業コンセプトの成文化    などの成文化
CIのあり方検討成文化
    ↓
VIベーシック・デザインの開発   企業スローガン等
                        コンセプト表現開発作業
            ↓
        CISの検討・決定
            ↓
CIマニュアル作成　アプリケーション・デザイン作成　CI導入計画作成
            ↓
        パブリシティ
            ↓          (連動)
    CI導入・切り替え - - - - → 新CIを具現化した事業
            ↓                ・新商品などの開発
    CI発表告知広告
            ↓
(社内)コーポレート・         (社外)コーポレート・
コミュニケーション活動       コミュニケーション活動
            ↓
        新CIの定着
```

出典：星野匡・佐藤忠敏『手作りCIを成功させる本』実業之日本社，1993年

題探索などの作業も必要になる。

　このため広報部門は，社内主要部門を組織化し，経営計画と連動した総合的な計画を策定するばかりでなく，経営者の説得や経営資源の配分，アウトソーシング（調査やデザイン，コミュニケーション計画の発注など）から各部門への協力依頼，スケジュール管理までが求められるようになる。

　こうして80年代から90年代にかけて，一部の企業・行政，団体などの広報部門は「CI活動」（イメージアップ計画とか第2の創業運動などとも呼ばれる）を通じて，経営戦略と連動する経営企画部門やトップサポート部門に位置づけられるようになったのである。

　CI導入作業第1段階の各種調査は，現状調査の手法として，広報・コミュニケーション計画の立案にも応用できる（図表6-8）。

（2）　現状分析の手法
1）　なぜ現状分析は必要か

　広報・コミュニケーション活動に隣接するマーケティング活動では，よく調査手法が使われる。これは製品開発や営業販売にとってなくてはならないものだからである。マーケティング分野では，顧客・消費者に対する「CS調査」が90年前後から盛んに実施されるようになった。

　CS調査とは，顧客・消費者の製品・サービスに対する満足度を調査し，データ分析を通じて問題点を発見する手法である。米国の自動車販売市場で「顧客の満足度」を向上させると売上やリピート率も上がったことから，日本でも製造業から流通，金融業界までが競って導入し，製品・サービスの見直しが取り組まれた。CS調査の手法も，ステークホルダーに対する現状調査の一つである。

　1989年1月，トヨタ自動車は15年ぶりに基本方針（経営理念）を改訂した。その第1項は旧来の「自動車産業の使命を深く自覚し，わが国並びに世界の経済・社会の発展に積極的に貢献する」から「お客さまを第1に考え，物づくりの原点に立って，常に品質・価格・技術に優れた商品を創り出す」とし，同時に社内に「CS向上委員会」を設置した。

　この年11月，ベルリンの壁が崩壊した。12月には東証平均株価は38,915円

の市場最高値を付けた。自動車販売台数は前年比12％も伸びていた。しかし経営環境は急激に変化する。同社にも「大企業病」は忍び寄っていた。広報部門は，これらの変化とわが社の課題に応えなければならない。

　広報・コミュニケーション活動を戦略化し，計画し，具体的なプログラムとして実践行動に落とし込んでいくためには，最初に取り組まなければならないのは現状分析である。だがマーケティング手法に学び，企業実態と社会や市場の認識ギャップから広報・コミュニケーション計画の再編成に着手する企業は，まだ少なかった。

2）　トヨタの変身と「イメージ調査」

　1990年初めから，円，株，債権のトリプル安が始まった。その頃，トヨタ自動車では「企業評価軸がどのように変化しているのか」を考察し，社会と企業との関係をめぐる活発な議論を展開していた。

　神尾隆・広報部長（当時）は，後にこう語る。「私どもは，次世代の企業は，生活者・消費者との共生を目指さなくてはならないと考えました。すなわち生活者・消費者の声を社内にフィードバックして経営に反映させ，その結果をまた社会に発信できるオープンでフェアな企業であることを，あるべき姿ととらえました」[7]。

　その目標は「フェイバリット・カンパニー」。企業規模や業績数字だけでなく，「好き，嫌い」や「尊敬できる，できない」といった個人の価値観にも受け入れられる企業の構築である。「それを実現するためには，まず企業と生活者の接点にある環境問題や消費者保護，社会貢献，ゆとりと豊かさなどのテーマに積極的に取り組み，その成果をディスクローズする必要があると考えたのです」[8]。

　イメージ調査の結果を踏まえてコミュニケーションの点検を行ったところ，「情報が発信側からの一方通行」になっているだけでなく，「環境や安全など自動車会社に都合の悪いこと」はあまり語っていないこともわかった。それが「生活者重視のコミュニケーション」活動開始の契機であった。

　こうして90年10月から3年間にわたるドリトル先生の企業広告が始まった。日刊紙の全段を占める絵本のような広告。その中に「クルマなんてなくてもいい，とある日思った」というくだりがある。社内の反対もあったが，

全国から約1,000通に及ぶ手紙が寄せられたことは大きかった。トップからも「現実に起こっている問題から目をそらしていては、本当のコミュニケーションはできないはずだ」との評価が伝えられた。

自動車メーカーの存在価値を問いかける試みは、その後、「いいクルマってなんだろう」に引き継がれ、さらに、より双方向性のあるコミュニケーションを行おうと、「環境」「安全」「クルマと幸福」の3テーマによる［話そう。］に続く。［話そう。］には実に7,300通の手紙が届いた。返信作業は広報部員全員の作業であった。

それから7年後の97年1月、トヨタの環境対応の成果や課題を訴求するコミュニケーション活動、「エコ・プロジェクト」シリーズが開始され、京都議定書が採択された12月にはハイブリッドカー「プリウス」を発売するに至る。こうして、同年度には「日経イメージ調査」環境配慮企業第1位、第7回地球環境大賞受賞などを次々と獲得し、トヨタ自動車の企業イメージは大きく変わった[9]。

3）　トップの意思決定と広報スタッフ

組織構成員が数十人規模であれば、このような調査は必要ではないかもしれない。それは、意思決定に当たる企業や行政のトップが事業活動や地域社会に関する具体的な状況を個人でも知ることができるからである。しかし組織が大きくなるにつれて、多忙なトップは価値観の異なる多くの人と会って話をかわしたり、さまざまなメディアからの情報収集が難しくなる。また地位や権限が増すにつれて、トップと周囲の人間、とくにトップのサポートスタッフとの関係は変化する。

広報スタッフの最大の課題は、トップに組織外の社会に存在する現実にできるだけ接触させ、中長期の環境変動の可能性を認識してもらう一方、急激な変動が起こった場合の的確な行動を身につけてもらうことである。そのためにも、広報スタッフは情報参謀たることが求められる。

今日、企業であれ、行政であれ、NPOであれ、その組織を支えているステークホルダーの見解や評価に敏感に反応することが、その組織の成長や発展に不可欠となりつつある時代を迎えている。「業績主義」「成果主義」が唱えられているが、企業には短期的な経済業績や製品・サービス品質のいかん

だけでなく，遵法や倫理，人権，環境保全などCSRへの取り組みを通じた経営品質の向上度合いが問われていることに留意すべきである。

このことは，不祥事が発生した場合の企業トップ，役員の対応が物語っている。ビジネスや内部の課題解決に没頭しているトップは，多様な世界から隔離されているがゆえに，その組織の論理で説明することには長けていても，その他の領域，例えば人々の安全・安心，生命や人道問題などへの批判に直面してしまうと，ただちに思考能力を失ってしまうのである。

現状調査を実施し，できるだけ早くトップに「事実報告」を行うことは，危機管理の場合だけでなく，日常的な意思決定の場合にも不可欠なのである。広報・コミュニケーション活動における広聴活動の必要性は，このような点からも明らかであろう。

（3） 現状分析の3ステップ

広報・コミュニケーション活動において，現状分析を進めていくためには，おおよそ3つのステップがある。

① 現状分析のための実態調査（組織の内部，外部の隠れた問題点を発見する）と重要問題の絞り込み
② 重要問題にかかわるステークホルダーの特定（規模，主張，その特質などを調べ検討する）
③ ステークホルダーとのコミュニケーション関係の検討と情報収集

第1ステップでは，組織の外部との関係や内部の隠れた問題を明らかにするための実態調査を行う。そして調査データから浮かび上がってきた問題が，どのような意味や影響を持つのか明らかにする。そして問題の重要度をもとに優先順位をつけ，組織にとっての重要課題を選択し，絞り込んでいくことが必要である。

第2には，選択した重要問題にかかわるステークホルダーとは誰なのかを決定することである。広報部門を新設して間もない企業や新任担当者が悩む最大のテーマは，マスメディアの記者や編集者とどのように親しくなるかであろう。しかし，企業の命運を握るのは，多くのステークホルダーなのであり，ジャーナリストは，組織の広報官でも代理店でもない。

セコムの飯田亮・最高顧問もこういう。「企業の実態を間違いなく正確に社会に向かって発信してもらいたい。良いことはもちろんですが，肝心なのは不利な情報についても発信する（中略）ですから悪い情報もなるべく早くディスクローズする（中略）正直にディスクローズしていれば，たとえ悪いニュースが出ても，それ以上追求されることがないのが普通です（中略）ステークホルダーとのコミュニケーションは，メディア対応と同じくらい重要です」[10]。

第3ステップでは，選択したステークホルダーとどのようなコミュニケーション関係を形成するのかについて検討する。組織のさまざまな活動が，ステークホルダーにどのような変化を与えているか，その事実（ファクト）は組織や社会にどのような影響（インパクト）を与えているか。コミュニケーションを成立させるためには，インパクトを知覚した受け手（対象者）を発見することから始まる。

問題分析と課題探索→ステークホルダーの特定→コミュニケーション状況の分析。ここで初めて，ステークホルダーとの有効なコミュニケーション回路を設定するための，メディア選択やメディア活用の方法など，広報・コミュニケーション活動実践のための検討が始まる。

（4） 現状調査のためのさまざまな手法

現状調査を行うためには，さまざまな調査手法が活用できる。しかし多くの組織では，外部の専門機関に発注や委託をすることが難しい場合が多い。これは予算措置やスタッフの確保が必要となるからである。

客観的で正確な調査手法を導入できない場合，業務の合間にでも行うことができる方法がある。このような非公式の方法は，組織や業務上の仕組みを利用して実施するものであり，重要問題の発生や世論対応の必要性に応じて，専門調査機関に委託した公式調査を検討する必要がある。

非公式的な調査としては，以下のような方法が挙げられる。
① 電話やメール，手紙などによる個人的接触
② 顧客懇談会，地域懇談会，株主総会などでの社外者との会合
③ 顧客からの手紙やメールによる組織への苦情や要望などの内容分析

④　営業担当や代理店・取引先などからの組織への要望や評価
⑤　自社，業界などに関する新聞・雑誌・放送などのモニタリング
⑥　マスコミ関係者，フリージャーナリストからの意見や評価
⑦　自社事業にかかわる全国レベルの意識調査や世論調査の結果
⑧　政府，自治体の指導や立法動向，議会質問，政党の政策
⑨　業界団体や専門団体でのオピニオンリーダーの講演や著述
⑩　売上高や利益推移，販売高などのデータ
⑪　研究会や懇談会などでの広報関係者の意見

　また公式調査の方法には，継続調査とスポット調査の2つがある。継続調査は，一定のステークホルダーあるいはメディアを選択して，定期的に情報収集するものであり，「マスコミ報道のクリッピング調査」や「インターネット/ブログでの評判調査」，「社内誌/PR誌の読者調査」「投書/HPメール調査」などの方法がある。

　また，株主や取引先，代理店・小売店，従業員，金融機関などの主要ステークホルダーに対して，毎年，一定時期にアンケート調査やヒヤリング調査を行い，自社への見解や評価を調査する企業もある。資生堂ではこうしたデータは，株主総会後に最初に開催される役員会で討議され，問題解決のための行動をトップ主導で行う仕組みを持っている。

　このような分析データは，一定の期間にわたって，自社に対する評価がどのように変化しているのかを測定できる。さらに，その内容分析（評価）を行って，コミュニケーション戦略の見直しを行うことにも不可欠である。

　日本アイ・ビー・エムでは，毎年「記者満足度調査」を実施している。広報にとってのお客さまは誰かという観点からマスコミ記者を対象に，自社広報の迅速性・正確性・信頼性など7～8項目についてヒヤリングしている。その結果「迅速性」を記者が一番望んでいることがわかっただけでなく，1年前に比べて満足度も8％向上した[11]。

　スポット調査は，その時々の経営上，業務上の課題を踏まえて実施するもので，調査手法は継続調査の場合と同じ手法が使える。継続調査に比べて比較可能性は期待できないが，問題意識を具体的な課題に整理していく場合に有効である。

図表 6-9　現状分析を行う場合のチェックリスト

〈組織内部に関する資料・データ〉
① 組織の使命（ミッション），憲章・理念，各種規定，歴史，組織構造などの文書
② 主要役員・幹部などのリスト，経歴，写真
③ 主要事業，製品などの事実と歴史
④ 財務，人事，売上（規模），利益，ステークホルダーなどの統計数字
⑤ 問題（状況）に関する方針または手続書類
⑥ 問題解決に向けた主要役員の公式説明（引用）
⑦ 組織の状況への対策に関する説明
⑧ 組織内部のステークホルダーの構成一覧とその解説
⑨ 組織内部のコミュニケーション媒体一覧（社内報等，業務文書を除く）

〈外部情報に関する資料・データ〉
① 組織の問題を取り上げた新聞，雑誌，業界紙の記事，ニュースレターなどのコピー
② ラジオやテレビなどの取材の企画書，ダビングテープ，報告レポート
③ メディアの取材やインターネットの内容分析
④ 組織と問題の争点に関するメディアのジャーナリスト，コラムニスト，報道番組司会者，フリーライター，プロデューサーなどのリスト
⑤ 問題内容への関心や興味，態度を組織と共有する個人や集団のリストと背景情報
⑥ 問題内容への関心や興味，態度が組織に反対の個人や集団のリストと背景情報
⑦ 組織の問題内容に関する各種調査結果または世論
⑧ 特定の行事，イベントなどのスケジュールや組織と問題内容に関する重要日程
⑨ 組織と問題内容に影響する規制または立法を行う政府機関，議会およびその他各機関公務員のリスト
⑩ 規制内容，立法内容，上程前法案，住民投票，政府機関紙，広聴リポートのコピー
⑪ 問題内容に関する最新動向を調査した報告書のコピー
⑫ 組織の問題内容に関する重要参考文献，記録，名簿など

出典：Scott. M. Cutlip, et. al., *Effective Public Relations*, Prentice Hall, 2000, p.350.

4．計画立案と業務設計

（1）「How to Say」から「What to Do」へ

　黎明期の広報機能は，報道機関に対する伝達であった。その時代には「どのように言うか」という役割に重点が置かれていた。ところがグローバル化が進み，組織と市場の緊張関係が高まるとともに，経営リスクはこれまでになく高まり，広報部門は組織のコミュニケーション機能を担う情報参謀あるいは経営スタッフとして位置づけられるようになってきている。

　今日，広報・コミュニケーション担当者は，「いま何をすべきか」について経営者に提案するばかりでなく，経営者になり代わって企業価値を高めるような具体的計画を立案し，的確に実施していかなければならない。

　日本企業における広報の草創期，1960年代には，広報担当者は企業の意思決定結果や経営者のメッセージをそれなりに加工し，マスコミに伝達するだけで済んだ。そうした役割に限定されていたこともあり，また伝達者としての機能しか持ちえないこともあり，経営者はかつて広報担当者に「どう言えばよいのか？」と問いかけるしかなかった。

　しかし今日，情報通信システムの能力が飛躍的に向上し，しかもグローバル化によって情報交流が飛躍的に促進されるようになると，われわれはある日突然，膨大な情報を入手できるようになった半面，対抗運動の情報武装を促進され「ダブル・ムーブメント」（二重の運動）も高まる。わが国の原発反対運動家が，予定地に先回りして政府関係者を出迎えることができるのも，北海油田での石油掘削設備の海洋投棄について自然保護団体のグリーンピースが欧州全域で抗議運動を広げることができるのも，携帯電話やインターネット（しかも動画も添付されている）のおかげである。

　このように情報化技術の進展は，個人や小グループの情報発信力を高めつつある。企業や行政は，通常，組織的情報処理を行っており，しかもその影響力に比べてステークホルダーのニーズや期待を十分に捉えていないことが多い。このため，メッセージ内容のずれや発信スピードの遅れが起こりがちである。

経営者はこうした世論の高まりに対応して，自社の企業活動はもとより，広く社会的課題に対しても，幅広く発言することを通じて企業グループの経済的・社会的存在価値を高めることに腐心しなければならなくなっている。しかも，争点や問題はある日突然やってきて，最初に「何を言うべきか」，そのこと自体が問題解決の成否を決めてしまうこともある。

　そのため，経営者は「何をすべきか？」「何を言うべきか？」と，広報部門に問いかけるようになってきた。「コーポレート・コミュニケーションは，本当に大変な仕事だと思いますね。物理的には10％ぐらい，マインド的には20％ぐらい時間をとられているんじゃないでしょうか」と，出井伸之ソニー社長（当時）はいう。担当者ともよく相談する。「気を付けていることは，その時々の時代状況に応じて何を言うかということです」[12]。

（2）経営戦略部門としての役割

　「社会に対して，私は何を言うべきか」。こうした経営者からの問いかけに対して，広報・コミュニケーション担当者は，スタッフ部門と協議して指示を受けるだけでは，経営者が懐く疑問や期待に応えることはできなくなっている。そのためには，自社についての事実を把握するだけでなく，社会各層のステークホルダーが自社をどのように認識しているか，また第三者的な視点から社員の意識や反応も把握しなくてはならない。

　80年代には，広報部門は「CI活動」などを通じて「調査活動」にも取り組んできたが，そもそもこのような取り組みは，経営者からのコミュニケーション上の問いかけに応えるためであったはずだ。しかし21世紀を迎えた今日，経営者の意思決定のサポートを行うために，再度，経営スタッフとしての役割と必要な機能の見直しを行わなくてはならない。

　茂木友三郎キッコーマン社長（当時）は，「この18年ほどの間，多くの企業で広報部門が充実した。しかし，広報することが自己目的化して，本来伝えるべき経営活動の総体を誠実に明らかにしているかどうか疑わしい例も見受けられる」という[13]。

　御手洗冨士夫キヤノン社長（当時）も，「広報担当者に対する期待は高い」と語りつつ，「広報担当者は，経営者と同じレベルで経営方針を考え，会社

の実態をきちんと把握する。そのうえで株主や社会のさまざまな人たちに自社の情報をどう伝えるか，メディアの有効性や経済性などを考えて組織的な展開を図らなければいけません。いかに自社のポリシーや方向性を正しく認識してもらうか，という広報戦略を組み立てる能力をもってほしい」[14]と注文する。

それでは具体的にどう展開すべきか。シャープのコーポレート・コミニケーション活動をみてみたい。

（3） シャープはどのように「液晶広報」を進めたか？

液晶技術をコアにして事業展開を図るために，シャープでは技術広報を核とした広報・コミュニケーション戦略を展開した。同社がこの取り組みに成功したのは，経営活動とリンクした全社連携のプロジェクトにより進めてきたことにある。

1912年創業のシャープはもともと，ズボンの「バックル」や「シャープペンシル」をつくる零細企業だった。創業者，早川徳次のモットーは「人に真似される商品を作れ」。その言葉に象徴されるように，戦前には鉱石ラジオを，また戦後の放送開始とともにテレビをいちはやく商品化して家電メーカーへと変身していった。

その同社がエレクトロニクス・メーカーとして，その名を知らしめたのは，世界的なヒット商品となった電卓であった。そして，電卓の極小化に取り組む中で，専用LSIや液晶部品を生み出していく。しかし，1985年のG5合意は円高を招き，多くの家電メーカーは減収減益に見舞われることになる。輸出主導で業績を上げてきた家電メーカーが急速に進展し始めたグローバル化や情報化の中で，どのように生き残っていくべきか，多くの家電メーカーが直面した課題に対して，シャープは21世紀の市場を見据えた展開を図る。

当時の辻晴雄社長は「わが社の新たなアイデンティティを明確にせよ」と指示をした。「いずれ液晶技術はのびるはずだが，液晶技術を単なる電子部品にとどめず，応用製品の開発によって産業のコメとしたい」。こうして1989年，念願の液晶ビジョンの発売にこぎ着けた。これを契機として，統合マーケティングのための「液晶事業推進会議」を発足させる。企業目的も

「オプトエレクトロニクス技術を根幹に据えた総合エレクトロニクス企業」と定めた。

　同会議には，開発部門はもとより，海外，宣伝，広報などスタッフ部門も参加し，全社的なコミュニケーション活動の検討が始まった。しかし当時のシャープ広報部門は東京11人，大阪11人の体制。1963年に宣伝課からスタートしたこともあり，パブリシティ活動が主体だった。活発な活動を展開していた松下電器が60人，三洋電機も40人の体制であり，関西御三家の中では弱体の感は免れない。当時の萩原大作広報部長がまず手がけたのが，『企業広報—実例と発言—』（猪狩・平井，1989年）の役員への配布であった。

　この冊子を一番熱心に読んだのが，辻社長である。1990年，シャープ広報室は東阪28名体制へと増員されるとともに，広報方針を以下のように定めた。

① 先端技術で国際社会に貢献する企業づくりをすすめる。
② 日本，アメリカ，ヨーロッパの3拠点体制の協力で，国際的なコミュニケーションをすすめる。
③ 新しいライフスタイル，ビジネススタイルを提案する商品情報を発信する。
④ トップマネジメントとのコンタクトを強化する。
⑤ 文化活動や社会活動の展開を進める。

　この5方針は活動の優先順位でもある。広報室がまず取り組んだのが，液晶技術の可能性をステークホルダーに確信してもらうための「技術広報」の展開であった。「電子部品である液晶技術のメーカー」ではなく，「新しい生活の創造を行う企業」というイメージの確立が必要であった。そのため社内体制としては，各事業部に社内報編集も兼任する「広報協力員」を任命して事業部との連携を図ったほか，メディア活用では，活字媒体とテレビのメディア・ミックス，また国際的なコミュニケーションも展開することとした。

　国内の主要ターゲットも明確に設定した。50歳代以上のオピニオンリーダー，40歳代のビジネスマン，15歳から25歳の若者層，および同社の社員，家族である。各ステークホルダーは，その関心も接触メディアも異なる。それぞれにふさわしいメディアとメッセージを選択していくことが必要となる。

社員やオピニオンリーダー層向けには，書籍『シャープ開発最前線』を配布した。同社の歴史的伝統と技術力を伝える本は，とくに社員には大きなインパクトがあった。さらに液晶技術に対する認知促進のために，新聞記者を対象とした「技術懇談会」を開催する。この場で技術内容やその背景を解説し，技術担当役員の取材機会を増やす。その際のキーワードは「液晶は産業の紙」「21世紀の表示メディア」「ダウンサイジング時代のキーテクノロジー」「80年代はLSI，90年代は液晶」などであった。これらのメッセージを具体的な技術発表とともに繰り返し伝えていった。

一方，ビジネスマン向けには，シンクタンクに依頼し「液晶市場の需要予測」をまとめて発表する。1991年当時，同社の売上が1,000億円前後のとき，95年1兆円，2000年2兆円という市場予測は，その裏づけともなる液晶生産工場の設備投資計画の発表により大きな話題を集めた。技術広報と経営広報との連動である。

こうした中長期的コミュニケーションの傍ら，若者層向けの短期的コミュニケーションでは，さまざまな応用商品の魅力を伝えていくため，テレビ・コマーシャルを積極的に展開した。89年に発売した大型画面の液晶ビジョンは，まだ40億円程度の売上しかなかったが，宣伝部と連動してメディア・ミックスの効果をねらう。それはハンディ・ビデオや携帯端末，ノートパソコンなどへと受け継がれていく。

シャープの2008年3月期業績は，連結売上が3兆4177億円。このうち液晶を含む電子部品は33.1％を占める。アジア企業などの追い上げも激しくなっているが，今日，情報コミュニケーション革命の進展とともに，液晶ディスプレイは目盛りやレンズ，ブラウン管や映写機などに代わって，職場やクルマから台所に至るまで，あらゆる場所でみかける。その基礎は，広報が軸となって進めたコーポレート・コミュニケーション戦略によって築かれたといっても過言ではないだろう。

「シャープは液晶をベースとした宣伝活動としてではなく，企業活動として技術のコミュニケーションに取り組みました。宣伝活動はどうしても一方通行になります。これが広報活動だというのは，外部（市場や技術動向など）の情報を社内にフィードバックしつつ，さらに積極的に社外への情報発

信を行う活動だからです」（萩原大作氏，1991年3月）。

（4） 広報・コミュニケーション計画
1） 基本となるのは経営戦略
　シャープの「液晶広報」の事例は，経営戦略とコーポレート・コミュニケーション戦略の有機的連携が重要なことを示唆している。CC戦略を組み立てる際に必要なのが，広報・コミュニケーション計画立案と業務設計の能力であるが，基本の経営戦略が確定しているかいないかで，CC戦略の優劣が決まるといってもよい。経営環境の変化が激しくなればなるほど，どのような長期的見通しを立てているのか，その戦略の優劣が広報組織の対応力を決定するためである。

　ただし，経営戦略が確立していない場合は，組織の現状分析を行い，逆に経営者に提案するようなことも試みるべきである。

　一定の戦略が確定したならば，まず管理者は組織メンバーの特性をよく把握し，彼らが能力を最大限発揮できるよう環境を整えるだけでなく，彼らの活動を効果的に進め，その成果を正しく評価していく基準を与えるために，CC戦略（方針）を具現化した「広報・コミュニケーション計画」を策定しなければならない。

　よりよい計画を立案するためには，データ収集と分析を行い，今後，ビジネス環境はどのような傾向になるのか，自社の経営目標と照らし合わせて検討することから始める。計画とは，課題解決に最もふさわしい活動（アクション）を決定することである。また計画であるためには，その時々の問題への対処方策やアイデアではなく，達成すべき内容や目標が明示され，メンバーに共有されていなければならない。

　その計画（Plan）をより具体的にするために，責任者・業務体制，実施テーマ，日程，手段，個別目標などを盛り込んだものがプログラム（行政の実施計画にあたる）であり，業務終了後にプログラム評価が行われる。

2） 「時間軸×空間軸」で立案する個別計画
　計画は「個別計画」と「期間計画」に分かれる。

　個別広報・コミュニケーション計画は，組織にとって重要なトップ人事や

組織再編成，新事業領域への進出，あるいは新製品発表や新規立地などの戦略的なプロジェクトごとに立てられる計画と，定期的な発表案件や社内報，HP制作などのルーチン計画とで構成され，メンバーの分担または協働作業によって進められる。

このような活動は，すべて何らかの目的・目標を持った一連の作業を伴っているため，計画策定を行う際にはそれぞれの活動を個別に検討するとともに，相互の関係をうまく結びつけるように調整することが求められる。

例えば，画期的な新製品発表を行うのであれば，記者クラブ発表や雑誌編集企画，社内報やHP企画にどう反映させるのかだけでなく，生産現場や販促キャンペーンの動き，取引先や販売実績の動向，競合他社の動き，顧客の反響などをあらかじめ予測するとともに，予測の幅に対応した複数の代替案を用意しておく。代替案はできるだけ時間軸と空間軸で分類し，プログラム・マトリックスを作成しておくとよい。

完璧な予測は不可能であるにしても，このような「時間軸×空間軸予測」が可能であるのは，情報過程（フロー）に一定の経験的法則があるからである。製品・サービスや業界の特性があるので単純化はできないが，「日刊紙→専門誌→週刊誌→TV番組」とか「コンセプト/調査結果→比較検討→報道記事→再定義の企画記事→予測記事→連載記事」[15]，「プロジェクト（懐疑）→立ち上げイベント（冷淡）→リーダー任命（期待）→未来ビジョン（注文）→個別報告（喝采）→異論反論（問題提起）→事業会社設立（論説）」[16]など，さまざまなフローがある。

3）「業績改善・評価」の鍵となる期間計画

期間計画は，1年あるいは3年，5年など一定の期間において展開される広報・コミュニケーション活動であり，より上位の経営計画や総合計画に基づく個別計画の集合体である。それらの活動成果は，実務上，期間単位で評価される。このため業績を上げようとするならば，個別計画の相互関連性やシナジー効果，タイミング，整合性などの要素とともに，人材，予算，各種費用などの経営資源が適正に配分されているかどうかを検討し，期間において計画目標が達成できるよう調整を行わねばならない。

期間計画は，経営者や管理者にとって以下のようなメリットがある。

① 広報・コミュニケーション活動が経営目的・目標と整合するかどうか，また部門目的・目標を達成できるものかどうか，計画段階でチェックできる。
② 個別計画の進行管理や業務環境の整備を事前に検討できる上，期間終了時に計画（目標）と実績を比較するための「評価基準」を設定することができる。

　期間計画は単年度とは限らない。通常，広報・コミュニケーション計画は単年度で立案される傾向にあるが，経営理念，経営目的・目標と連動した戦略計画の1つである限り，中・長期計画の策定も必要になるだろう。とくに，21世紀の経済・社会では企業評価軸に，経済性ばかりでなく，社会性や環境性も導入されていくだろう。そうなると，広報・コミュニケーション活動においても，3-5年，5-10年にわたる中長期計画の策定を試みる企業や行政も増えるはずである。

（5） 計画立案・実施のチェックリスト

　計画の実施管理は，管理者の役割である。計画内容が適正かどうか，体制や責任は明確か，さらに計画相互の関連はとれているかどうかなど，管理者は十分に検討しなければならない。また，計画途上での環境の変化にも目を配る必要がある。そうした計画立案から見直しに至るまでに押えておくべきポイントは以下のようなものである。

① データ収集……必要な情報はすべて収集され，すぐ参照できるよう整理されているか。
② データ分析……組織へのプラス，マイナスの影響を検討し，今後の傾向と自社目標との関係を研究したか。
③ 課題と機会……十分な討議を行い，何が課題で何が機会（チャンス）かについて明確にしているか。
④ 過去の事例……過去の記録や経験をチェックし，類似の成功，失敗の事例はないか。
⑤ 他社の事例……まったく新しい問題はないか。内外の企業・団体の類似の事例を調べたか。

⑥ 将来の動向……現在の問題状況だけでなく，将来の動向（状況）についても検討したか。
⑦ 代替案評価……解決策は必ず複数ある。それぞれの代替案を調べプラス，マイナスを評価したか。
⑧ 選択の決断……代替案の絞り込みの際に，「広報目的」と「手段」とを取り違えていないか。
⑨ 影響度評価……特定案の実施によるプラス，マイナスの要因の比較検討をしたか。
⑩ 計画の実施……必要な準備を整えたか。関係するメンバーに周知されているか。
⑪ 計画の監視……進行途上で問題は発生していないか，計画修正や追加投資の必要はないか，計画中止を考慮する必要はないか。

5．広報・コミュニケーション活動の実践

(1) 報告担当者の役割変化
1) メッセージとアクションの同時性

　前節でみたように，経営者は広報部門に「経営課題の解決にどう貢献すべきか」を問いかけるようになっている。それは，企業，行政，団体・NPOなど，組織のマネジメントが高度化し複雑になっているからであり，また経済性ばかりでなく，社会性や環境性を基軸とした組織活動の評価軸が多様化しつつあるからである。さらに，コミュニケーション技術の急激な発達が，組織のメッセージとアクションを「コミュニケーションの環」に閉じこめつつあることにも留意したい。
　つまり，ある企業の広報発表と同時に，ステークホルダーの反応行動がほとんど同時に報道されるようになった。人員合理化を含む大規模なリストラ方針の発表は，すぐさま玄関前や店舗でのテレビ報道の従業員インタビューとなって伝えられ，顧客や取引先などの反応も，インターネットなど世界に開かれたコミュニケーション・ネットワークによって，瞬時といってよいほどのスピードで伝達される。コミュニケーションがコミュニケーションを生

み増幅されるのである。

　常磐文克・花王会長（当時）は「今までの広報は，主にマスコミを対象として情報を発信していました。その重要性はこれからも変わりませんが，（中略）自分たちで直接情報を発信する必要が出てきました。（中略）また，ステークホルダーへの情報開示も社会的な要請になっています。そう考えていくと，広報活動は広い意味で，従来とは変わっていかなければなりません」と指摘し，さらに「巷に氾濫する情報に対して，その情報がわが社にとってどのような意味を持っているかを翻訳し，それを適正な場所に届けるという翻訳者と伝達者の役割を期待したい」という[17]。

　今日のメディアは，「時間」の短縮化と「空間」の拡大化を志向している。その中で，広報・コミュニケーション担当者は，翻訳し伝達するという行為を通して，メディアに「開かれた劇場」の脚本家・演出家として参加することが要求されている。しかも彼の「劇団」には，経営管理では一流でも，ほとんどコミュニケーション・トレーニングを受けたことのない新人俳優しかいないのである。

2）　インテル社の「欠陥MPU事件」に学ぶ

　コンピュータの心臓部を構成するMPU（超小型演算処理装置）の最大手，米国インテル社が満を持して発売した「ペンティアム」の小さな欠陥を指摘した一個人のメッセージが，IBMのパソコン出荷停止騒ぎにまで拡大した事件は非常に象徴的であった。

　1984年11月上旬，ある数学者がインターネットに書き込んだメッセージは，瞬く間に世界中のユーザーに転送された。

　11月27日，インテルのアンドリュー・グローブ社長兼CEOは利用者に謝罪。そのとき「普通の使い方なら計算間違いを犯すのは27,000年に1回であり，一般の利用者には影響のない小さな問題だ」と説明した。ところが，それをテレビが大々的に報じて，騒ぎが大きくなる。「インテルは事前に知っていながら，故意に事実を隠した」という疑いをかけられ，初期対応の過ちを非難された。ちなみに，当時インテルは米企業の中でも特に意思決定が速い会社として知られていた。グローブ社長は個室を持たず，一般社員と同様に，3畳足らずのブース（小間）で仕事をする。1日40本の電子メールに目

を通し，ほとんどの案件にその場で決断を下す。グローブ氏のブースの隣は広報部隊である。

インテルのように「社内の風通しの良さ」，「意思決定の速さ」を売り物にする企業でもつまずくことがある。新しいメディアの発達で，危機のあり方が多彩になり，情報は世界中に瞬時に広がり，被害も一挙に大きくなる。優良企業の「失敗」はこうした時代の変化を象徴している[18]。

3）メッセージ作成の視野を広げる

広報・コミュニケーション活動を今日のような情報氾濫社会で実践することは，ますます難しくなってきた。しかし，昔は容易であったのだろうか。

例えば「自由な企業」でも「先進的な行政」でもいい。このようなテーマを新聞記者や顧客・住民に具体的に説明し，きちんと理解してもらおうとすると，たちまち困ることが多い。企業理念や地域ビジョンなどの抽象的概念は，実在する物ではなく，しかも人々の普遍的な合意を得た概念でもない。人々が知覚できにくいものはコミュニケーションが難しいのである。

その点，具体的な物（製品や目に見えるようなサービス）は，その効用や利便性を比較的容易にステークホルダーに説明できる。さまざまな場面で，その効果や効用，価値を訴えるためのプレゼンテーション手段（印刷物，映像，見本，効用を示すデータ，利用者の推薦文など）が工夫され，利用されるのはそのためである。

コミュニケーションという言葉は，ラテン語のcommunis（共通な）から派生したといわれる。つまりコミュニケーションとは，人々の間に何らかの共通性を築くことであり，有効なコミュニケーションを行うためには，発信者のメッセージが受信者に同じ意味で受け止められる必要がある。

常磐文克会長のいう「翻訳者」というのは，そのことを意味している。学問分野でのコミュニケーション論では，このようなコミュニケーションの基本原理を解き明かす努力が続けられているが，コミュニケーションの定義だけでも無数にあり，とても実務家の手には負えない。そこで，図表6-10にわかりやすい留意点を紹介しておこう。

図表 6-10　コミュニケーションの3つの留意点

① コミュニケーションの受け手であるステークホルダーは人々から成る。人々は社会制度の枠組みの中で，住み，働き，互いに遊ぶ。したがって，各人は多くの影響を受けるが，コミュニケーションの送り手のメッセージはその1つにすぎない。
② 人々は共感できる見解，または深い個人的利害が絡む見解を示す送り手のメッセージを読んで，見て，聞く傾向がある。
③ コミュニケーションの受け手から意図した反応を得ようとするならば，「受け手に報酬を与え」なければならない。さもなければ，反応を示さないであろう。

出典：カトリップ／センター著，松尾光晏訳『PRハンドブック』第4版，日刊工業新聞社，1974年，245頁に加筆。

(2) 広報ツールを効果的に活用する方法

1) どのようにしてコンタクトすべきか

本書で「広報・コミュニケーション」という用語を使うのは，広報活動は必ず受け手（対象者）を選ばなければならず，受け手との関係性を築き，双方向の情報交換（コミュニケーション）を行わなければならない，と考えるからである。効果的なコミュニケーションを行うためには，対象者であるステークホルダーについて，時間や場所に配慮し，相手の心理的あるいは物理的状況を考慮したコミュニケーション活動の方法を検討し，具体的な計画を立てる。そして，最もふさわしいメディア（面談，ニュースリリース，電子メール，映像など）と伝達手法を選択し，具体的な行動を行うということになる。

ただし，すでに知名度のある企業や行政機関など制度的団体の場合は，通常の広報手段でのコミュニケーションも可能だ。しかし，知名度の低い企業や団体の場合は，まずさまざまな受け手とコンタクトすること自体が困難である。相手との接触が難しい場合やコミュニケーションの送り手と受け手の溝が決定的に深い場合にどうするべきか。

この溝を埋める方法として，ベテラン広報担当者は次の「3つの脈を使う」ことが有効だという。

① 人脈……学校時代の友人，知人（先輩，後輩）の紹介
② 金脈……有力なエージェント（PR会社，PRコンサルタント）の活用
③ 業脈……親会社，有力取引先，行政，公的団体の紹介

ただし，マス・メディアの取材者だけでなく，幅広いステークホルダーと

コンタクトをしようとするならば，より一般的な原則に従うべきである。その場合は，以下のような7つの原則を踏まえるとよい。

① 相手の立場や状況で最も活用されているメディアを選ぶこと。
② 相手が最も信頼している情報源からのデータやコメントを使うこと。
③ 相手の考え方や姿勢と，話したい内容との相違をできるだけ少なくすること。
④ 相手と見解が異なる場合は，話したい内容や考え方を支持する第三者の多数意見を紹介すること。
⑤ 余談や雑談を交えて，相手が日常使う言葉を使ったり身近な話題に乗ること。
⑥ 相手が所属する組織のシンボル（経営者，のれん，コアビジネスなど）に関する話題を活用すること。ただし成功する場合と同程度に失敗する場合があることに留意すべきである。
⑦ 以上の方法を使っても，最後には自らの組織の経営理念や方針，計画に沿ったメッセージ内容にすること。自らの目的を勝手に修正してはならないことは言うまでもない。

2）広報・コミュニケーションの手段

ステークホルダーとコンタクトする場合の7原則の第1は，「相手の立場や状況に最もふさわしいメディアを選ぶこと」だった。もしそのステークホルダーが新聞記者やテレビレポーター，雑誌記者であったなら，円滑な取材を保証するための「取材窓口」や取材場所の設定が必要であり，口頭での対応か，資料などを併用した対応かを決める必要がある。

また，ステークホルダーが顧客や国民であるならば，「広告・宣伝」「インターネットHP」「PR誌」「PR用印刷物」「看板・掲示板」「イベント」などが利用できる。それぞれにはメリット，デメリットがあるため，その効果と限界を十分に検討して取り組むことになる。

さらに従業員や会員など，組織を構成しているメンバーをステークホルダーとするならば，「社内報・会報」「社内LAN・インターネット」「掲示板」「広報ビデオ」「社内テレビ放送」などが活用できる。

そのいずれについても，企画，制作，伝達・配布方法などについては，多

くの実務書が刊行されているのでそれらをご参照を願いたい。

（3） 広報・コミュニケーション活動での「誤解」
1） 問題の根は「経営行動」

　さて，昔からの格言に「論より実行」という教えがある。これは，とくに情報環境が急速に変化しつつある今日には不可欠な教訓ではあるが，だからといって広報・コミュニケーション活動に単純な実践論が持ち込まれてしまうと，広報・コミュニケーション上の「問題」を「技術」だけで解決しようということになってしまう。

　例えば対外広報担当者がまず悩むのは，どうやったらマスコミに取り上げられたり，取り上げられないのか，である。多くの経営者や広報担当者は，未だに「広報・コミュニケーション上の問題はコミュニケーション技術だけで解決できる」という神話を信じているため，広報部を設置し，予算を付け，パブリシティ技術を高めれば問題が解決すると思いこみがちである。

　しかし事故や不祥事を含めて，典型的な組織と社会のコミュニケーション上の問題を振り返ってみればわかるように，問題の大部分は「何らかの発言」ではなく，「何らかの経営行動あるいは事業実態」から発生している。まず，そのことを確認しておく必要がある。

　2000年に起こった2つの事件を振りかえっておこう。荏原製作所「ダイオキシン流出事件」（2000年3月）と雪印乳業「低脂肪牛乳食中毒事件」（2000年7月）とは，両社の経営者発言や事後対応行動の違いによって企業経営への影響度合いが大きく異なった。当時のマスコミ報道や識者の視点は，雪印乳業の経営者発言に焦点を当て「上層部の発言不統一やマスコミ対応が大きな問題」と批判していた。しかし両社のケースは，本質的には環境や健康への「緊急性，重大性，影響範囲」が大きく異なっていたことにあることを認識する必要がある。

　また，荏原製作所がマスコミだけでなくHPなどを通じて情報公開を積極的に行い，その開示スピードが速かったことも両社の評価を分けたが，食中毒の真因が3カ月も経たねばわからなかったことに乳業会社の悲劇がある。つまり事業の仕組みそのものに問題があれば，広報・コミュニケーション技

術がいくらあろうと，問題を解決することは難しい。

2) 世間の常識，トップの非常識

ただし，乳業会社トップの発言内容や姿勢が混乱を助長し，「事故」をより大きな「事件」に拡大したことは間違いない。これは広報・コミュニケーション領域の問題である。

このように組織の長や権威者，著名人などの場合は，健康や安全，環境，差別・人権など，人間の存在にかかわる問題についての言動や行動には，十分に注意をする必要がある。日頃からしかるべき哲学を持っていないと，万が一の場合，「頑迷固陋の発言」と受け止められかねない社会状況になってきたことに留意する必要がある。

グローバル化の進展は，差異の中からコモンセンスを育てる。今日におけるコモンセンスは，「エフェクティブネスとフェアネスの両立」であり，それらは情報ネットワークを通じて増殖し，世界システムに影響度の高い人物の頑迷固陋の言動に対して世界的な批判を浴びせかけることになる。

それだけに，組織の公式文書での「人権を侵害するような表現やコメント」は厳にチェックすべきであるが，そもそも今日の世界におけるコモンセンスとは何かについて，基本的な整理をしておく必要がある。

(4) 危機管理における「知行合一」

1) 「アクション」と「コミュニケーション」との統合

もし組織が行った何らかの行為（事故や不詳事など）が，社会的影響（健康被害や不安，不便など）を起こしたとすれば，何よりもまずその影響拡大を防ぐ緊急措置をとらねばならない。それが告知でありマスコミ発表である。この処置をとった後，続発・再発防止のための臨時的な措置をとると共に原因究明も進めなくてはならない。

そうした組織の「アクション」の正当性をわかりやすく説明し，誤解をとく活動として「コミュニケーション」もあるわけで，その逆ではない。この単純な原理を危機管理の際に肝に銘じておく必要がある。中国の明の時代に王陽明が唱えた儒学の思想に，知（知識）と行（行動）は合一（合致）していなければならないという「知行合一」の考えがあったが，危機の場合は，

取材対応や官庁説明に追われて「知が先」になってしまうことを避けなくてはならない。

事件・事故発生の初期段階において重要なことは，その問題の「波及をくいとめる対策」をまず打つことであり，それに関連して必要十分な事項をステークホルダーに報告し万遍なく伝わるようにするのである。さらに，その問題を引き起こした「原因を突き止め」「原因を取り除く」ための恒久対策，予防保全対策が求められるのであり，その対策の実効性が自社内部だけで完結しない場合には，やはり再度，再々度の報告が必要になるのである。

この項で「ステークホルダーへの報告」という表現を使ったのは，緊急事態や切迫した状況では，どうしても眼前の報道記者をメッセージ対象と誤解しがちになるからである。お詫びや報告の第一対象者は，あくまでもその事件・事故関係者だということを銘記すべきである。

2) ジョンソン・エンド・ジョンソン「タイレノール事件の例」

次に紹介するのは，米国をはじめ広報の教科書に必ずといってよいほど取り上げられている危機コミュニケーションのケースである。この事件も，犯罪行為に対してまず被害を拡大させない対策がとられただけでなく，当時の最新コミュニケーション・システムを活用した情報提供（報告）にも，企業イメージアップにもつなげた。

1982年9月，アメリカ・シカゴで，製薬大手ジョンソン・エンド・ジョンソン社の解熱鎮痛剤「タイレノール」に何者かにより青酸カリが混入され死亡するという事件が発生した。有名企業の製品から死亡者が発生したという事実は，全米のマスコミでも大々的に報道され，企業存立の危機を招きかねないものであった。そして，死亡者は総計7名に達した。

同社のクレドと呼ばれる「企業憲法」には，「何よりも消費者と顧客を守る」という項目があった。まず把握できた事実は，「タイレノールに劇物が混入されたこと」「製品利用者は全米の1億人に達すること」「まだ危険を知らない人がいること」であった。

このため危機管理の第1段階で，被害拡大防止のためには「広報が最も効果的であること」「マスコミは危害情報を伝達する唯一の機関であること」「全面的な情報開示と最大限の協力を行うこと」という方針を決めた。

第6章 広報・コミュニケーションマネジメント 235

同時に，以下のような自主対策を行った。
① 即刻，タイレノールの生産を中止し，死亡事故発生地区の全製品を撤去
② 消費者からの問合せ専用電話を設置
③ 人命尊重と消費者の信頼を維持するため，全米での製品撤去を実施（費用約1億ドル）
④ 混入不可能な包装の開発に着手し，2週間で三重密閉シール製品を発表
⑤ 社内の危機管理体制を整備し，連日にわたり事件への対応を協議
⑥ 広報担当役員が6週間にわたり1日2回の定例会見を実施
⑦ 消費者調査を何度も実施し，製品再発売の可能性を検討
⑧ 以上のような対策終了をもって「製品安全」のPRを開始

一度落ちた企業イメージの回復は，一般的に難しいとされているが，同社の「カムバック」を支えたのは，大々的な記者会見であった。全米30都市を衛星回線で結ぶテレカンファレンスの仕組みを活用してテレビ会見を開催し，全米からの質問に答えた。当時，広報担当副社長をつとめていたローレンス・フォスターは，「広報はビジネスの基本であり，最善の広報意思決定ができたのは，健全な経営と社会的責任を負うという経営理念があったためだ」というが，こうした取り組みにより，同社は急速な業績回復を実現したのである[19]。

同社の経験からの教訓は，危機管理の際の「クライシス・コミュニケーション」の重要性である。クライシス・コミュニケーションとは，危機発生の場合の対外発表内容やそのタイミング，発表方法，新聞記者やレポーターからの質問への答え方など，一連のメディア対応のことを言う。毒物や劇物混入事件のように，原因究明や予防対策に時間がかかる場合には，時間量だけのダメージを企業に及ぼす。とくに社会的影響力のある企業の場合には，多くの取材が集中するため報道内容いかんによって，その後の業績に大きな影響をもたらすことになる。

クライシス・コミュニケーションの多くの経験から，以下のようなポイントが挙げられる。

① 消費者や顧客などに対して「社会的利益の擁護」を経営姿勢として明確に出す。
② マス・メディアや行政機関と共同して問題解決を行うことを社内に徹底する。
③ 問題の大きさに応じて，判明した事実に基づく積極的な情報開示や発表を行う。
④ 事実には「明確な根拠」（データなどでの裏付け）が必要である。
⑤ 推測や個人的見解が伝達されて報道が混乱することを避けるため発表者は限定する。
⑥ 「ノーコメント」は問題解決をしようという意思を疑われる。
⑦ 遵法や非常識な経営行動を日常的にチェックし，周辺取材の結果からあらぬ疑いをかけられないようにする。

（5） メッセージ作成の要件

　広報・コミュニケーション活動を実行する場合の現実的な切り札は，コミュニケーション・メッセージの作成である。ある企業では広報教育の実施に当たって「ニュースリリースの作成」を必須のプログラムとした。このプログラムはその後，講師選定やトレーニング時間の確保が難しくなったためその後行われていないが，その意義は薄れていない。

　なぜなら，これまで述べてきたことは，すべて「組織の公式メッセージ」をつくるための考え方，留意点，前提であったからだ。広報・コミュニケーション計画を実施する際には，口頭で語ろうが，文章にし印刷物にしようが，メッセージをどうつくり，メッセージ内容を裏付ける各種資料・データをどう用意するかが，その活動の有効性を確実にする。

　これは作家やジャーナリストが日常的に「書く訓練」を積み重ねるように，担当者もトレーニングを重ねるしかない。ただし広報・コミュニケーション担当者は，作家やルポライター，詩人と異なり，組織のメッセージをつくり，そのことによって組織とステークホルダーとのコミュニケーションを促進するのが仕事である。コミュニケーションを行う場合の7つのポイントを，参考までに図表6-11に示す。これを参考に，繰り返しトレーニングを

図表6-11 コミュニケーションの7つのC

① **信頼性（Credibility）**
コミュニケーションは信頼の環境のもとで始まる。この環境は，ステークホルダーとパブリックの役に立ちたいと心から望んでいる広報担当者の行動結果によってつくられる。受け手は送り手を信頼しなければならないし，あるテーマに関する情報源の強みに大いに敬意を払わなければならない。

② **状況（Context）**
コミュニケーション・プログラムは，現実の組織環境に適合しなければならない。マスメディアは，日常生活での言葉や行為を単に補足するにすぎない。参加と再現によって状況が規定されなければならないし，状況とメッセージとが矛盾しないよう確認すべきである。効果的なコミュニケーションを行うためには，それを支持するような社会的環境が必要だが，大部分は報道機関によって設定される。

③ **内容（Content）**
メッセージはステークホルダーにとって意味がなければならないし，その受け手の価値体系と互換性がなければならない。その内容は，受け手の状態と関係していなければならない。一般に人々は，最大の報酬を約束してくれるような情報項目を選ぶ。その内容が受け手を決定するのである。

④ **明解さ（Clarity）**
メッセージはやさしい言葉にしなければならない。使用される言葉は，受け手にも送り手と同じ意味をもたれなければならない。複雑な問題であっても，単純明解なテーマやスローガン，ステレオタイプに圧縮すべきである。メッセージは遠くに行けば行くほど，単純にすべきである。1つの組織は多くの声を発してはならず，唯一の声で話さなければならない。

⑤ **継続性と一貫性（Continuity and Consistency）**
コミュニケーションは終わりのないプロセスである。浸透させるためには，繰り返すことが必要である。変化を付けた繰り返しが，ステークホルダーの学習と説得に貢献する。ただしストーリーは一貫していなければならない。

⑥ **チャネル（Channels）**
確立したコミュニケーション・チャネルを利用すべきである。ステークホルダーが利用し敬意をもっているチャネルがよい。新しいチャネルを創り出すことは難しく，時間がかかるし高い経費もかかる。チャネルが異なれば効果も異なるし，普及プロセスのそれぞれの段階で異なった効果を発揮する。チャネルを選ぶことは，対象となるパブリックに近づくということだ。人々はコミュニケーションのたくさんのチャネルによって多様な価値を支持するのである。

⑦ **ステークホルダーの能力（Capability）**
コミュニケーションは受け手の能力を考慮しなければならない。コミュニケーションは，受け手の側に求める努力を最小限にした場合，最も有効となる。この努力にかかわる要素には，利便性や習慣，読解力，さらにより重要な受け手の知識が含まれている。

出典：Cutlip, et al., *Effective Public Relations*, 8th ed., Prentice Hall, 2000, pp.424-425.

試みることがよいだろう。

（6） 経営者の期待と計画への反映

経営トップが広報部門やコミュニケーション活動にどのような期待を持っているのかについては，すでに述べた。そして経営者の期待に応えて，「広報は経営そのもの」であることを実践していくためには，何よりも経営者からの信頼を獲得する必要がある。そして信頼されるためには，具体的な行動が必要である。

1） 問題意識を共有する

第1に，問題意識を共有することである。組織内外の公式，非公式の調査やヒヤリングを通じて，組織の現状と社会（ステークホルダーの認識）とのギャップをできるだけ正確に把握するとともに，経営者の現状認識や考え方，あるいは危機意識を真摯に学ぶことである。経営者と直接接触することが難しい場合には，経営者の意を受けた役員や幹部の意見あるいは社内講話や講演，インタビュー記事などから読みとることもできる。ただし，最終意思決定を行わなければならないトップとその他の役員とは，現状認識や判断が異なる場合も多いため，できるだけ直接聞くことがよい。

2） 具体的な方針と計画

第2に，具体的な方針を立案し，その方針に沿った年度計画や個別計画，具体的プログラムを策定することである。この計画やプログラムには，経営目的・目標と矛盾しないような個別の目的・目標および達成責任者，さらに手段や概略日程も決めておく必要がある。

その際に留意すべきことは，コミュニケーション対象者である広範なステークホルダーの絞り込みや優先順位付けである。またステークホルダー自体は固定した人々の集まりではなくなってきている。株主や金融機関であっても，その関心事や利害は異なるし，イシュー（争点や渦中の問題）によって「関心事も対応姿勢」も異なる場合が多い。

3） 柔軟な業務推進体制

第3に，情報技術の発達により情報伝達のスピードが格段に速くなっていることから，柔軟な業務体制を組んでおき，経営者への報告や依頼に素早く

対応できるよう体制を整備しておくことである。報道発表（情報開示）とともに取材対応が必要になったり，メッセージが短縮されてしまって関係者の誤解を招くこともある。広報・コミュニケーションの仕事は，いわば個別テーマであっても，社内・社外関係者がどのように関係するか，その関係性を常に意識しておくことが求められる。

基本的には，きわめて短時間でタスクフォース・チームを編成できるような体制整備を行っておき，課題によって責任分担，業務運営の工夫ができるようにするとともに，必要な知識・能力も身につけていなければならない。

4） 日常業務のシステム化

第4には，そのためにもできるだけルーチンワークはシステム化することである。90年代に，組織基盤が盤石のはずの伝統的大企業や行政組織がさまざまな社会的問題を引き起こし，時に経営破綻に至ったことは記憶に新しい。マスコミによる報道は常に「なぜ常識的な行動がとれなかったのか」を問いかけ，糾弾する。ただし，不祥事や事件・事故の発生の大部分は，「ヒトは間違いを犯す」ことを前提としたシステムではなかったり，基本的な手順が守られていなかったりすることによる。

広報・コミュニケーション活動も，経営活動の一環であることから，その基本活動はシステム化されている必要があり，一定の能力をもった組織構成員の誰もが，仕事の基本通りに仕事を進めることができるような仕組みにする必要がある。

広報・コミュニケーションのマネジメントシステムがあるということは，次のような仕組みができているということである。

① 目的・目標に沿った計画・手続きが確立されている。
② その計画・手続きには，責任者，手段，日程（スケジュール）が明記されている。
③ そのプロセスやパフォーマンス（業績）が具体的に確認できる。
④ 経営環境や状況変化に応じて見直す仕組みが含まれている。

自社内でシステム化が難しい場合や，体制・人材・能力要件などが一定のレベルに達していない場合には，業務のアウトソーシングを検討したい。広報・PRの専門会社または専門家に業務委託する方法である。

5）経営者への定期的報告

第5には、経営者に報告して行動内容をきちんと認識してもらい、必要な場合に迅速に意思決定をしてもらえるよう一定の報告様式を用意し、経営行動に反映されるよう、スケジュールを組んで報告を行うことである。

この報告様式には、次の内容のものが含まれる。

① 広報・コミュニケーション業績（定量データ），全社・部門別実績，期別推移
② ステークホルダーからの反応，評価，行動のレポート
③ 主要なマスコミ報道内容とその内容評価
④ 主要テーマ・活動にかかわる特別レポート

計画の事前・事後ばかりでなく、経過状況を一定の様式で報告することは、経営者教育になるだけでなく、広報・コミュニケーション担当者の業績評価基準を設定することでもある。

また、これらの報告内容は一般社員にも伝達できるよう、イントラネット上に部門のウェブサイトを設定するなどの工夫をすることもよい。

このような具体的行動が経営者からの信頼を高める。経営者にとって「耳の痛い話」や「企業のマイナス情報」は、経営者が聞きたくない情報でもある。担当者への信頼なくしては聞く耳を持ちえない。客観的な情報こそ、信頼の源なのである。

ドラッカーが指摘するように「コミュニケーションは受け手から始める」ことが求められているのであって、広報・コミュニケーション担当者の最初のコミュニケーションは、経営者との「客観的事実にもとづく忌憚のない会話」から始まることは言うまでもない。

6．広報・コミュニケーション業務の評価

（1）広報測定・評価の現状と課題

広報・コミュニケーション活動にマネジメント概念を導入すれば、戦略・方針にもとづいてコミュニケーション目的や目標を設定し、その結果（成果）に関しては、何らかの方法で効果測定を行うことが求められる。しかし

まだ多くの日本企業では，定量評価への抵抗感や測定・評価手続きの煩わしさなどから，簡単なデータは押さえているものの，本格的な広報効果の測定・評価はあまり行われていない。

企業における広報測定・評価に関する調査・検討を行った（社）日本パブリック・リレーションズ協会の報告（2005年）によると，わが国企業の広報活動の測定・評価への取り組みは，報道分析手法に関しては定式化されて普及しつつあるものの，広報活動が目的とするステークホルダーの認知・行動変容に至るアウトカム（業務上の成果）の分析方法については，まだ取り組みが始まったばかりであるとされている。

業務上の成果を評価することの意義については，すでにドラッカーが，1954年に刊行した『現代の経営』の中で，マネジメントの役割の1つとして指摘していたことは広く知られている。米国企業のPR関係者は，景気後退期であった1970年代の後半から PR成果の測定・評価手法の開発への取り組みを進めてきており，今日，広報戦略策定にも広く活用されていると言われる[20]。

（財）経済広報センター「第9回企業の広報活動に関する意識実態調査」（上場企業等418社回答：2005年）の結果をみると，広報部門として日頃抱えている悩みとして68.7％の企業が「広報活動の効果測定が難しい」を挙げ，人員や予算の不足，過大な業務内容といった悩みを凌駕している。この傾向は，ここ十数年間一貫している。

また測定指標については「新聞等に報道された文字数・行数・頻度」（45.7％）が最も多く，「マスコミ各社の注目度（取材申込件数）」（31.8％）と「マスコミ各社が行う企業ランキング調査の結果」（30.4％）が続いている。また「自社で定期的に行っている企業イメージの調査結果」「新聞等の報道記事をプラス，マイナス，中立等に分類し測定」「株価の動向」が21～20％，「他社・他団体による広報，広告，宣伝関連の表彰」（11.7％），「求人に対する応募状況や学生の人気ランキング」（9.3％）となっている。

採用指標第1位及び第5位に挙げられている報道分析は，報道記事の量的側面に注目して何らかの指標に換算することによりデータを算出する。具体的な方法としては，以下のような手法が採用されている。

① 報道記事数を単純集計する（最も簡便な方法），
② 各紙の発行部数や記事形態により重み付けを行って指標化する，
③ 報道記事にプラス（好意的），マイナス（否定的）といった内容分析（質的換算）を行って指標化する，
④ 掲載記事を広告費データによって金額換算して「みなし報道量の金額換算値」指標として集計する，
⑤ 掲載面や記事面積，写真やカラー有無などの記事形態や閲読部数，記事内シェア，記事トーン（肯定的／否定的）などを指数化して総合指標を算出する

これらの作業は，広報部門が自ら集計する場合もあるが，PR会社や広告会社に業務委託する場合もある。

このように広報活動の結果（成果）を定量数値で評価する企業が増えている一方，27.0％の企業が広報の活動目標あるいは成果目標も設定していない。広報マネジメントという観点からみるならば，定量化するかどうかは別として，広報部門が何らかの業務目標も持たないということは，部門としての自律性や独立性が弱く，管理部門における維持管理的な業務から脱していないということになろう。少なくとも3割弱の企業は，そういった状況に止まっているということである。

（2） 従来型効果測定の方法とその限界

それでは広報マネジメントを確立するために，どうすべきであろうか。広報活動は，営業活動のように売上計上や利益算出のような金額指標では表しにくい。また生産活動のように，単位時間当たりの製品数量などの物的指標でも捉えがたい。いうなればホワイトカラーの生産性測定に似た困難さが伴う。

生産性あるいは効果測定を行うため，今日最も一般的に採用されている考え方は，経営資源（人員，予算，業務量等）の「投入」を分母に置き，記事件数あるいは記事の量や扱われ方，内容分析等を指数化した「産出」を分子に置いてその比率を測る方式である。問題は，投入量の計算は基準が明確なので容易に把握できても，産出量の根拠を巡ってさまざまな見解があり，な

かなか確定できていないことにある。

　産出量としてふさわしいデータは記事件数や取材件数による「報道量」なのか，それとも企業イメージや人気ランキング，株価などで代替的に表される「ステークホルダーの意見・行動変化量」なのかということである。むろん，人員・予算に業務量を投入した結果，ステークホルダーの変化が直接把握できれば問題は簡単である。しかし，ステークホルダーの意見や行動の変化は，何も報道だけによるものではない。広告・宣伝・販促活動の影響もあるし，一企業では管理不能の他社動向，景気・市場動向，事件・事故，天候，クチコミ（噂）など多数の影響要素がある。これらをすべて計算することは不可能である。

　このため最も一般的な方法は，前述の調査結果からも明らかなように，①投入指標では「発表件数」や「報道対応件数」などを使用し，②産出指標では「記事量／報道内容」を基本として，これに記事形態や取り扱われ方，掲載紙誌の発行部数等を加味して評価する方法が最も一般的である。

　産出指標に「企業イメージ調査」や「企業ランキング」「学生の就職意向調査」「株価」や「HPアクセス件数」などを使用する場合は，あくまで参考データとして活用することが多い。

　産出指標で最もわかりやすく，かつ市場価値による分析という一定の根拠をもつのは「広告費換算法」である。これは報道記事の量的側面に注目し，その紙面での取り扱われ方を広告掲載と見なすもので，通常［効果指数＝広告費換算経費÷業務委託費（または広報業務経費）］の式で測られ，とくにPR会社の評価等への使用や競合他社分析などの場合に一定の有効性をもっている。

　ただしこの方式を，企業の広報活動の評価基準としてそのまま使うのは，問題がある。確かに広告費換算は，誌面注目率や読者数に比例するため，伝達効率をみるならば有効であろう。しかし商品パブリシティであればともかく，企業広報案件では「伝達したら理解されるのか」という疑問を提出できるし，そもそも新聞に大きく掲載されたり，テレビで頻繁にコマーシャルが流れれば，それに正比例して認知度や好意度が高まったりするのか，という問題も指摘できる。

このような問題の修正を行うため，記事の好意度分析を加味して指標修正を行うプログラムもあるが，根本的な問題解決にはならないだろう。

そのため，産出指標の中では各種「イメージ調査」はステークホルダーの意見や行動をある程度反映する指数だとして最も的確だともいえるが，企業コミュニケーション活動は多様な経営機能でも担われていることから，必ずしも広報活動の直接的成果を測定するものとは言えなくなる。

こうしたことから，広報・コミュニケーション活動の成果を測定することは難しいという主張が行われるのである（猪狩誠也，1998年）。

(3) アウトカムも測定する

企業経営における広報・コミュニケーション活動は，経営目的を達成するための，極めて能動的な営みである。このことから，コミュニケーション活動の成果は，ステークホルダーの態度・行動変容の度合いを最終成果として見ることが望ましいことになる。

そのため，投入（インプット）と産出（アウトプット）の比率だけから広報効果を測定するだけでなく，インプットと成果（アウトカム：対象者の態度，行動変化のような最終的な成果）との比率からも測定を行うことが提案されている。

産出／投入指標の落とし穴となるのは，人員や経費等を追加投入していけば（広報実績を上げるために発表回数を増やす，広報部員を増員するなど），ある程度は報道件数や記事数は増大していくが，追加コストの投入割合ほどにはアウトプットの量は増えていかないという「収穫逓減の法則」が働くことである。それは何千億円をかけても1社の記事で全紙面を埋めることはできないことからも分かるであろう。それでは広告になってしまう。

このため経営資源の最適配分の観点からは，インプット指標を的確に設定するとともに，アウトプットとアウトカムとの関係も測定する必要があるわけである（図表6-12）。このような効果測定の方法を採用し継続的に観察することにより，広報コミュニケーション活動のコストパフォーマンスを測定し，よりよい評価につなげていくことも可能になろう。

図表6-12　広報・コミュニケーション活動を測定する指標例

インプット （投入）	■活動を行う際の投入資源に着目する ・コスト指標　人件費（平均賃金×業務時間　等） 　　　　　　　予算（直接費），業務委託経費 ・活動指標　　発表件数 　　　　　　　報道訪問・接触件数（取材・問合せ対応）
アウトプット （産出）	■活動を行った結果の直接的成果に着目する ・定量指標　　記事件数 　　　　　　　記事量（記事×発行部数換算　記事段数×広告費換算等） 　　　　　　　取材受付件数 ・定性指数　　プレイスメント（紙面での扱い分析） 　　　　　　　論調内容（論調とメッセージとの相関など） 　　　　　　　記者・編集者満足度
アウトカム （成果）	■ターゲットの態度・行動変化に着目する 　　　　　　　世論調査あるいはイメージ調査（全般的） 　　　　　　　ステークホルダー満足度調査（個別的） 　　　　　　　ステークホルダー行動調査（個別的）

（4）価値概念の拡大と無形資産の効果測定

　広報・コミュニケーション活動に効果測定や評価の仕組みを導入することは，全く別の観点からも問題提起されている。経済のサービス化や知的財産権の重要性が指摘される中で，著作権や特許，商標権など，一定の貨幣換算が可能な知的資産だけでなく，経営のリーダーシップや人材力・組織力などが企業価値として測定・評価すべきであるとの認識が示されてきたからである。

　新たに無形資産への算入が提案されているのは，ブランドや事業ノウハウなどの無形資産から，コアコンピタンス（中核業務能力）などの無形能力，経営者のリーダーシップや従業員のやる気，レピュテーション（市場や社会の評判）などの潜在的能力まで含まれ，『通商白書』（2004年）ではこれらを「適切に評価・開示していくことが必要である」と指摘している（図表6-13）。

図表6-13 21世紀型企業の資源の基盤

所有権が明確であ りかつ強制執行で きる有形資産	売買し，ストックされ， それ自体だけで取引の 対象とされ，(一般的 に)保護し得る権利	競争優位を規定する 非価格的な要素	潜在的に固有の競争 力要素
"Hard" コモディティ	←———————————————————→		"Soft" 特定し評価すること困難
有形資産	無形財	無形能力	潜在的な能力
〈物理的資産〉 ・土地，工場・設備 ・在庫 ・その他 〈金融資産〉 ・現金ないしその同等物 ・有価証券 ・投資	〈重要な供給契約〉 ・ライセンス，割当て，フランチャイズ 〈登録可能な知的財産〉 ・著作権，特許による (映画，音楽，科学関連の)原作の保護 ・商標権 ・デザイン ＜その他の知的財産＞ ・ブランド，ノウハウ，企業秘密	〈コンピテンシー・マップ〉 ・特殊な能力 ・コアコンピタンス ・日々の業務に係る能力	〈能力〉 ・リーダーシップ ・従業員のやる気 ・組織(含むネットワーク) ・マーケット/世間からの評価 ・イノベーション/製造過程におけるR&D ・事業再生

出所：European Commission (2003) 出典：通商白書, 2004

　しかも，無形財までは情報を一定の様式（情報様式）にすればその価値を確認することもできるが，無形能力や潜在能力は情報様式にもならないものであり，コミュニケーションによって知覚され，認識されて初めて価値の発現につながるという特質をもつ。

　たとえば経営者のリーダーシップがその企業の潜在的能力だと広報部長が認識し，企業価値向上のために「ニュースリリース」という情報様式でマスコミや有識者に配布したとしても，その情報が報道される可能性は著しく低いだろう。しかし広報部長が経済部記者と何度もコミュニケーションを行い，記者に現場で経営者を知覚してもらい，何らかの認識を前提として「ニュースリリース」と同様の内容を記者に提供したならば，記者はその企業の全体像と経済・市場動向との関係を判断して記事を書くこともあり得る。

　これは筆者自身が経験した事例であるが，このようなケースの場合，効果

測定・評価はどのように行うべきだろうか。仮に，経済部記者と接触3回，企画記事1件（朝刊5段写真入り）という場合，広報指標＝1件（5＋1）／3回とでも計算して2という数字をたたき出した場合，そこにはどんな意味が付与されるのであろうか。

情報はもともと論理であり，形式であるため意味を持たない。むしろ人間的な情緒も価値も，期待さえ持たないため。つまり測定・評価において大事なことは「2」の当否を論じることではなく，他の単純な広報活動の成果指標である「1」や「5」と比較検討し，「2」と「5」とが単純に2.5倍であるのかどうかの論議を通じて，その経営者情報が社内外のステークホルダーにとってどのような意味を与えた可能性があるのか，あるいは経営者自身の受け止め方はどうであったのかなど，経営者とコミュニケーションを行い，互いに企業広報のあり方について認識を深めることが大切なのである。

そのようなプロセスが設定されることこそ，企業価値の向上が叫ばれる今日において，企業広報・コミニケーションの最終成果（たとえば世間の評価や信頼など）が企業にとって有力な無形資産となるのである。

無形資産の価値評価は手法的にも難しい点がある。しかし，測定が簡単にできないということと，評価できないということとは全く別物である。20世紀初頭の頃の飛行機には，コックピットに計測器はほとんど見あたらなかったが，今日，パイロットの眼前には精密機器が溢れている。だから現代のパイロットが事故や不安から免れているわけではない。コーポレート・スタッフとしての広報・コミュニケーション部門に測定機器が不必要である，などということはないだろう。

（5）　測定・評価とは，どういうことか

それでは，そもそも測定や評価とはどういうものなのか。まず「評価」について考えてみたい。評価とは何らかの対象に対して価値判断をした結果であり，ある対象の良否を決めることである。当然，その価値判断に先立って測定が行われなくてはならない。組織で仕事をして評価を受ける場合でも，何らかの測定が行われ価値判断がされているはずである。

では「測定」とは何か。測定とは評価の視点をもとに変数を特定すること

である。つまり評価の良否を判断する基準を設定し，その基準を表す何らかの指標に，一定の方法により算出された数値を当てはめることである。定性的な要素であっても，その変動を表す物理量（人の行動や意識情報あるいはその結果生じた物理的変化など）を測定し，基準に照らし合わせることで物理的数値を導き出せることになる。このうち重要な物理量をKPI（Key Performance Indicator：重要業績指標）とも言う。

　この測定には価値判断が含まれないが，測定方法や基準によって指標が変動することを考慮すると，価値判断にも影響が出ることになる。このため，測定方法をどうするのか，つまり手法をどのように開発するのかについて，きちんと決める必要がある。とくに，経営業績との比較検討のために物理的数値を金額換算するような場合には，広報活動の目的に照らして，その一連のプロセスの因果関係をきちんと証明していく必要があり，アプリオリに導き出せるわけではない。

　そのためにも，いったん決めた評価方法や測定方法を聖域視すべきではなく，その評価方法で実際に測定し，価値判断した結果を企業目的に伴う成果と照らし合わせ，著しく相違しているのであれば，遅滞なく評価方法を見直すべきである。なぜなら，広報活動の最終的な成果は，最終的には人間の見解や感情（評判，信用，期待など）に依拠せざるを得ないからである。

　また「価値判断」を行うに際しては，評価主体（誰が），評価目的（何のために），評価対象（何を），評価方法（どのようにするか）の4つの要素をあらかじめ検討し定めておくことが重要である。ないがしろにされやすいのは，評価主体と評価目的である。評価主体は，経営者だけでなく，広報担当者自身，従業員，投資家，消費者，地域住民等のステークホルダーが考えられる。

　評価目的も多様である。事務処理の効率から，個別プロジェクトの正否，あるいは企業全体のイメージや潜在リスクの判断まで挙げられる。これらについて合意を形成した後，評価対象や評価方法の検討に進むべきである。なぜなら，主体と目的が異なれば評価結果の利用の仕方も異なるからである。

　広報キャンペーン実施の際に，いくらメッセージ内容が良くても企業や商品の評価につながらない時など，この問題をとり違えている可能性がある。

（6） 広報活動の最終的成果を測定する

今日，広報効果測定導入企業の多くが，報道分析をデータベースとしている。しかし，報道府分析だけが広報活動の成果を測定する方法ではない。

企業情報発信のプロセスを考慮して一例をあげれば，＜経営計画―事業活動―広報活動―メディア報道―イメージ／レピュテーション＞というようなフローとなる（図表6-14）。このようなプロセスを前提として，測定方法を考えてみよう。

広報活動の結果として，どれだけの記事掲載（または番組放映）があったか，その量的数値と広報活動量を表す数値とを比較して指数化する方法がここでExposure Index（EI）と名付けた報道分析の方法である。ただし広報活動を開始して間もない組織や新製品のパブリシティに偏りがちの企業でよくある例だが，経営計画や事業活動の一面しか広報計画の対象としていない場合には，あらゆる経営計画や事業活動に対して広報活動がどれだけ行われたかの指標もとってみる必要がある。とりあえずその指標をActivity Index（AI）と名付けてみよう。

図表6-14 プロセス分析による評価手法例

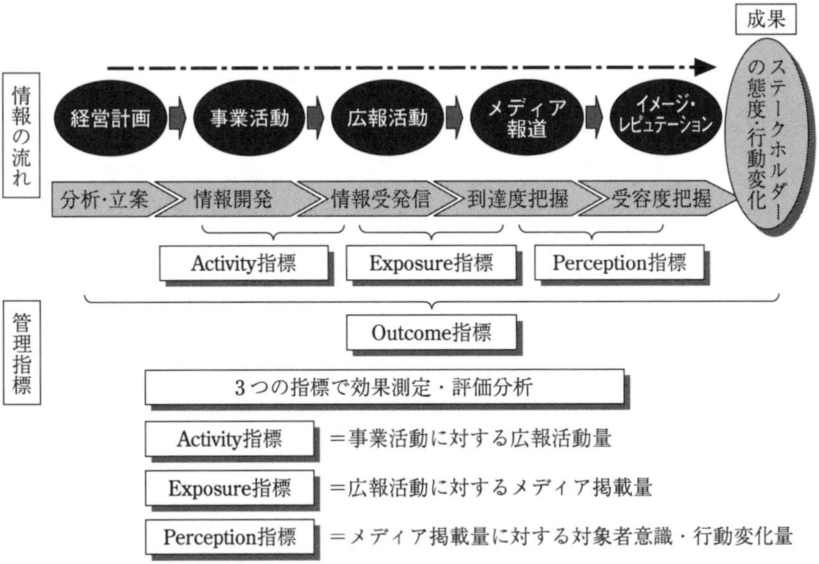

情報の流れ：経営計画 → 事業活動 → 広報活動 → メディア報道 → イメージ・レピュテーション → 成果（ステークホルダーの態度・行動変化）

管理指標：分析・立案 〉情報開発 〉情報受発信 〉到達度把握 〉受容度把握

- Activity指標（分析・立案～情報開発）
- Exposure指標（情報受発信～到達度把握）
- Perception指標（到達度把握～受容度把握）
- Outcome指標（全体）

3つの指標で効果測定・評価分析

- Activity指標 ＝事業活動に対する広報活動量
- Exposure指標 ＝広報活動に対するメディア掲載量
- Perception指標 ＝メディア掲載量に対する対象者意識・行動変化量

このような2つの指標を置いてみると，組織全般で行われた経営計画にもとづいた事業活動のうちどれだけ広報活動が行われたか，また広報活動の結果としてどれだけ記事や番組が露出されたのかという算定式を導き出すことが出来る。すなわち，前者は広報活動量／事業活動量＝AIであり，後者はメディア報道量／広報活動量＝EIとなる。

　また，さまざまな報道が行われた結果から企業イメージやレピュテーション（評判）の変化を見ようとするのが，イメージ指数／メディア報道量＝PIである。ただし企業や事業のイメージは，決してメディア報道だけからは形成されない。中長期的にみると，トップや従業員の行動や事業活動に伴う評価もイメージ形成の要因となる。その意味でPIは参考指標に止まる場合が多い。しかし大がかりなキャンペーンや緊急時における企業イメージの変化に対して広報活動がどの程度の役割を果たせたかを評価することは可能である。

　このことからみると，PIは短期的な広報・コミュニケーション活動の成果指標であるとも言える。このため筆者も，かつてはPIをアウトカム指標だとしていたが，CSRの概念が経営に導入され，企業が「10年間で女性管理職○○人誕生」とか「20××年までにCO_2排出量9割削減」などの長期的経営目標を設定するようになった今日，企業にとってのアウトカム（最終的な業績）は，確固たる評判を高めることから尊敬される企業になることも目標に置かれるだろう。

　そうなると，不安定なイメージやレピュテーションから尊敬度合いを表す指標を設定する必要が出てこよう。それがアウトカム指標になるのだと思われる。このことによって，組織の経営陣が立案する経営計画に売上や利益のような財務業績だけでなく，ステークホルダーの態度・行動変化に関わる業績目標が含まれるようになれば，広報・コミュニケーション活動は経営計画の中に間違いなくビルトインされよう。そのイメージを表したのがアウトカム指標である。

　メディアの"報道結果の物理量測定"（アウトプット）だけに焦点を当てているだけでは，最終的な成果を確認したとは言えない。問題は"報道結果の金額換算"である。これは一種の到達率を加味した測定手法であり，最終

成果としてのアウトカムのようにも見えるが，実は物理量測定の精緻化にとどまるのである。

　広告効果に関する先行研究でも，同様の問題提起が行われている。飽戸弘（2003年）によれば「AIDMAかそれをベースとした指標が使われ」ているが，広告の役割は「販売促進だけでなく，人々を楽しませ，さまざまな情報を提供し，企業活動に対する理解や共感を得ること」にあると指摘している。広告におけるコミュニケーション機能の成果を測定しようとするのであれば，広告の効果（有効性）研究，すなわち「送り手がどういう目的でこの広告をつくったかではなく，受け手がそれをどう楽しんだか，どう利用したかを出発点にする研究」が求められると言う。

　広報活動の結果としてのメディア報道の中には，業績開示や新製品発表のように，広告効果でいうところの"販売促進の有効性"を測定できる場合も多いが，むしろステークホルダーの評判，信用，期待などの変化を，資源投入（インプット）との関係によって捉えたいというニーズも高いはずである。このように，広報測定・評価においても直接的成果（プロセス成果：アウトプット）と間接的成果（最終的成果：アウトカム）を仕分けながら，測定・評価システムの構築に努めなくてはならないだろう。

　むろん，直接的成果の測定・評価も重要であり，両者を含む測定・評価システムの開発・導入こそが広報の戦略部門化の鍵である。広報部門は非財務的指標をもとに経営判断の支援を行うだけでなく，指標変化の予測・判断行為を通じて組織変革のドライバー（要因）も獲得しうるのである。その意味で広報測定・評価システムは，外部機能として他社とのベンチマーキングに活用するよりも，組織の内部機能として活用すべきなのかもしれない[21]。

（注）
1）　EICネット「環境用語集」によればセリーズ原則は以下の10項目からなる。①生物圏保護のため汚染物質の放出をなくすよう努力する，②天然資源有効利用と野生動植物の保護に努める，③廃棄物処理とその量の削減に努める，④安全，持続的なエネルギー源利用に努める，⑤安全な技術やシステムを採用し緊急事態への対応を図る，⑥安全な商品やサービスを提供し，それらが環境に与

える影響を消費者に知らせる，⑦環境破壊に対する全ての損害賠償責任を負う，⑧情報の公開を行う，⑨環境問題を担当する取締役を置く，⑩環境問題への取組みを評価する独自の年次監査報告の公表を行う。

2) 大阪大学大学院法学研究科附属法政実務連携センター・大阪大学大学院高等司法研究科平成17年度公開講座資料(「知的資産を活用した経営と法」経済産業省・住田孝之，2005.11.25)

3) ユビキタス化を表す諸変数には，固定電話加入契約数，情報流通センサス選択可能情報量，移動体通信加入契約数，パソコン世帯普及率，インターネット人口普及率，ブロードバンド契約数，企業におけるテレワーク実施率及びソフトのマルチユースの割合の8指数が採用されている。

4) http://www.cepnyc.org/

5) インテリジェンスを実用的に理解するには佐藤優『国家の謀略』(2007年)での定義が参考になる。同氏はこの中でインテリジェンスに(積極)諜報，防諜，宣伝，謀略の4つの訳語を当て，その「究極的目標は謀略」としている。謀略とは「こちらの弱点をできるだけ隠し，有利な点を誇張することにより，実力以上の成果を相手から獲得すること」とされるが，この見解にステークホルダーからの"信頼の獲得"という視点は欠落している。広報活動の本来の趣旨からは制限して使うべき用語法だと言える。

6) http://www.prnewsonline.com/

7) 『経済広報』2000年5月号，16頁。

8) 同上，17頁。

9) トヨタ自動車株式会社『エコプロジェクト』の展開事例と『エコ・キャンペーン』の反応」資料。

10) 『経済広報』1999年11月号，5頁。

11) 『PR』2000年春号，11頁，インタビュー記事。

12) 『経済広報』1998年1月号，4-5頁，インタビュー記事。

13) 『経済広報』1996年5月号，15頁。

14) 『経済広報』2000年1月号，13頁，インタビュー記事。

15) 新事業認知を意図した「CS経営広報キャンペーン」での社団法人日本能率協会の経験，1991年。当時，筆者はプロジェクトの一員としてコミュニケーション計画の責任者であったが，その際の報道プロセスを分析した結果からこのようなプロセスが判明した。

16) ハイテク産業の生成発展の経緯とコミュニケーション・ステージの例。*Joint Venture : Silicon Valley Network*，1995。

17) 『経済広報』2000年6月号, 5頁.
18) 益子満「逃げない米国企業―早期に, 隠さずトップが語る」『いま知りたい危機管理』日経BP社, 1995年8月25日号に詳しい経緯が紹介されている.
19) Scott M. Cutlip, et al., *Effective Public Relations*, 8thed, Prentice Hall, 2000, p.26, p.300.
20) カトリップらの*Effective Public Relations*, 第6版（1985年）によると, 1977年, 米国メリーランド大学で開催された「PR効果測定全国会議」が最初の試みとされている. その後, 82年にPRSAが主催するSilver Anvil賞の選考基準にプログラム評価が取り入れられたことや, 企業がPRプログラム効果を要求しだしたことなどを契機として, Hill & KnowltonやBurson Masteller'sなどの大手PR会社が測定サービスを開始したが測定調査サービスの販売には苦戦していることが述べられている. 最近の文献によると, こうした測定・評価は米国企業にかなり普及しており, 広報戦略策定にも活用されているという.
21) 内部機能としての利用を勧めるのには, 別の理由もある. 外部機能として利用しようとすると, 会計基準のような一定の評価基準を設定する必要が出てくる. しかし, 厳密な基準を設けようとすればするほど企業業務としての実用性は失われる可能性が高まってしまう. 筆者の主張は, あくまでも実務家の利便性であり, 管理会計的な柔軟な利用を期待したい.

（参考文献）

Cutlip, Scott M., et al, *Effective Public Relations, 9th* ed, Pearson Education Inc., 2005, pp.283.

Watoson & Noble, *Evaluating Public Relations*, Kogan Page, 2005.

飽戸弘「販売促進効果とコミュニケーション効果」,『読売ADリポート』, 2003年3号.

アレント著, 志水連雄訳『人間の条件』ちくま学芸文庫, 1994年.

猪狩誠也「行政広報における評価・効果測定の問題点」,『共創型行政コミュニケーション活動の展望』, 日本広報学会, 1998年.

猪狩誠也・平井浩人『企業広報―実例と発言―』（財）経済広報センター, 1989年.

恩田誠・清水正道「変容する経済・社会システムと環境コミュニケーション」『広報研究』第5号, 2001年3月, 58頁.

（財）経済広報センター『企業の広報活動に関する意識実態調査』第1回（1980年）～第9回（2005年）.

経済産業省『通商白書2004』，ぎょうせい，2004年。

佐和隆光『市場主義の終焉―日本経済をどうするか』岩波新書，2000年，115-117頁。

清水正道「広報測定・評価手法開発の要件」『広報研究』第10号，2006年3月，119-133頁。

ドラッカー著，上田惇生ほか訳『すでに起こった未来―変化を読む眼』ダイヤモンド社，1994年，213-214頁。

ドラッカー著，野田一夫監訳，現代経営研究会訳『現代の経営』下，ダイヤモンド社，1987年，206-208頁。

日本パブリック・リレーションズ協会「広報効果測定ワークショップ報告書」2005年。

藤江敏彦『現代の広報』，電通，1995年。

ポラニー著，吉沢英成ほか訳『大転換―市場社会の形成と崩壊』東洋経済新報社，1975年，178頁。

森本三男『経営管理』放送大学教育振興会，1989年，13頁。

第7章
広報・コミュニケーションの理論と歴史

「情報社会」変容の時代に

　インターネットで瞬時に情報が世界をめぐり，30万キロも彼方の宇宙飛行士の姿を自宅のテレビで眺められる今日，私たちは，通信技術の偉大な力と，地球規模に発達した情報インフラの大きな可能性に，いまさらながら驚きを禁じ得ない。

　人類の長い歴史の道程の中で，産業革命以降の約200年間は，まさに地球の生活を一変させた革命と革新の時代であり，さらに，20世紀から21世紀への20年間は，後の世紀から顧みても，「特別な時代」と位置づけられることになるだろう。

　人間の「生存革命」ともいうべきコミュニケーション形態の急速な変容は，人間の意識や行動に大きな変化をもたらし，個人，集団，そして社会にも新たなパラダイムの模索を促す。それは，20世紀システムというべき経済依存型の国家システム，産業システムに慣れ親しみ，企業や組織を安住の地とみなす「現状肯定の思考」を根底からくつがえす可能性すらある。リアルとバーチャル，実体とイメージ，個人と組織，それぞれのはざまで，「自分」を探すデジタル社会の風景は，ある意味で「主体の喪失」あるいは「個人の崩壊」を示唆しているとみることもできる。

　レイモンド・ウィリアムズは，情報社会の進展を「巨大に拡大された文化消費の次元——文化の生産と分配の次元で，私たちは根底から変容した状況に入った」（R・ウィリアムズ，1985年）と観察し，国家権力も経済的所有も変容から逃れられない，とした。その観察と予言から20年余。世界は「情報」という名の新しい「権力」を生み出しつつある。これは，情報の司祭こ

そ権力と経済を支配する，あたかもオーウェル的世界へと傾斜を深めているようにみえる。

しかし，情報による支配は，技術やシステムで行われるのではない。それらは形態であり，蛇口をひねると水が出る配水管のようなものである。要は「水」すなわち人間の生存に不可欠なコンテンツである「コトバ」こそが問われているのである。

本章の目的は，われわれの生活の歴史と，まさに軌を同じくしたパブリック・リレーションズ（public relations）のあり方を，コミュニケーションの思想と理論，マス・コミュニケーション研究の系譜から再検討するためのものであり，広報を照射するコミュニケーション論の持つ多様な思想と理論のあり方の素描である。

1．コミュニケーション思想の源流

（1） プラトンの「対話」とは

私たちは実に安易に「コミュニケーション（communication）」という言葉を口にする。コミュニケーションは人間と人間の意思疎通，すなわち主体と客体の紐帯をつくり出すものであり，紐帯とは「関係（relations）」にほかならない。ならば，パブリック・リレーションズはコミュニケーションの複合体なのか。答えは「ノー」である。

まず，多様な言葉を整理するためにもコミュニケーション思想を少し遡行してみよう。

いきなり2400年も昔へ飛ぶが，プラトンは思考のプロセス，すなわち「対話」の最も根源的なあり方は「個体内コミュニケーション（intra-personal communication）」であるとする。「沈黙の中に自己自身を相手として述べられる言論によって自分を相手に対話を交わすことが，考えるということだ」（『テアイテトス』）とするその思想は，その後，アウグスチヌスのコミュニケーション思想，すなわち「神との対話」に示唆を与え，そしてキリスト教徒が今日に至るまで保持するダイアログ（dialogue）の考え方へと一直線につながっていく。

では、他者に対してはどうなのか。プラトンは、他者の対話は、自己との対話の統一の成果として発現するという。「心の言うことが同一となり、分裂がみられなくなるとき、心の"思いなし"(思做)とする」(『ゴルギアス』)。「思いなし」は、他者との対話によって、吟味されたり、深められたりして個人の意見(メッセージ)となり、ここで個人間コミュニケーション(inter-personal communication)が成立する。言葉(Logos—理性)が対話(dialogue—原義はコトバを通して)へと変容する過程である。

このプラトンの区分、すなわち「個体内コミュニケーション」と「個人間コミュニケーション」の枠組みは示唆に富む。個体内コミュニケーションにおいて重視されるべきは、「自省」であり、「思考」であり、その到達点は、自己矛盾を克服する「思いなし」である。他方、個人間コミュニケーションにおいては、コトバと思考の「吟味」「深化」が問われており、その結果、意見(メッセージ)へと昇華される。intra-personal, inter-personalをそのまま企業や組織に置換すれば、intra-company, inter-organizationでも通用する。

企業広報、行政広報を問わず、現代社会における多様な情報の受発信活動において欠けているのは、「内部における自省と思考」「外部との対話による吟味と深化」にほかならない。

プラトンの脳裏にパブリック・リレーションズの概念などあろうはずもなく、のんびりとしたアテナイ人たちは、日なが「対話」を楽しみつつその「民主制」を維持してきたことを思うと、その師ソクラテスや敵対するソフィストたちも含めて、彼らはコミュニケーションの原則をきわめて大切にした人々であり、コミュニケーションの原理にいち早く目覚めていた、ともいえよう。

(2) アウグスチヌスとネットワーク

コミュニケーション思想を照射する視座からうかがえば、「神の出現」すなわちキリスト以降のキリスト教神学者たちの果たした役割の大きさも重要である。なぜならば、彼らこそが「メディア」の発明者であるからだ。

そのメディアは、現在も世界に大きな力をふるっている。彼らが発明・発

見した2つのメディア，それは教会と聖霊である。

　教会は神の宿る「場」のメディアとして，聖霊は325年のコンスタンチヌス帝によるニカイアの宗教会議で「三位一体」の教義が確認されて以降，中世カトリックの教義の中に，神の「媒体」として大きな地位を占めた。

　よく知られるように"the Mediator"（媒介者）といえばキリストのことをさし，メディアの単数形にSがつけば，巫女（みこ），霊媒のことである。神のお告げを操る怪しげな霊能者は現代社会にも跳梁するが，言語的には彼らは由緒正しきメディアなのである。

　プラトンは，キリストの生誕より300年以上も前に他界しているが，その理想主義をコミュニケーション思想の面で受け継いだキリスト教の神学者といえばアウグスチヌスである。全22巻からなる大著『神の国』は，13年もの歳月をかけて記述されたが，その内容はほとんどが「神とのコミュニケーション」に費やされている。彼はニカイアにおける宗教会議の30年ほど後に北アフリカのローマ領で生まれたが，カルタゴで修辞学を修め，ミラノの司教アンブロウシスの感化を受けることで神学者への道を歩み，プラトンにも深い影響を受けたとされる。すでにプラトンの死後，約800年の頃である。

　アウグスチヌスのコミュニケーション思想は，プラトンの理想主義を基底にキリスト教的平和主義をもって「肉の幸福をむさぼる地上の国」（『告白』）の人々を「神の国」へ近づけるために，ひたすら「神とのコミュニケーション」を説き，修道者の共同体（コミュニティ）によって，キリスト教社会の普遍化を図るその意図に示されている。修道者の共同体は，修道院，教会であり，そのネットワークをもって世界に普遍的価値をもたらそうとするその考え方は，キリスト教というメディアによる「グローバル・ビレッジ」（マクルーハン）的な世界すら想起させる。

　アウグスチヌスは「世界をキリスト教化した」と評されることが多いが，神との対話に普遍的なネットワークの拡がりと新たな可能性を与えた，とみることもできよう。

（3）　東洋思想の中のコミュニケーション形態

　コミュニケーション思想は洋の東西を問わず，宗教や思想とともに存在し

た。わが国の多様な文化的資産の多くが中国，朝鮮半島の先人に負っていることは自明だが，日本人の思考，コミュニケーションのあり方についても大きな影響を受けてきた。

　中国の古代思想の特徴は，多くの子（し＝聖道者）の共通する人間観，社会観，国家観への言及であり，儒者の代表とされる孔子や孟子，そして荘子に見られるコミュニケーションのホロン的発想である。これは，20世紀の理論をリードしたシャノン＝ウェーバーらの機械論モデルなどを超越した東洋思想的モデルともいうべきもので，経験と理性，実体と形式をそれぞれ一体とみなし，16世紀以降，ヨーロッパで主流を占めた認識論・存在論の分離を否定しうる力を持つ。その中核をなすのは「認識と実践の統一」の思考であり，それぞれを同一物の表裏と捉える発想は現代中国にまで連綿と継承されている。また儒教独特の「部分と全体の相互規定性」においても，今日の相互過程論とはひと味違う「意味」の重視がみられ，「物に本来有り，事に終始有り」（『礼記』）や「万物斉同」（『荘子』一斉物論篇）などは，人間的コミュニケーションの本質を衝いている。こうした儒教のコミュニケーション論的特質は，そのメディア展開の形態をみると一層明らかである。儒教の根底にあるのは，「徳のある人（仁）」に到達する道を説くことだが，そのため，儒教は，教育，言語，公共空間に応用展開され，そこでは書き言葉の優位，非言語コミュニケーションの発展を促した。その展開は，中国はもとより，その影響を受けた朝鮮半島の文化において一層顕著である。

　「書物を重んじ，学問を尊ぶ」儒教は，早くから教育制度を発展させ，伝達メディアとしての書が重視された。他方，言語の持つコミュニケーション機能の重視は，男女別の言語，尊敬語・謙譲語を生み，話し方とともに，書き言葉（手紙など）にもその特徴が表われた。これは言語そのものが当事者の位相や関係を示すコミュニケーション手法として確立したことを意味する。オラル・コミュニケーションを重視するヨーロッパやイスラム世界と異なり，簡体字，ハングル，仮名など多様な文字文化が生まれたのも，中国，韓国，日本にみられる特徴である。文字による公用性，記録性の重視もまたその特徴で，科挙にみられるように「文字」を識ることは，社会的地位を高める手段であり，儒教，仏教を問わず重層的な文化資源を形成してきた。

こうした文字文化に支えられたコミュニケーション形態とは一見，相反するようにみえる「非言語コミュニケーション」の発達もきわめて東洋的な所産である。わが国では「以心伝心」という禅の言葉で知られ，M.ポラニー流にいえば「暗黙知」ともいえるコミュニケーション形態は，寡黙を良しとし，言外の意を汲む凝縮した情報伝達を重くみた儒教的な，そして沈黙や静寂を重んじる仏教の思想が織り成す独自のコミュニケーション形態とみることができよう。

儒教，仏教に根ざした東アジアのコミュニケーション文化は，そのまま，21世紀の電子的コミュニケーション空間に，時空を超えて影響を及ぼしている。手続きと文書の重視，暗黙知による企業文化の形成など，特有の文化として継承し，蓄積されてきたコミュニケーション形態は，組織内に沈殿している。他方，インターネットや英語を共通語とする国際コミュニケーションの発展は，こうした東アジアのコミュニケーション文化を破壊しつつあることも否めない。文字文化によって培われてきた教育や公共空間が，新たな変容の時代に直面していることも認識しておかなければならない。

2．コミュニケーション理論の揺籃

(1) マルクスとウェーバーの視点

四半世紀ほど以前，1970年代に「マルクス＝ウェーバー問題」と呼ばれる論争が，わが国の社会学，経済学の研究者の間で「流行」したことがある。60年代後半からの「学園紛争」「住民運動」の台頭や労働組合の転回など，挫折を味わった知識人の模索，すなわち「民主主義から社会主義」「現代を媒介として近代の経験」などをめぐって，マルクスとウェーバーをテクストにその思想と科学の対立点や共通点を論じては，新たな突破口と論理の再構築が試行された。これは日本だけでなく，ドイツやアメリカでもみられた現象である。

マルクスとウェーバーは，その意味で社会が「変革期」にさしかかると多様なアプローチで甦る稀有な思想家といえよう。

マルクス，エンゲルスの手になる『ドイツ・イデオロギー』は，ごく初期

の小さな著作であるが，『資本論』に至る思考の骨格が明示されており，そこには，コミュニケーションの概念について示唆に富む記述が凝縮されている。よく知られている「交通形態（Verkehrsform）」や「交通様式（Verkehrsweise）」などのキーワードは，生産関係の概念であると同時に，社会，個人の諸活動総体を照射しようとする視座であるが，物的交通のみならず，精神的交通を重視し，人間と人間，人間と生産活動，そしてヒトとモノとのコミュニケーションを解析しようとする概念でもある。

「彼らの物質的生産とその物質的交通を発展させる人間たちが，彼らのこうした現実とともに，その思考活動とこの思考活動の所産とを変革するのである」（『ドイツ・イデオロギー』）。すなわち，生産力の普遍化とともに，人間の普遍的な交通（コミュニケーション）が成り立ち，経験的に普遍的な「個人」が社会の中で，疎外された労働から階級的対立をアウフヘーベンしていくだろうとみる。

交通，通信，運輸が，本来，同義語であることはよく知られているが，マルクスとエンゲルスのコミュニケーション概念は，こうした人間的行為を包括的に捉え，物質的存在でありながら意識を持つ人間という「個体」が，自然への働きかけによって自己を獲得していく，という歴史過程を含む壮大な視野を持つ。この視点は，幾多の研究者に示唆を与えたが，とくに1960年代日高六郎が提起した「コミュニケーション総過程論」（『マス・コミュニケーション入門』1967年）には，このマルクスの労働総過程論が色濃く投影され，マス・コミュニケーション研究に新しい地平を拓いた。

19世紀末から第1次大戦にかけて，ヨーロッパにおける産業革命の成熟と思想，芸術の開花は，まさに「世紀の転換期」であった。R.アロンは，のち，マックス・ウェーバー，エミール・テシリクム，ヴィフレント・パレートらを「転換期の世代」と呼んだが，この3人のうち，今日に至るまで，時代変化の節目ごとにその思想と行動が常に研究対象となっているのは，ウェーバーである。『プロテスタンティズムの倫理と資本主義の精神』（1904年）はあまりにも知られているが，コミュニケーション論的には，「理解社会学」すなわち「行為の意味を研究する科学」を樹立した意味論，記号論の先駆者としての役割が大きい。そのキーワードは「意味連関（Sinnzusammenhang)」であり、「付与された意味」と「意味の変容」の構造の上に「行為」の合理性や動機づけを追求するものである。個人的な動機の解明から、行為の経過と成果との意味連関をあぶりだし、組織や歴史的変動をも説明しうる論理構築を図ろうとするのが、彼が描いた「理解社会学」の方法論である。こうした普遍的合理化の論理は、のち、アメリカのパーソンズに批判的に継承され、20世紀前半の社会学に新たな橋頭堡を築くことになる。

(2) ジンメルとタルド

ジンメルの業績は『社会的分化論』や形式社会学の体系化などで語られることが多いが、コミュニケーション理論からのアプローチでは、集団理論の先駆者として考えるべきだろう。彼は、「共同生活の一連の形式、つまり諸個人の一連の統一化と相互作用」をテーマに、2人、3人というきわめて小さな集団における相互作用を追求し、形式社会学のコアを築いていった。

形式社会学とは、それまで百科全書的なコントやスペンサーの総合科学学派に対して、「人間相互の関係形式に関する科学」を志向するもので、いわばミクロ社会学ともいうべきアプローチである。このアプローチはのち、「グループダイナミクス理論」としてアメリカ社会学で開花する集団理論の礎となっており、個人間の相互作用は、今日の「ネットワーク論」につながっている。

ジンメルはウェーバー、デュルケムなどと同世代人であったが、ユダヤ人であったため、研究者としてはポストに恵まれず、最後は独仏国境の町ストラスブールで淋しく世を去った。彼の理論と著作は、むしろその没後にアメリカやヨーロッパ諸国で再評価され、E・M・ロジャーズやキンケイドは、その著『コミュニケーション・ネットワーク論』(1981年)の中でジンメルの理論に示唆を得たことを記している。

他方、ジンメルやウェーバーと同じ頃、フランスの社会学に一石を投じ、新しい波動を作り出したのは、ガブリエル・タルドである。日本では『世論と群集』(1901年)が訳出されているが、本職が司法統計官であったせいか、社会学者として認知されて間もなく没してしまった。

彼の研究キーワードは「模倣」である。その企図がユニークで、司法官と

して人間行動の観察と分析に興味を持ち，社会学的アプローチによる集団観察や行動分析の結果，多くの人々が帰属集団や日常的な接触者の模倣をしたり，一定の法則に従った影響下にあることを突き止めた。この着眼点は，50年後アメリカでベストセラーになるリースマンの『孤独な群衆』やゴフマンの演技理論に通じることはいうまでもない。

またタルドは，人々がモノや思考に関する採用行動を分析し，「S字」カーブという新しい社会システムの変化を読む理論を構築した。最初は，ごく少数が「新しいもの」を採用し，次いで数多くの人々がそれに続き，時間の経過とともにカーブは上昇する。やがてごく少数の拒否派が残る段階で流行や行動は終焉を迎える，という独自の『社会法則』（1898年）を表わしたものである。

これは，オピニオンリーダー論の先駆であると同時に，今日のマーケティング理論における革新者（イノベーター），大量採用者（フォロワー）などの市場普及率の考え方の雛型でもある。

オピニオンリーダー論では，のち，クルト・レビンの「ゲートキーパー論」やカール・ラザスフェルドの"two-step flow"など，1940年代のアメリカ社会学で数々の成果が打ち出されるが，その原型は，19世紀末のフランスでタルドが構想していたものの中にみることができるのである。

3．アメリカ社会学の成果から

（1） デューイとクーリィ

20世紀に入ると，コミュニケーション論はアメリカで急速に脚光を浴びるようになる。中でも19世紀末からミシガン大学で哲学を教えていたジョン・デューイは，教育学，哲学の視点から「メッセージの伝達作用」に深い関心を持ち，その弟子たちにマス・コミュニケーションやメッセージ研究の重要性を説く。この時期，アメリカは米西戦争を契機に新聞がマスメディアとしての地位と権力を確立しつつあり，ピューリツァやハーストによる部数競争，そしてイエロージャーナリズムの台頭によって，メディアによる「大衆社会」化への加速が行われていた。デューイは，わが国ではプラグマティス

ト，または教育哲学者として知られるが，その関心はジャーナリズムやコミュニケーション技術に向けられ，現象論的なアプローチの必要性を感じていた。アメリカのメディア史家チトロムによれば，デューイは「新聞業にほんの少し哲学を導入することで，なんらかの社会変革が可能だ」（Czitrom, 1982年）と考え，その弟子であるチャールズ・H・クーリィとロバート・E・パークに示唆を与え続けたという。デューイはパークとともに社会問題の改善を標榜する新聞 "*Thought News*" を創刊するが，事業としては全く成立しなかった。プラグマティストである彼は，デカルト的二元論を拒否し，自ら哲学教育を実践するために小学校の校長になるといった行動にみられるように「実践の人」であった。のち，シカゴ大学ではハバート・ミードにも大きな影響を与え，コミュニケーション技術としてのジャーナリズムのあり方に終生，情熱を失うことがなかった。

　デューイの弟子に当たるクーリィは，ミシガン大学で「社会進化論」に興味を持ち，『人間の性質と社会秩序』（1902年）という処女作の中で，かの有名な「鏡効果」の概念を記した。「鏡効果──鏡に映る自我」の概念は，現代ではコミュニケーション効果やCI論でよく用いられるが，「他者との相互作用は，個人の概念や意識を形成するうえで，鏡のような作用を果たす」とするその考え方は，マス・コミュニケーションが子どもに与える影響など，当時としては画期的な研究成果であった。自分自身の経験，とくに2人の子どもの教育を自ら観察し，実践することで裏づけられている。

（2）「相互作用」論の登場

　クーリィと並んでデューイの薫陶を受けたロバート・E・パークは，少し大げさな表現を用いれば「アメリカ社会学の星」ということができよう。パークの業績は，マス・コミュニケーション研究を初めて理論化し，多くの研究者との研究ネットワークを作り上げ，さらに都市社会学の骨格を築いたことである。のち，「シカゴ学派」と呼ばれる社会学の経験主義アプローチによる研究者集団を育成し，自らフィールド・ワークにも取り組んだ。彼はコミュニケーションを「いくらかの感覚とある程度までの態度や他者からの視点を個人が推測できるようになる社会哲学的プロセス」と定義した。この定

義には，彼自身が新聞記者として，黒人教化活動家として，そして研究者として歩んだ独自の経験が込められている。彼は，変動期のアメリカ社会を，コミュニティとソサエティという二重構造で分析し，後年，発展を遂げる都市社会学理論の基礎を築いた，とされているが，その基底をなす視座は「コミュニケーションの欠けた世界」と「コミュニケーションに恵まれた世界」という二分法にほかならない。さらに社会集団が「競争→闘争→適応→同化」という過程で変容するモデル構築を行っているが，この過程分析は，かのジンメルの形式社会学のアプローチに近い。パークの分析は「個人」に着目し，その個人をとりまく他者との相互作用，とくに競争から同化に至る過程の相互作用によって社会を再構成しようとする視点に特徴がある。この視点は，のち，ラザスフェルド，カッツ，クラッパーなどによる限定効果研究に大きな示唆を与えたことは想像に難くない。

コミュニケーションの「相互作用」に着目して社会や集団の構造を解析しようとしたのは，クーリィやパークのような先駆者のほか，「社会行動主義(social behaviorism)」を掲げるG・H・ミードの名がコミュニケーション研究史の上で輝いている。

彼もまたシカゴ大学を拠点に，デューイの影響を受け，パークらと切磋琢磨しながら独自のコミュニケーション理論を構築する。その代表作が『精神，自己そして社会』（Mead，1934年）であるが，彼の作り上げた「一般化された他人」という概念は，社会と結びついた自我のあり方を彫琢するとともに，人間は他人との相互作用を通じて独自の意味世界を創出することに注目した。その着眼点は，人間の持つ「空間と時間に対する視野」の拡がりにあり，自我の社会性がその視野をもって再構成されることを「パースペクティブの組織化」と呼んだ。ミードの業績は，自我論，役割論，準拠集団論，コミュニケーション論と，それぞれ個別に評価されることが多かったが，彼の死後30年以上を経て，その知見が脚光を浴びている。1960年代から80年代にかけて，アメリカの社会学，コミュニケーション研究，マーケティングなどの分野でもてはやされた「シンボリック相互作用論」である。シンボリック相互作用論の旗手として知られるH・G・ブルマーらは，ミードの諸理論を再検討することで，「意味の解釈パラダイム」と呼ばれる新しい地

平の開拓を試行した。

　相互作用の研究は，現在でも多くの研究者たちが高い関心を示す社会学では大きなテーマである。それは，人間の行動の意味を解析する有効な手段として今後も新たな問題提起が続くであろう。

　自らインタラクショニストと名乗るT・W・ニューカムは「社会相互作用の研究に当たって，人間生活体の性質と人間社会とに関する二組の事実をわれわれは看過してはならない。人々がどのような方法で影響を及ぼし，影響されるのかは，この二組の事実によって決定される」(Newcomb，1950年)と述べているが，人間の生活と社会がそれぞれ変容を続けるある種の生命体であることを考えると，相互作用論はマス・コミュニケーションやパブリック・リレーションズ，さらには広告研究などにとって永遠のテーマともいえよう。

（3）　パーソンズのAGIL図式

　戦後のアメリカ社会学をリードしたのはT・パーソンズである。彼が終生かけて取り組んだのは「社会体系」の理論化であり，その成果としてさまざまな人間の行為とその成果を分析する枠組みを残している。その最も代表的なものが「AGIL図式」と呼ばれる社会的システムの機能を構造化して分析する手法である。

　行為過程は選択のプロセスであるとする視点から「パターン変数（pattern variables）」と呼ぶ独自の概念を創造し，二分法による社会関係の類型化を行うのである。具体的には，行為体系の4つの機能テーマを概念化し，適応（A），目標達成（G），統合（I）とパターン維持（L）の4つに区分して分析を行うものであり，また適応＝経済，目標＝政治，統合＝調停，パターン維持＝文化・教育とする下位体系のあり方も示されている。

　この手法は，のちに「構造＝機能分析」と呼ばれ，パーソンズが確立した業績の1つとして定着するが，このほか，社会体系の一般理論化，比較社会論の発展への寄与など，1979年に死去するまで，精力的な活動を続け，アメリカ社会学の第一人者の地位を不動のものにした。

　このようなパーソンズの業績は，パブリック・リレーションズの展開にお

ける受け手の分析，さらに組織や個人がどのような反応やコミュニケーション形態をとるか，などの分析に応用可能であり，PRの本義としての関係 (relations) のあり方を考察するとき示唆に富む。とくに近年，わが国においても研究が進んでいる「合意形成」や市民参加による行政施策の展開においては，そのセクターやグループの主体性，あるいは相互関連などの分析が重要であるが，パーソンズの構造＝機能分析は，今日的な意味でも，その有効性を失っていない。

4．日本におけるコミュニケーション研究

(1) アメリカ社会学から日本の研究へ

　コミュニケーション研究，あるいはマス・コミュニケーション研究は，日本においても展開されてきた。しかし，戦前においては，マス・メディアは新聞が主流であり，ラジオ放送の歴史も浅く，アメリカ社会学のような本格的な研究発表は行われていない。むしろジャーナリズム論の展開としていくつかの重要な業績がある。

　自らジャーナリストとして活躍した徳冨蘇峰，長谷川如是閑らの言論の自由をめぐる論陣は，いまもってすぐれた言説として大正デモクラシーの空気を伝え，また，中井正一や戸坂潤の昭和初期の著作は美意識やファシズム批判の中に人間の行動原理を説くコミュニケーション論として読むことができる。

　しかし，社会学的なコミュニケーション研究が本格的に開始され，その成果が世に問われ始めたのは，戦後すぐにアメリカからの研究成果の導入が行なわれてのちのことである。

　その最先端ともいうべき成果は，清水幾太郎，南博，日高六郎らによってもたらされた。そのフロントを担ったのは1951年に刊行された清水の『社会心理学』である。

　「マス・コミュニケーションの発達は，人間を合理的存在たらしめるよりも，むしろ原始的関心に導かれる非合理的存在たらしめ，ひいては，人びとの了解や和解よりも，むしろ彼らの不和と対立を強める傾向を示している」

(清水, 1951年)。

　要するに, 清水は, コミュニケーション活動そのものが人間の相互理解をより高めたり, 合意形成をもたらすとしながらも, マス・メディアによる大衆社会 (mass society) の出現によって, 人々がマス・メディアの情報による作用で相互不信に陥ることを憂慮していたのであった。第2次大戦後のアメリカがいち速く大量消費社会に移行し, その社会のあり方や生活様式の変容にマス・メディアの力をみていたのである。

　この清水の『社会心理学』のあと4年を経て, 清水, 南, 日高の編集によるわが国初の『マス・コミュニケーション講座』全6巻が刊行されている。

　南博は日米開戦の前年にアメリカに渡り, 戦時中もコーネル大学で研究を続けて, 1947年日本に戻ったという少し変わった経歴を持つ。帰国直後に, 清水よりも2年早く『社会心理学』を刊行している。その重要な柱がコミュニケーション理論であり, 当時はマス・コミュニケーションでなく,「大衆コミュニケーション」という用語を用いている。南の研究領域は, その対象を「社会態度」に置き, 集団における自我の発達や相互作用における心理過程に重心が置かれている。その意味で, 南はミードやオールポートの成果を引き継ぐ本格的なインタラクショニストとして登場した初めての日本人である。彼のコミュニケーション理論は, 人間の内部メカニズム, すなわち個人の精神発達過程におけるコミュニケーション作用を中心に展開されているのが特徴的である。

　のちに彼は, 次のように述べているが, その視座は変わることがなかった。

　「マス・コミュニケーションの研究では, とかく"マス"という抽象概念のとりこになりやすい。われわれはマスの中の具体的な人間の, 生き生きとした人間像を, いつも目に浮かべ思いつづける必要があると思う」(南, 1960年)。

(2) コミュニケーション総過程論

　日高六郎のマス・コミュニケーション研究に対する態度は, 次のような短い文章の中に凝縮されている。

「マス・コミュニケーション——この巨大なものが，微妙な人間の精神の行手に立ちはだかっている。それを作り出したものは人間であるが，しかし，いまそれが人間を支配しようとする。マス・コミュニケーションだけがそれだというのではない。人間の生産物が，人間によそよそしいものとなり，人間に敵対し，人間を"疎外"しようとする現象は，この数十年来，加速度的に強くなっており，マス・コミュニケーションもそのような，ひとつのつながりの現象のなかのひとつの現われにすぎない」（日高，1955年）。

日高は一貫してマス・コミュニケーションが作り出す社会と人間の葛藤にまなざしを向けていた。すなわち，社会における人間の疎外現象が生起する歴史的な背景と，その多様な要因がつむぎ出す人間の生き方のパターンを描き出すことに取り組み，いくつかの類型化を展開する。

歴史的社会的な条件をタテ糸に，マス・コミュニケーション過程の社会心理的なメカニズムをヨコ糸にすることで，得た結果は，「絶対主義型」「近代型」「現代型」「ファシズム型」そして「社会主義型」の5つである。この類型化の名称そのものが，その歴史的社会的な発展過程を示しているが，当時の日高の立場は，利潤追求の「現代型」から解放され，人民に奉仕する自由をめざしながら，マス・コミュニケーションとパーソナル・コミュニケーションを結合する「社会主義型」をめざそうとしていたことを読み取ることができる。

さらに，こうした立場は，その研究への視点を単に社会学的領域にとどまることなく，政治学，経済学，歴史学などの諸科学の成果と融合させ，総合科学としてのマス・コミュニケーション研究を展開すべきであるという主張へと進化していく。これが「コミュニケーション総過程論」である。

「ある社会の，あるいは人類全体の労働生産の総過程が存在するように，ある社会の中で，あるいは全人類を含んで毎日，不断に，無数のコミュニケーション活動が行われている。それはまた，時代をつらぬいて展開され，その結果は蓄積され，利用されている。それは人類の生産力が集積されているのと同様である。現実に進行しているコミュニケーション総過程と名づけることができる。」（日高，1967年）

この壮大な構想はいうまでもなく，マルクスの生産総過程論を想起させるし，労働とコミュニケーションという人間の基礎的な行為の相互関連に注目しようとする日高の研究の視座も，それまでの社会学的アプローチにはないものであった。マス・コミュニケーション研究が，社会心理学的領域にとどめられることを排し，あくまでも人間のコミュニケーション過程の一部にしかすぎない，とする立場も，1960年代のマス・コミュニケーション研究がメディア研究へと傾斜していく潮流に対して，一石を投じるものであった。

こうした大きな構想は，人間，あるいは組織のコミュニケーションとは何か，という根源的な問いを発するもので，のち，コーポレート・コミュニケーション論における視座にも少なからぬ影響を与えている。

この「コミュニケーション総過程論」は，70年代以降，中野収らの研究へと引き継がれていくが，現在に至るまで，その詳細についての理論的研究は結実していない。しかし，その与えた影響は大きく，パブリック・リレーションズ，とくにコーポレーション（組織体）のあり方を考察する際に多くの示唆に富むものである。

この清水，南，日高の3人によるマス・コミュニケーション研究，あるいはコミュニケーションへのアプローチは，戦後50年間の理論研究に大きな示唆を与え，多くの研究者がその水脈につながるが，今日に至るまで決定的なパラダイムの変革に至るような理論研究の成果は提出されていない。インターネットなど電子メディアの普及によって，人々のコミュニケーション形態が大きく変革されつつある今日，新たな視点による新しい「コミュニケーション研究」が模索されている。

他方，コミュニケーション形態の変容の先端を追うばかりの研究においては，人間とコミュニケーションの本質を忘れた考察も少なくない。古典的なこうした理論研究を，いまいちど振り返る必要があることはいうまでもない。

5．広報の歴史

(1) ローマ時代に溯る

　現代の広報がいつ，どこで誕生したのかについては，19世紀中頃のアメリカ合衆国に始まるというのが定説といってよいだろう．ただ，広報あるいはパブリック・リレーションズの考え方をたどると，はるか古代ローマ帝国の時代まで溯るとする人も多い．例えばD・ニューサムとA・スコットは次のように述べている（D・ニューサム，A・スコット，1985年）．

　「パブリック・リレーションズを広く捉えてみると，文明の誕生とともに生まれている．というのは，あらゆるパブリック・リレーションズ活動に共通していることは説得という努力である．社会が成り立っていくためには，人びとのあいだにすくなくともある程度の意見の一致がなければならない．意見の一致は普通，個人間の，あるいはグループ間のコミュニケーションによって成し遂げられる．そのコミュニケーションとは，単なる情報のやりとりだけでなく，説得という重要な要素が含まれている」．

　そしてさらに，初期ローマ帝国には民主主義は存在しなかったが，世論の重要性は認識されていたし，今日のパブリシティ，プロパガンダなどの原型は存在していたとも述べている．

　また，G・ジャウエットとV・オドンネルは『大衆操作』において，「情報の流れを統制し，世論を操縦し，あるいは行動を操作する手段としてのプロパガンダの利用は，有史時代の始まりと同じくらい古い」と述べている（G・ジャウェット，V・オドンネル，1992年）．

　どの時代でも，権力者は自らの権力の正当性を認めさせるためにプロパガンダの手法を駆使して民衆の支持を得ようとしてきた．それをパブリック・リレーションズの起源とみれば，確かにローマ帝国にまで溯る必要があるかもしれない．佐藤卓巳は「政治広報について言及する場合は古代に溯る記述が多く，経済広報の比重が高いほど現代が起点とされるといえるだろう」（佐藤卓巳，1998）といっているが，われわれはとりあえず，広報を考えるに当たって，広報には，プロパガンダ＝宣伝という側面，あるいは大衆操作

という側面があり，それは人類の歴史とともに存在していたということ，広報のDNA（遺伝子）にはそれが含まれていることを記憶しておく必要がある。

(2) アメリカにおけるパブリック・リレーションズの誕生

　パブリック・リレーションズ（以下，PRと略す）という言葉は，アメリカの第3代大統領トーマス・ジェファーソンが初めて使ったという説もあるようだが，今日ではPRをアメリカのデモクラシーのシンボルともいうべきジェファーソンにその起源を託すことによってPRの正当性を獲得しようとしたのではないかという説が有力であるようだ。PRという言葉はカトリップらの本によると，1897年にアメリカ鉄道協会が初めて使ったとしている（S・カトリップ，A・センター，G・ブルーム，2000年）。

　19世紀のアメリカは次々に新聞が創刊された時代だった。「ペニー・プレス」とよばれる娯楽中心の新聞が次々と創刊される一方，硬派の論説を売り物にする，例えば『ニューヨーク・トリビューン』（1841年），『ニューヨーク・タイムズ』（1851年）などもこの時期に創刊されている。1870年から1900年の30年間に，一般日刊紙は489紙から1,967紙へ，総発行部数は260万部から1,500万部へ伸びている（佐藤卓巳，前掲書）。

　マス・メディアの誕生は政治や経済の世界を次々に変えていくが，一例を挙げると，1829年から37年までの大統領アンドリュー・ジャクソンは，新聞記者出身のエイマス・ケンドールを今日でいう報道官ないし広報官に任命し，記者会見という広報システムを作り出したといわれている。

　またペニー・プレスが広がるとともに，今日でいうパブリシティをたくみに活用する者も現れてくる。その代表的な人物が興行師フィニアス・バーナムであって，彼はプレス・エージェントリー（パブリシティ専門家）を雇い，その荒唐無稽な「だしもの」を新聞に大きく取り上げさせて大成功をした。

　この時期に特筆すべきは「イエロー・ジャーナリズム」の誕生である。ともに地方紙からスタートした2人の新聞経営者——1883年に『ニューヨーク・ワールド』を買収したジョゼフ・ピュリツァー（彼の遺言でつくられた

ジャーナリストに与えられる最高の賞「ピュリツァー賞」で有名）と，1895年『ニューヨーク・ジャーナル』を買収したウィリアム・ランドルフ・ハーストである。この2紙はセンセーショナルな暴露記事を取り上げて部数を競った。イエローの意味は，一面の漫画の主人公の上着が黄色で印刷されていたことから，センセーショナルな新聞をのちに「イエロー・ジャーナリズム」と呼ばれるようになったのである。

この2紙より以前にジャーナリズムを覆っていたのはマクレーカー（内幕暴露屋）たちであった。そしてマクレーカーやイエロー・ジャーナリズムが標的の1つとしたのが，当時世界一の工業国へとひた走っていた産業資本家たち——例えば石油王ロックフェラー，鉄鋼王カーネギー，鉄道王といわれたヴァンダービルトなどである。労働組合運動も激しくなろうとしていた時期でもあり，資本家たちは新聞から次々に槍玉に挙げられたのである。企業は新聞記者やマクレーカーたちに徹底的に取材拒否をし，秘密主義を取ろうとした。あるいは買収しようとしたり，さらには新聞社ごと買収を試みたりしたのである。

（3）「近代PRの父」アイヴィー・リー

この時期に登場するのがのちに「PRの父」といわれたアイヴィー・リーである。彼は『ニューヨーク・ワールド』の記者時代から，実業界の秘密主義はむしろマイナスであり，情報を公開し，もっと社会へ向けて発言すべきであると考えていて，1904年，元新聞記者でクリーブランド大統領のパブリシティに携わっていたジョージ・パーカーと組んで，今日でいうパブリシティ会社を設立した。それまでのプレス・エージェントリーと異なっていたのは，企業が社会や公衆にどのような政策をとるべきかを提案するコンサルタントの役割を打ち出していたことであった。リーは各新聞社に「原則の宣言」（Declaration of Principles）という文書を送ったが，それは次のような内容であった。「これは秘密の報道局ではない。我々の仕事はすべてオープンに行われる。（中略）我々の計画は企業や公共機関に代わり，公衆が知りたいと思い，知る価値がある問題について，迅速に且つ正確に合衆国の新聞と公衆に提供することである」。

1906年，リーがペンシルヴァニア鉄道のために行った仕事がのちのちまで評価されるものとなった。その1つは，この会社で鉄道事故が起こり，会社は従来の慣行通りこの事故を隠しにかかったが，彼はそれをやめさせて，新聞記者を現場に連れていき，オープンに取材させたのである。同じ頃ニューヨーク・セントラル鉄道でも事故が起こり，こちらは隠そうとしたが，結果はセントラル鉄道は大きな批判を浴びたのに対し，ペンシルヴァニア鉄道は称賛されたのである。「リーは自分の仕事を"ペンシルヴァニア鉄道のことを大衆に説明し，大衆のことをペンシルヴァニア鉄道に説明すること"であるとみていた」とテドロウは述べているが（R・テドロウ，1979年），この言葉はそのまま現代の企業広報に要求されている機能そのものといってよい。彼はまたペンシルヴァニア鉄道が農業教育やYMCA，大学奨学金などの社会貢献活動や人間味のある話題を新聞などに発信していったが，これらも依然として今日の広報課題である。

（4） 戦争による手法の発展

戦争はさまざまな技術を発展させるが，パブリック・リレーションズの技術，手法においても例外ではない。スコット・カトリップはアメリカにおけるPRの発展の第2段階を第1次世界大戦の時代（1917〜1919年）とし，「熱烈な愛国心を鼓舞して，国民に戦時債券を買わせる，青年たちを兵役に応募させる，福祉に何万ドルも寄付させるために，組織化されたプロモーション活動の力が劇的に発揮された時代だ」といっている。

この時期に特筆すべきことは「パブリック・インフォーメーション委員会」である。この委員会は時の大統領ウッドロー・ウィルソンの要請によって1917年につくられた民間機関だが，委員長のジョージ・クリールの名前から「クリール委員会」と呼ばれた。その役割はアメリカ国民に参戦への理解を求め，戦時債券を買わせ，兵役に応募させることで，「大衆とのコミュニケーションに使えるあらゆる手段を，1つのイッシューでは前例のないほど強烈に利用した」ものであった（カトリップほか，前掲書）。

その中でとくに興味深いのは「フォーミニッツ・マン」（4分間の男）である。全国に情報が瞬時に届くラジオも，もちろんテレビもない時代に，ク

リール委員会は，実業家，弁護士，教師といった地方名士を組織し，ワシントンから電報１つで，教会や学校その他さまざまな集会に出ていって，「なぜわれわれは戦うのか」，「ドイツのプロパガンダを暴露する」，「民主主義の危機」といったテーマを４分間でしゃべるボランティアたちのネットワークを作った。その数75,000人，全国で３億人以上の人に演説を聞かせたといわれる（S・ユーウェン，1996年）。プロパガンダのツールは，その後はラジオやテレビなどに移っていくが，人間というメディアはマス・メディアの時代にも依然として力を持っているという点では今日でも変わらない。

このクリール委員会から，アイヴィー・リーと「近代PRの父」と並び称されたエドワード・バーネイズ，のちにアメリカにおいて代表的といわれるPR会社を設立したカール・バイヤーなどが出る。また，さまざまなPRの手法，理論もこの委員会によって開発される。パブリック・リレーションズ（PR）という言葉も，1923年にバーネイズがPRに関する最初の書物『世論の結晶化』（*Crystallizing Public Opinion*）を著す前年，自らの職業を，「PRカウンセル」と表現した頃から一般化してきたようである。彼は「PRカウンセルはもしクライアントの政策が公益に反する場合，クライアントの政策を公益に適合するように変えさせなければならない」と述べている（R・テドロウ，前掲書）。

第１次大戦中に開発されたパブリック・リレーションズの技術——それは世論の操作という側面に偏っていたかもしれないが——，が第１次大戦後のアメリカの大衆消費社会の出現を作り出した要因の１つであることは間違いない。

第１次大戦後のアメリカの繁栄はそれほど長く続かなかった。1929年，アメリカを大恐慌が襲った。当時の人口約１億2,000万人の10％以上といわれる失業者が生まれ，彼らの怨嗟は当然のことながら，産業界に向かう。この社会的批判にどう対するかが産業界の課題であったが，さらにもう１つ，1933年に就任したフランクリン・ルーズヴェルト大統領がこの経済危機を打開するためにとったいわゆる「ニューディール政策」に反対するための世論獲得のための戦いがそれに加わったのである。

「ニューディール政策」は，それまでの連邦政府の自由放任主義政策を捨

て，産業界への介入をする政策をとることであったが，産業界は全国製造業者協会などの産業団体を中心にこの政策に反対する世論を作り出すために，伝統的なロビー活動に加えて，アイヴィー・リー＆T・J・ロス社，カール・バイヤー＆アソシエイツ社，ヒル＆ノールトン社などのPR会社（リーはすでに亡くなっていた。またヒル＆ノールトン社は今日でも世界的なPR会社として活動している）に依頼し，民意の獲得を試みる。

しかし連邦政府もまたPR活動には力をそそいだ。「1920年代を通じて，行政部はどんどん自らのパブリシティ組織を開発し，1930年代にはそれら諸機関の職員数や予算額それに専門的技術を急速に増強した」。ルーズヴェルト自身も卓越した広報センスを持っていたといわれている。その一例が彼自身によるラジオ出演である。1933年3月に第32代大統領に就任したルーズヴェルトは就任8日後，「炉辺談話（Fireside Chat）」と題する，今日でいえばトーク番組に出演した。ラジオは1929年にすでにアメリカの全世帯の35％に達し，急速に普及しつつあったニュー・メディアであった。

彼の談話の草稿は，政策アドバイザーによって入念に作られ，劇作家ロバート・シャーウッドによってみがきがかけられていたが，ルーズヴェルトの率直な，家でくつろいで隣人に語りかけるような話しぶりがラジオの聞き手たちに多くの大統領ファンをつくり出したといわれている。この「炉辺談話」は彼の任期中31回放送されたが，広報の1つのスタイルを作り出したといってよい。ほとんど同じ時期，ドイツでは，ヒトラーが同じラジオに向かって，ルーズヴェルトとはまったく正反対のスタイルで毎日のように獅子吼し，聞き手を熱狂させていた（佐藤卓巳，前掲書）。ここにまったく相反する2つのプロパガンダの，説得の，あるいは広報の方法が現れている。またルーズヴェルトは，報道担当秘書官を正式に任命した初めての大統領であり，毎週2回の定例記者会見は欠かさなかったという。既製のメディアとともに，当時のニュー・メディアも十分視野にいれていた点，確かに卓越した広報センスを感じとれる。

一方，大恐慌で威信を失墜し，企業の自由に制限を加えるニューディール政策と，激しさを増す労働運動にたいして，経営者側も全国製造者協会（NAM）を中心にPR戦争に応じることになる。しかし，経営者側のPR戦

略もかなり変化し，例えばNAMは，「その見解の単なる表明よりも，むしろ他の人々の意見を聞こうとする感受性の増大であった」（R・S・テドロウ，前掲書）というように，広聴の重要性を認識し，世論調査によって人々の意見を聞き取ろうとしたのであった。

こうした中で，第2次世界大戦に入って行く。第1次大戦の時もそうであったが，戦争の時期にプロパガンダ，説得，世論調査といったコミュニケーション分野の研究が進歩している。例えば，ハロルド・ラスウェルのプロパガンダの研究，ポール・ラザースフェルドの「コミュニケーション効果の研究」，1940年の大統領選挙の時に行った調査から得た「コミュニケーションの2段階の流れ」仮説などはその一例である。また，第2次大戦下のアメリカ，ドイツ，日本，ソ連その他の国々におけるホワイト・プロパガンダ，ブラック・プロパガンダの戦いもすさまじいものであったが，それは戦後の米ソ対立の時代にそのまま引き継がれていく。戦時中のプロパガンダを担当したOWI（Office of War Information）は，より多くのPRのスタッフを擁したUSIA（U.S. Information Agency）に変わり，冷戦下の国家的なPR，プロパガンダを担当した。また国際化の進展の中で当然PRの国際化も進み，1955年には国際PR協会（IPRA）が誕生した。

（5） テレビの時代

ヨーロッパ，日本も含めたアジア，アメリカを除く世界のほとんどの国々が第2次大戦で疲弊しきった中で，アメリカの生産設備は無傷で，軍事に向けられていた生産力が民生に向けられた。消費革命が1950年代に始まったのである。それまで蓄積されてきたパブリック・リレーションズ，プロパガンダやその他のコミュニケーション研究は大衆消費革命の推進のための武器として使われるようになった。

アメリカにおけるテレビの本放送は1941年に始まる。戦時の凍結，戦後もトルーマン政権による放送局新設の5年間凍結などもあり，1949年の全米のテレビ普及台数は108万台強，そのうち45万台がニューヨークに，残りはワシントン，ボストン，シカゴ，ロサンゼルスなどの諸都市に集中していた。しかし51年秋に同軸ケーブルによる全国ネットが始まると急速に広がり，

「人気番組が放映されている時間帯は，コマーシャルが始まると，あたかもそれが合図のように放映地域のトイレの水が一斉に流され，書籍の売上げが落ちたと報じられ，図書館は利用率の低落を嘆いた」（D・ハルバースタム，1993年）。そして受信機台数は1952年末には1,900万台に達した。

　1952年のアメリカ大統領選挙はテレビ選挙，イメージ選挙のスタートの年であった。第2次世界大戦中，欧州連合軍最高司令官として，ナチスドイツを破った英雄，ドワイト・アイゼンハワーが共和党から立候補して，政権党である民主党のアドレー・スチーブンソンを破って大統領に就いたが，アイゼンハワーの選挙の総合テーマを練り上げたのは，全米第3位の広告会社BBD＆Oであり，テレビCMの制作に当たったのは，当時のアメリカの広告界ではその名を知らぬものはないといわれたテッド・ベイツ・エージェンシーのクリエイティブ部門を率いるロッサー・リーブスであった（D・ハルバースタム，前掲書）。「1952年に"はじめて"候補者が"商品"となり，政治運動が"売上げを増進する仕事"となり，選挙民は"市場"になった（V・パッカード，1957年）。

　上に引用したV・パッカードの『かくれた説得者』は1957年に発行され，当時のマーケティング戦略，とくに人間の深層心理に働きかけて消費させる戦略を暴き出しベストセラーとなった。訳者の林周二によると「かくれた」という言葉は，人間の心の奥底に「かくれた」部分を，「かくれた」ところにいるマーケター＝説得者が刺激することを意味しているのである。パブリック・リレーションズは，アメリカの「大量生産＝大量販売」システムの一部に組み込まれ，マーケティングの別動隊であり，大衆操作の担い手とみられるようになった。

　そうした社会背景の中でパブリック・リレーションズを職業とする人は増大し，専門教育も充実してくる。統計によると，全米のPRの専門家は，1950年には1万9,000人だったが，60年に3万1,000人，70年に7万6,000人と増えていく（S・カトリップほか，前掲書）。ちなみに同書によれば，90年には16万2,000人，2000年には推定で19万7,000人となっている。また専門教育機関も急速に充実していった。1946年の調査では30の大学でPRのコースが提供されていたが，10年後のアメリカPR協会の調査では92に増え，14

の大学では専攻課程を持っていた。

1960年代後半のアメリカは大きく揺らいだ時代であった。ベトナム戦争の泥沼化，反戦運動，ケネディ暗殺，ウォーターゲイト事件などが相次ぎ，既成の権力・権威に対して若者を中心に反乱が起こった。そして弁護士ラルフ・ネーダーによる商品の安全性の告発など企業の行動への批判も相次ぎ，消費者運動も激しくなっていった。企業の社会的責任もさまざまな観点から論じられたのもこの頃である。例えば，1972年2月，ワシントンのホワイトハウスでは，ニクソン大統領の召集に応じて1,500人の企業人，労働組合代表，学者，政府関係者等が集まり，「1990年のビジネスを展望する」と題して会議が行われた。「企業の社会的責任」「技術と資源」「企業の人間的側面」「私企業制度の構造」「1990年の世界経済と企業」の5つのテーマで3日間の討議が行われたが，ホワイトハウスでこのような問題で1,500人もの人を集めて会議が開かれたのは初めてだったといわれた（ホワイトハウス産業社会会議編，1972年）。アメリカにとっても，きわめて深刻な社会問題と捉えていたのである。

このような動向は，数年を経ずして日本にそのまま移行したが，それ以降，アメリカの動きは日本の先行指標としてみてほとんど間違いがなくなったといえるだろう。

6．日本における広報の歴史

（1） 日露戦争で国際広報に目覚める

欧米より遅れて近代化への道を歩み始めた日本は列強に"追いつけ，追い越せ"が国家的目標であり，日本の存在を世界にどう認識させるかという意味で，国家広報が重要と考えられていた。日清，日露の両戦争に勝利した日本は，当然のことながら欧米先進国から警戒され，敵視されるが，アジアの小さな島国で，19世紀後半まで鎖国同然だった日本に広報の知恵などは生まれようにもなかった。ただ，アメリカのポーツマスで行われた日露戦争の講和にあたって，金子堅太郎伯爵は，時の米国大統領セオドア・ルーズベルトとハーバード大学で同級生だった縁に頼って，日本に有利になるよう個人的

な国際広報を展開したのである。

　第1次大戦では，日本はイギリス，フランス中心の連合軍側に立ち，漁夫の利を得たが，その時に日本の政府・軍部は，連合軍の勝利の背後には"宣伝戦"に優劣が存在したことに気付くのである。日本の場合，企業広報より国家・軍による国際広報が先導したと言えよう。

　1932（昭和7）年，外務省，陸軍省の関係者で「時局同志会」が作られ，内外へのプロパガンダの中心となり，36年，正式の政府機関「内閣情報委員会」に，37年「内閣情報部」，40年「内閣情報局」と改組，昇格していく。また37年，「国民精神総動員中央連盟」結成，大本営陸・海軍部報道部設置，40年「大政翼賛会」誕生と，国家総動員体制ができあがっていく。40年1月に生まれた「報道技術研究会」（略称，報研）は，戦時体制下の国策プロパガンダを請け負うための専門家，学者の集団であったが，「戦後，広告，宣伝，広報，世論調査，市場調査の各分野にわたり，高い水準の活動が展開された背景に『報研』や『大政翼賛会』のメンバーの知識，能力，人脈があったことに注目したい」（小宮山恵三郎，2000年）とあるように，広義の広報についての理論，実務は戦時期にかなり進められた。

　日本の企業では，日露戦争の勝利によって獲得した南満州鉄道㈱（満鉄）がもっとも早く広報の重要性に気付き，「弘報係」を設置したのは1923（大正12）年であった。1905年9月，日露戦争の講和条約が結ばれ，それによって日本はロシアが経営していた満州（現在の中国東北部）東清鉄道の長春から南端の旅順まで南半分の路線と撫順などの経営権を譲渡されて誕生した鉄道である。

　アジアの小国がロシアを破り，満州に進出してきたことは，欧米諸国も注目していたし，満鉄は国際的にその存在の正当性を認めさせるためにも，異民族をたくみに支配していくためにも，情報に敏感であり，同時に宣伝・広（弘）報活動を重視せざるをえなかったのであろう。そして調査部弘報係，総裁室弘報課等々，名称は変わっていたが，終始トップに近いところに位置していたようである。

　弘報を指導したのは，元陸軍中将の高柳保太郎であり，高柳は1918年のシベリア出兵の時，軍隊内に「弘報班」を設け，現地で宣撫活動をしていた。

その後陸軍をやめ、満鉄に顧問として入って「弘報係」をつくり、指導したのである。

1932年、日本の傀儡国家・満州国が誕生し、翌年、満州国国務院に弘報処が設置されると、満鉄を中心に弘法処、満州弘報協会、満州日日新聞、満州国通信社、満州調査機関連合会、満州映画協会、満州観光協会、満州電信電話会社（有料ラジオ放送を行った）などが連絡を取りながら、1945年の敗戦まで活動を続けた。このようにかなり広範囲な広報活動が存在したのは、1922年に満鉄はニューヨーク事務所を開設し、「一流の広告会社と手をつないでいた」といった記述も見られることから類推するに、「クリール委員会」の成果などは十分知りえたのではないかと考えられる。

第2次大戦後、電通では満州からの引揚者を入社させたが、これらの経験を学びとることにその狙いがあったと思われる。

今日の企業広報活動のうち、戦前に萌芽を持つものもかなり存在する。PR誌、社内報、あるいは社会貢献活動などである。PR誌については、1897（明治30）年に創刊された丸善の『学鐙』が日本最初といわれているが、2年後の1899年に三井呉服店（のちの三越）が発行した『花ごろも』の方が、今日でいうPR誌に近いようにも感じられる（山口昌男，1995）。

社内報は、鐘紡の武藤山治が1903年に兵庫工場の女子工員向けに『兵庫の汽笛』を刊行、これが好評だったので、翌1904年、全社に向けた『鐘紡の汽笛』が最初といわれている。

社会貢献活動については、明治の末期から大正にかけて、企業家による社会貢献活動がかなり多く行われた。これらは企業によるというより、開明的な企業家個人によるものであった。代表的な企業家として、渋沢栄一、安田善次郎、森村市左衛門、大原孫三郎、大倉喜八郎などの名前が挙げられる。それぞれ、教育機関、医学研究機関の設立など、かなり幅の広い社会貢献活動を行っている。たとえば大原孫三郎は倉敷紡績の2代目経営者だが、孤児院への援助、倉敷図書館、倉敷中央病院、大原美術館などの開設のほか、大原社会問題研究所、倉敷労働科学研究所の設立といった、当時の資本家とは考えられない懐の深さを感じさせる。上に挙げた人々に加えて、原田二郎、根津嘉一郎などはそれぞれ大学など教育機関の設立に力を注いでいる。

1934年，三井合名会社が3,000万円を寄付し，助成財団三井報恩会を設立したが，この額は今日の貨幣価値に換算すると戦前，戦後を通じ最大の規模といわれている。30，31年，財閥批判が高まってきていて，32年3月，三井合名の理事長団琢磨が血盟団に暗殺されるという事件があり，さらに5月に「5・15事件」が起こるという時代である。そこには社会からの批判に対処し，三井を防衛する意味が込められていたのである。

（2）　戦後のパブリック・リレーションズ導入

1945（昭和20）年8月15日，第2次世界大戦終結後，日本はアメリカ軍を中心とする連合軍総司令部（GHQ）の占領下に入った。1947年に，GHQは日本政府，地方自治体に対してパブリック・リレーションズ（以下PRと略す）の導入を示唆したことが日本の広報の嚆矢とされている。占領軍がなぜ日本の行政機関にPRを導入させようとしたか，もちろんその正確な意図はわからない。「占領軍が占領政策をつつがなく遂行するために，日本国民と行政機関との意思の疎通をよくし，不理解に基づく政治的トラブルを回避しようとする意図からでたものであった。具体的には，世論を知るための広聴活動と行政施策を周知徹底させるための広報活動とがもとめられていく。占領軍の意向もその中に上手く入れ込み，巧みなる日本国民操作を図ってゆくことができる」（澁谷重光，前掲書）という意見もあれば，「GHQはPROを十分に機能させることによって，わが国のすみずみにまで世論に基づく政治と行政をつくり上げることを狙ったのである。当時の占領政策は，まだわが国の民主化一本に絞られていた」（小倉重男，前掲書）という意見があるが，この時期におけるアメリカの意図は後者に近いようにも感じる。具体的には1949年にGHQの民間情報教育局（CIE）は，PRについての講習会を開き，その講師はCIEのスタッフが，各セッションの司会は中央官庁の広報課長が務めた。その中には，小沢辰男（厚生省），村上茂利（労働省），山川菊栄（労働省婦人少年局），古垣鉄郎（NHK）などの名がみえる。この講習会の内容は2年後の1951年，電通から『広報の原理と実際』の書名で出版されている。

PR部門を作るように示唆（現実には命令と同じだった）された都道府県

は，このPRという言葉をどう訳すかに苦慮したようで，1949年末の各都道府県では，広報課（室，班）としたところ（25），報道課（室）としたところ（3），公聴課その他（2）であったという。苦心のあとが感じられるが，この時，PRを「広報」と訳したことが，のちのちまでPRと広報の意味が同じなのか，異なるのか，混乱を招いたもとともいえよう。官公庁における広報は，日本の独立以降は衰退を示すが，1963年に（社）日本広報協会が設立されたころから，再び光りが当たり始めるのである。

（3） 民間企業への導入

　民間企業へのPRの導入には大きく分けて3つのルートが存在した。1つは電通，1つは証券業界，そして日経連である。

　まず電通であるが，なぜ導入に力を入れたのかは明確ではないが，さまざまな資料から推測すると，吉田秀雄（1947年社長就任）がそれまでの広告界のあり方に強い批判を持ち，いわば近代化を図ろうと考えていたときに，PRに出会ったのであろう。その出会いとは，機を見るに敏な吉田がGHQに接近し，その間，PRに触れて，これをバックボーンとしようとしたのではないか。電通の資料では，GHQ民政局のケーディス次長のところでPRに関する本を見て，それを借りてきて，電通内部で輪読会を開いたという。

　そのバックボーンとは何か。電通の中にあって吉田のブレーン的存在の，当時外国部長の田中寛次郎が，1949年夏の電通の講習会で次のように述べているが，これが吉田の求めていたものではなかったか。

　「すべての企業体は，一般社会の認容がなければ存立し得ない。すなわち一般社会がその企業が存在することが望ましいと考える時，その企業ははじめて存在し得る。企業が社会の認容を得るためには，社会の利益福祉の線に沿って経営されなければならない。これが根本の問題である。しかしそのように経営されていることは，企業体自身が社会一般に知らせなければ分からない。そこで第2の問題として，知らせるという仕事が必要である。根本の問題と第2の問題が実行されて，はじめてその企業体は社会の認容を得，存在が可能となる。この全過程がPRであるというのである」（日本PR懇談会『わが国PR活動の歩み』1980年）。

第2の流れは証券業界である。当時のスローガンは証券民主化，大衆化で，その中心にいたのが野村証券社長の奥村綱雄だったが，彼も1950年に新聞紙上で「近代の企業は，公共の福祉に反するものは，その存在を拒否される。PR運動の趣旨は企業自体が自らを公衆に知ってもらい，その好意によって自らも発展しようとする運動である」と述べている。また1950年に業界団体の日本証券投資協会から月刊誌『パブリック・リレーションズ』を創刊し，PRのPRを行っているが，その「発刊のことば」では次のように述べている。(この「発刊のことば」に筆者の記名はないが，日本証券投資協会理事長の飯田清三といわれている)。

　「われわれはパブリック・リレーションズの実践を通じて，次のような効果が生まれることを確信する。その1つは，これによってわれわれの民主化が推進されることである。(中略) その2は，これによって資本主義経済のよさが洗練され，効率化されることである。パブリック・リレーションズは，いわば自由主義のチャンピオンが身につけている技術であって，これによって資本主義経済が洗練され，効率化されることは今日のアメリカ経済の飛躍的な発展がこれを立証している」。

　このように並べてみると，その論旨が同じであることに気づく。パブリック・リレーションズという言葉は滔々と日本に入ってきた「民主主義」という言葉とほとんど同じような意味を持っていた，いわば経済の民主化のための理論と捉えられたといえるのではないか (猪狩誠也編，1998年)。

　第3の流れは，やや遅れて1953年に日経連の中に生まれたPR研究会である。日経連は1949年，当時激しかった労働組合運動への対抗のために設立された経営者団体である。日経連では51年，経営視察団をアメリカに派遣し，労使関係の調査をしてきた。その時に持ち帰ったのがパブリック・リレーションズであり，ヒューマン・リレーションズであった。日経連が提唱したのは社内報であり，提案制度，態度調査といった諸制度であった。簡単にいえば，社員を労働組合に取り込まれず，企業側に引き付けておくための方策であった。

　1951年頃にはPRに関する啓蒙書が10冊以上出版され，また，51年，上智大学に，翌52年に明治大学にPRに関する講座が開設されるなどきわめて盛

んになるが，この時期を頂点にして急速に関心が低下していったように見受けられる。

　その理由は，PRの理論を具体化する，インパクトのあるツールがなかったことであろう。当時の『電通報』の記事を見ると，具体例として，ライオン油脂の工場開放，PRカー，野村証券等の株式PR，塩野義製薬のPR映画，あるいは森永製菓，昭和電工などから「立派な親切な決算報告書」が刊行された，といった今日からみればとりたてていうことのない事柄が紹介されている。また最重要なツールであるパブリシティについていえば，新聞，雑誌とも当時の紙不足から頁数が少なく，民間企業の記事などよほどのことでないかぎり掲載されなかった。例えば朝日新聞の場合，1950年11月にようやく朝刊を週4日4頁建て（3日は2頁）にしている。また，当時の新聞記者には戦前の言論の敗北の記憶がなまなましく残っていて，企業のパブリシティへの抵抗感が強かったという面もあったといえる。パブリシティが本格化するのは，1951年のラジオ民間放送開始，53年のテレビ放送開始，56年の『週刊新潮』の創刊に始まる週刊誌ブームとマス・メディアの状況が大きく変わってからであり，経済の高度成長が始まる50年代後半からである。

（4）　パブリック・リレーションズからピーアールへ

　1950年，朝鮮戦争が勃発，日本に特需ブームが起こるが，同時にアメリカの経営管理技術が日本の企業に滔々と導入され始める。米ソの冷戦の開始とともに，アメリカの日本への態度が変化し，産業の振興に力を貸すようになったのである。49年から50年にかけて，GHQ民間通信局（CCS）による経営者講座をはじめ，MTP（管理者教育），TWI（監督者教育）など企業内教育システム，WF，MTM，QCといった生産合理化システムなどが次々に導入された。さらに1955年に設立された日本生産性本部はアメリカの援助による訪米使節団を次々に派遣した。55年から10年間で660チーム，延6,600人のビジネスマンが渡米し，世界最先端のマネジメントを学んできたのだが，それが経済大国への道を拓いた大きな要因であったことは間違いない。

　マーケティングが日本に入ってきたのもこの頃であった。すでに1920年代に大衆消費社会の前触れともいえる時代に入り，さらに第1次，第2次大戦

の間に，宣伝（プロパガンダ）の理論の深化と実践を経験してきたアメリカは，50年代には，大量生産に即した大量販売の技術——マーケティング——が確立していて，それが成長へのモティベーションが国全体に満ち満ちていた日本に流れ込んできたのが，1955（昭和30）年から60年頃だったのである。

1957年にアメリカでヴァンス・パッカードという評論家による『かくれた説得者』という本がベストセラーとなり，翌年邦訳されて日本でも話題となった。この本は人間の深層心理にまで働きかけて消費をさせる説得戦略を描いたものだが，50年代のアメリカはマーケティング，広告の全盛の時代であった。そしてパブリック・リレーションズはマーケティングの1つの分野とみなされた時期だったのである。そして，それがそのまま日本に導入されたのだった。第1期のPRが理念としてのそれであったのに対し，高度成長の始まろうという時期のPRは，マーケティング技術の一分野であったといってよいだろう。

(5) マス・メディアの時代

1955（昭和30）年は世界的に戦後最大の経済繁栄をみせたが，とくに日本は好況にめぐまれ，有史以来という意味で「神武以来」という言葉が使われたほどであった。56年には『経済白書』に「もはや戦後ではない」という有名な言葉が使われたが，この頃が高度成長のテイク・オフの時期であった。56年頃から電気洗濯機，冷蔵庫，白黒テレビが「三種の神器」といわれて家庭に入っていったし，59年は「マイカー元年」といわれ，普通の家庭に自動車が入ることが夢ではなくなろうとしていた。日本もアメリカに続いて大衆消費社会に突入したのである。

高度成長の時代は同時にマス・メディアの時代であった。53年，NHKテレビ，日本テレビが開局，59年に契約者が100万を突破，1年後に200万と倍々の伸びを示し，10年後に普及率90％となる。メディアの世界でのもう1つの大きな変化は週刊誌の次々の創刊である。ここで，センセーショナリズムが日本に定着していく。新聞，テレビ，雑誌の三大メディアが大衆消費社会成立のバックアップをしていったのである。PRにおける手法のうち最も

重要なパブリシティの条件が出揃ったのだった。

　1955年頃から，アメリカから滔々と新しい経営技術が導入され始めたことはすでに述べたが，その中でもマーケティングは日本の企業にしみこむスピードが速かった。『マーケッティング』という書名の本が出たのは1953年といわれているが，この言葉が日本企業に浸透していくのは，経営学者ピーター・ドラッカーの『現代の経営』の翻訳が出版され，生産性本部のアメリカ「マーケティング」視察団の帰朝報告会が行われた56年頃であった。そしてPRはそのマーケティングの一部──消費者の説得技術として取り入れられていく。

　その頃から広報部門を設置する企業も次第に増えてきている。53年に日本航空に広報課が，55年に東京ガスの総務部に広報室が，56年，松下電器にPR本部がそれぞれ設置されている。またPR会社も49年にジャパンPR，57年に国際PR，58年に知性PRセンター，61年に電通PRセンターなどが設立されている。

　61年，上にもあげたヴァンス・パッカードが『かくれた説得者』に続いて，やはりアメリカの大衆消費社会の病弊を衝いた『浪費をつくり出す人々』の日本語訳が出版されたが，その中でパッカードが批判したマーケティング戦略──「もっと買わせる」「捨てさせる」「流行遅れにさせる」「混乱を起こさせる」戦略がそのままある日本のPR会社のモットーとされたことがあったが，この一事をもってしても，当時，日本でPRがどのように受け取られていたかが想像できるだろう。また，1950年代後半から60年代前半にかけてPR会社が次々に生まれている。

（6）　批判される企業

　1960年代の高度成長によって，1968年に日本は自由世界でアメリカに次ぐ第2位のGDP国家になっていた。当時アメリカを中心に未来学という新しい学問分野が脚光を浴びていたが，その第一人者ハーマン・カーンに『超大国日本の挑戦』において，21世紀は日本の時代などといわれ，日本でも坂本二郎，林雄二郎，黒川紀章といったさまざまな分野の人々が未来学に取り組んだ。当時の日本を象徴したのが，1970（昭和45）年に大阪千里丘陵で開催

された万国博覧会で，別名「未来博」とも呼ばれた。この万国博には日本の各企業グループは競って未来指向のイベントを展開したが，これを機にイベントが広報の重要なツールとして定着している。未来学にせよ万国博にせよ，当時の日本経済のいわば光の部分であり，その裏側には陰の部分があり，それがまもなく表面に表れてくるのである。それは公害問題であり，まさに高度成長の副産物だった。

　1956年，熊本県水俣の新日本窒素の工場での水俣病に始まり，65年の昭和電工による新潟県阿賀野川流域の第2水俣病，68年の三井金属鉱業神岡鉱業所のイタイイタイ病，四日市コンビナート地域におけるぜんそくの発生，東京各地での光化学スモッグの発生，サリドマイド系睡眠薬やキノホルムによる薬害，価格協定の疑いで公正取引委員会が大手家電メーカーを臨検などが相次いだ。また69年5月11日，『ニューヨーク・タイムス』が「トヨタ，日産は車の欠陥を公表せず，秘密に回収をしている」と報道，それが日本に直ちに紹介され，それが朝日新聞の欠陥車キャンペーンにつながっていく。

　ここで指摘しておかなければならないのは，世界的同時性ともいうべき現象である。今日ほどではないにせよ，海外で起こった事件は直ちに日本で報道され，類似の行動が日本でも起こるようになった。例えば消費者運動をみても，アメリカでは50年代からかなり強力であり，62年に出されたケネディ大統領の「消費者宣言」はその力を反映したものといえる。すでにこの時期，アメリカでは「大企業批判」の時代に入っていたのである。1960年代は世界的に"既成の権威・権力への反乱の時代"でもあった。企業の不祥事の続発が大衆の批判を呼び起こしたのか，既成の権力への反乱の世界的な流れが企業批判を生み出したのか，おそらくその両面が存在したのだろう。

　もう1点指摘しておかねばならないのは，マス・メディアの多様化である。19世紀末から20世紀初めのアメリカにおいて，企業のスキャンダルを新聞が競って取り上げたことがアメリカのパブリック・リレーションズの発展を促した要因の1つであることはすでに述べたが，この時期に日本で広報が注目され始めたのも，各メディアが公害，欠陥商品など企業不祥事とそれらに対する企業の対応のまずさを積極的に取り上げたことによるといえよう。

　1971年8月，いわゆるニクソン・ショックが起こり，1ドル＝360円の時

代は終焉，フロート制に入る。72年，田中角栄内閣が「日本列島改造論」を旗印に登場，金融の過剰流動性インフレと相俟って，各地で不動産をはじめ絵画，ゴルフ場会員権などへの投機が盛んに行われ，80年代末から90年代初めにかけてのバブル期と同じような現象が日本を蔽った。73年の1月1日の朝日新聞の社説には，次のように述べられている。

「企業が，資本の利己的な論理で動ける時代は過ぎた。……資本を動かすものの倫理と社会的責任が新しく見直されない限り，反企業の観念はいよいよ強まるだろうし，経済社会の危機も深まることは疑いない。要求されているのは社会的公正である」。

73年2月，3月頃には，新聞では連日のように，商社の大豆買占め，マグロの買占めといったニュースが報道され，4月には，通産省が6大商社と日本貿易会代表を呼び，「国民の利益に逆行した営業政策をとらないよう」自粛を要請した。

73年3月，経済同友会は「社会と企業の相互信頼の確立を求めて」と題する提言を発表し，その中で「企業は社会を構成する一員であるとの自覚に立って，社会との対話を積極的に展開し，相互の信頼関係の強化を図るため，社会的影響ある行為については進んで企業活動に関する情報を社会に提供していく」と述べ，社会との対話という企業広報の原点を明確にした。続いて日経連，経団連，日本商工会議所その他業界団体も社会的責任についてそれぞれ声明を発表している。

1973年10月，第4次中東戦争が勃発し，いわゆるオイル・ショックが日本を襲った。アラブ石油輸出国機構による原油輸出削減と価格の値上げは，石油が生命線の日本産業はもちろん，国民生活に大きな打撃を与えた。トイレットペーパー，洗剤の買いだめ買い急ぎから，市場から商品が姿を消し，消費者が商品を求めて右往左往するというパニックが起こったのも珍しい現象であった。マス・メディアはこぞって企業の悪徳商法とたたいた。今日考えれば必ずしも企業に責任があるとはいえないことも，企業をスケープゴートにしたともいえるかもしれない。

このオイル・ショックとその前後の企業批判が日本の企業に与えた影響は，かなり大きなものがあった。第1に，産業構造の転換——重厚長大産業

から軽薄短小産業への転換の成功である。それまでの石油に依存することの大きい重化学工業中心からエレクトロニクスなどの知識集約型産業，サービス産業中心の構造へ転換に成功した。そして，それを可能にした日本型マネジメントは世界から称賛され，経営者の中には，もはやアメリカに学ぶものなしと豪語したものもあった。しかし，それが過信であることに気づくにはそれから20年近い年月が必要であった。

　第2に，企業が社会を認識したことである。やや極端にいえば，それまでは企業にとって社会は市場としてしか認識されていなかった。人々は市民ではなく消費者としてしか認識されていなかった。それがこの経験の中で大きく変化した。上記した経済同友会の提言のように，社会との対話を通じて信頼関係を強化するためには情報を公開していくこと，つまり広報活動の重要性を認識したことは大きな変化だったといえよう。

　経団連は，1974年に総合対策委員会の中に企業の社会性部会を設置し，企業と社会の関係の研究を始め，その結果，「一般市民とコミュニケーションを行う体制を強化する必要がある」という結論を出し，それが，78年11月の（財）経済広報センターの設立という形で具体化された。

　74年12月，田中首相が金脈問題で退陣の後，76年2月にロッキード疑獄事件が起こり，12月の総選挙で自民党が大敗し，保守系無所属議員を追加公認してようやく過半数を占めるという結果になった。60年代後半から続いた企業批判，汚職事件，オイル・ショック後の不況と続く中で，自由主義経済の危機と捉えて，こうした考え方が生まれてきたともいえよう。

　企業にも広報部門を設置するところが急速に増えた。1970年7月に成城大学の加固三郎講師が大企業217社を対象に行った調査では，「独立したPR部門」は12.9％，「PR担当部門は総務部に所属」30.9％，「営業ないし宣伝広告部のマーケティング部門に所属」39.1％，「社長室ないし企画室に所属」14.7％であった。

　10年後の1980年2月の経済広報センター調査（上場企業272社対象）では，「広報部（室）として独立」と「総務部・社長室等に属し，広報担当者がいる」が同率で33.8％，3位は「総務部・社長室等に属し，広報課がある」21.7％，次いで「宣伝・広告関係の部署に属し，広報担当者がいる」6.6％，

「宣伝・広告関係の部署に属し，広報課がある」2.6％となっていて，10年間に広報部門が独立した企業が増えたこと，マーケティング系が減ったことがわかる。ちなみに，96年の経済広報センター調査では，広報部（室）として独立している企業は60％に近い。企業と社会のコンフリクトの中で誕生した広報部門だったが，その後，90年代に入りバブル崩壊の時期に再び脚光を浴びることになる。

（7） 摩擦の時代――高まる海外広報への関心

　80年代前半も不況は続いたが，日本の産業はその間にエレクトロニクスを主軸とする産業構造の変革を着々と進めていた。また，やはりオイルショックに打撃を受けたアメリカでガソリン消費量の大きいアメリカ車が敬遠され，日本の車に人気が集まってシェアが急速に高まった。1980年にはGM，フォード，クライスラーのビッグ・スリーは3社とも操業以来の赤字に，そして日本車の乗用車生産台数が世界一となった。すでに70年代後半から激しくなっていた半導体摩擦に続いてアメリカとの摩擦が経済界に重くのしかかってきた。日本政府と企業は輸出規制から現地生産へ，摩擦回避のために動くが，それまではあまり注目されなかった海外諸国へ向けた広報活動に少しずつ力が入れられるようになってきた。

　日本はアメリカに次ぐ経済大国としての存在感を世界から持たれるようになり，日本製品の評価も高くなったが，「顔の見えない日本人」という評価も同時に定着していった。製品の優秀さは世界に十分評価されたが，それを作る人間は，なにもしゃべらず，話しかけてもニコニコ笑うだけ，しかも製品は怒濤のごとく入ってきてアッという間にその国のシェアを奪っていくという行動は，欧米で経済摩擦だけでなく，日本人の集団行動，閉鎖性なども指摘され，文化摩擦を引き起こしていった。

　アメリカには，従来からコーポレート・シチズンという考え方があり，地域社会に融け込み，従業員も市民としてさまざまな社会活動を行っているが，日本の進出企業も積極的に取り組まなければ地域社会から受け入れられないことを認識し始めた。また経済団体や企業グループが，日本および日本人を理解してもらうためのさまざまな行動を起こすようになる。ほんのいく

つかの例を挙げると，三井グループでは，1983年から「クローズアップ・オブ・ジャパン」という日本文化を紹介するイベントをロンドン，ニューヨークなどで巡回開催した。

1964年，まだ日本の製品が"安かろう，悪かろう"というイメージが強い頃，ジェトロ（日本貿易振興会）のニューヨーク事務所長だった徳山二郎（のちに野村総研取締役ニューヨーク事務所長，代表取締役副社長）は，ニューヨークで万国博が開催された時，万博会場に約1,000人のニューヨーク近郊の高校の先生を招待，日本館を見てもらうという試みを行った。さらに翌年も1万人の先生を招き，日本の理解をしてもらって，彼らの教育に反映してもらうことを狙ったのである。徳山はのちに「このティーチャーズ・ナイトを全米各州で毎年7～8州ずつ繰り返していけば，10年後にはアメリカの若者にある対日観を変えるのに大変な効果を発揮するのではないかと説き，外務省も乗り気だったが，（中略）途中どこかで計画が立ち消えになってしまった」（徳山二郎，2000年）と述べている。

この徳山のアイデアは，日米の摩擦が激しくなった1980年から約15年ほど，経済広報センターがアメリカの社会科教師を日本に招待し，ありのままの日本をみてもらい，それを教育の中で生かしてもらおうという行動につながったのである。国際的な広報活動はこうした息の長い，地道な行動を積み重ねることが大切なのだが，なかなか持ちこたえられないのもまた事実である。

グローバル化，IT化が進み，地球環境問題も深刻化していく中で，今後，国際的な摩擦も多様化していくだろうが，政府，企業を含めてそれへの対応力はまだ弱いというべきであろう。国際的広報力の充実は最大の課題である。

（8） バブル経済と空白の10年

80年代の日本経済は，産業構造の高度化によってオイルショックを乗り切り，財政困難から停滞気味であった欧米諸国に比べ，好況を持続した。折から東西冷戦が終結し，経済活動の急速なグローバル化にも成功したかのように見えた日本経済は「日本型経済・経営システム」が賞賛され，経営者たち

はすっかり自信を深めてしまった。

　欧米諸国は日本に対し，輸入増加，内需拡大，規制緩和などを要求してきたし，それに対し中曽根内閣は土地・建設規制緩和，大規模公共事業の展開など不動産投資への優遇措置，証券取引法の改正や上場基準の緩和を行い，84年ごろから地価や株価が上昇してきた。そして85年のプラザ合意を受けて，86年4月，日本の内需拡大政策を提言する「前川レポート」が発表された。以後，政府の金融緩和政策も相まって，土地，株式だけでなく，美術品，さらに国内だけでなく，海外の土地，建物，企業，ゴルフ場まで投資の対象になっていったのである。89年には，政府・日銀は金融引き締めに転じて，不動産融資規制や総量規制を行ったが，バブルは鎮静しなかった。しかし，その間の金融機関のなりふり構わぬ貸付けは不良債権化し，株価，地価は下がってバブルは崩壊に至る。

　日本長期信用銀行，日本債券信用銀行，北海道拓殖銀行，山一証券，三洋証券等の消滅も含めた金融機関の大変動，イトマン事件や第一勧銀元会長の自殺などで明らかになったヤミ勢力との癒着，証券会社の損失補塡問題，大蔵官僚接待など政・官・業の癒着等々が一挙に明るみに出た。

　この時期，本業ではなく財テクで利益を出さない経営者は無能とまでいわれたこともあった。かつて「政治三流，経済一流」などと豪語し，日本経済をこれまでにしたのは経営者であるなどと自信を持っていた経済人たちは一皮むけば金儲けしかない人間と言われても仕方がない状況であった。日本型経営に自信を失った経営者たちはすべての面で米国型経営に追随し，事実，M＆Aによって米国のファンドに買収される日本企業も次第に増加していった。米国ファンドだけではない。2005年，小規模なIT産業ライブドアの社長堀江貴文が，フジテレビの大株主であるニッポン放送の株式35％を取得し，フジテレビの乗っ取りの挙に出た。これを機に，村上ファンドによる阪神電鉄の買収，王子製紙による北越製紙の買収など，成功はしなかったものの，これまでほとんど見られなかった日本企業同士の敵対的M＆Aが出現したのもこの時期である。それまでは財務，総務部門が主に担当していたインベスター・リレーションズ（IR）も広報の重要な業務となっていった。

　ただ経済界の動きをみると，これらの動きとまったく異なった側面がある

図表 7-1　企業広報活動の変換

時代	60年代 (高度成長期)	70年代 (企業批判期)	80年代 (多角化期)	90年代 (企業変革期)	00年代初頭 (企業創造期)
主要活動	マーケティング	マスコミ対応	活性化, CI イメージアップ 採用広報	CC (コーポレート・コミュニケーション)	情報開示 CSR イシュー・コミュニケーション
キーワード	消費革命 公害対策	社会的責任 モノから心へ	個性化, 多様化 企業イメージ メセナ, フィランソロピー	企業倫理, 環境対策 企業価値, IR ボランティア	環境経営 サステナビリティ コミュニティケア 危機管理
主な広報対象	消費者	地域住民 消費者団体	生活者 社員	生活者, 社員 海外社員 株主・投資家	マルチステークホルダー NPO　NGO
重視メディア	マスコミ	マスコミ	イベント (冠イベント, 博覧会), クラス・メディア, 社内メディア	イベント メディア・ミックス インターネット	対話 デジタル放送 ネットワーク SNS, ブログ
広報資源	商品 技術	トップ	トップ 異能社員	企業文化 社会貢献活動 企業価値	トップ 専門社員 革新技術 企業情報システム
広報課題	商品の魅力の発信 会社の強みの表現	社会の意見の受信 会社の公正さの表現	会社の個性の発信 企業イメージの統合 社内広報の重視	企業文化の変革 企業価値の向上 環境対応の成果	パートナーシップ オンデマンド・レポーティング 環境・安全への貢献

ことがわかってくる。バブル崩壊の兆しが見え始めた1990年，経団連に「1%クラブ」が発足，「企業メセナ協議会」も誕生する。前者は，企業なら利益の1％を，個人なら所得の1％を公益・社会福祉に寄付をしようという団体であり，後者は文化活動支援の志ある企業の集まりである。そこに参加した企業はバブルに狂奔した企業とは異なる企業なのだろうか，それとも同じ企業の表と裏なのだろうか。

　翌91年，経団連は「企業行動憲章」と「地球環境憲章」を発表している。経団連はその年，平岩外四会長，盛田昭夫副会長などが率先して出席して，社会各層の人びとと語り合うフリートーク・フォーラム「改めて企業のあり

方を問う」を開催した。経団連幹部が出席して多様なステークホルダーとの話し合いを持ったのは画期的であった。

　また90年,91年,「企業文化部」(アサヒビール,資生堂),「社会貢献推進部」(富士ゼロックス,日本電気),企業市民室(オムロン),地球環境室(三菱商事)などを新設する企業が増えてきた。あるいはコーポレート・コミュニケーション本部をつくり,その下に広報部,社会貢献部,社会文化部などを置く企業も現れてきている。

　21世紀に入ると,CSR(Corporate Social Responsibility)という言葉が欧米でもかなり聞かれるようになり,かつて70年代初めに日本の経済界で唱えられた「企業の社会的責任」よりはるかに広範な概念で企業行動の監視システムとなってきている。ISOでもCSRの規格化を進めているように,グローバル経済の課題になっているのである。

　前頁の表は日本企業の広報活動の変遷を単純化したものであるが,これを見ても,広報機能が次第に広がり,かつ戦略的コミュニケーション活動へと移行してきたことが理解できよう。今後ますます経営スタッフとしてトップ支援機能が要求されてくることは間違いない。

(参考文献)
〈1～4〉
Czitrom, D.J., *Media and the American Mind*, University of North Carolina Press, 1982.
岩下壮一『アウグスチヌス神の国』岩波書店,1935年。
小川環樹『老子・荘子』中央公論社,1968年。
貝塚茂樹『孔子・孟子』中央公論社,1966年。
金谷治『諸子百家』中央公論社,1966年。
清水幾太郎『社会心理学』岩波書店,1951年。
清水・日高・南編『マス・コミュニケーション講座』全6巻,河出書房,1955年。
日高六郎・佐藤毅・稲葉三千男『マス・コミュニケーション入門』有斐閣,1967年。
アウグスチヌス著,山田晶訳『告白』中央公論社,1968年。

ウィリアムズ著，小池民男訳『文化とは』晶文社，1985年。
ウェーバー著，大塚久雄訳『プロテスタンティズムの倫理と資本主義の精神』岩波書店，1989年。
クーリィー著，大橋・菊池訳『社会組織論』青木書店，1974年。
ジンメル著，石川・鈴木訳『社会分化論』中央公論社，1968年。
ダルド著，稲葉三千男訳『世論と群衆』未来社，1964年。
クーリー著，納武律訳『社会と我―人間性と社会秩序』1921年。
デューイ著，松野安男訳『民主主義と教育』岩波書店，1959年。
ニューカム著，古畑和孝訳『社会心理学』岩波書店，1973年。
パーソンズ著，武田良三訳『社会構造とパーソナリティ』新泉社，1973年。
プラトン著，田中美知太郎訳『テアイテトス』岩波書店，1962年。
プラトン著，加来彰俊訳『ゴルギアス』岩波書店，1961年。
マルクス，エンゲルス著，古在由重訳『ドイツ・イデオロギー』岩波書店，1956年。
ミード著，稲葉三千男訳『精神・自我・社会』青木書店，1974年。
南博『マスコミュニケーション入門』光文社，1960年。
ロジャーズ著，安田寿明訳『コミュニケーションの科学』共立出版，1992年。

〈5～6〉

Cutrip, S.M., Center, A.H. & Broom, G.M. *Effective Public Relations*, 8th edition, 2000, Prentice Hall.

Ewen, S., *PR!, A History of Spin*, 1996, Basic Books. (平野秀秋他訳『PR! ―世論操作の社会史』法政大学出版会，2003年)

Halberstam, D., *The Fifties*, 1993, The Amateurs Limited. (金子宣子訳『ザ・フィフティーズ』新潮社，1997年)

Jowett, G.S. & O' Donnel, V., *Propaganda and Pursuation*, 1992, Saga Publications, Inc., (松尾光晏訳『大衆操作―宗教から戦争まで』ジャパン・タイムズ，1993年)

Newsom, D. & Scott, A., *This is PR : The Realities of Public Relations*, 3rd edition, 1981, Wadworth Publishing Company.

Packard, V., *The Hidden Pursuaders*, 1957, David Macay. (林周二訳『かくれた説得者』ダイヤモンド社，1958年)

Tedlow, R.S., *The Corporate Image : Public Relations and Business*, 1900-1950, 1979, LAL PRESS INC. (三浦恵次監訳『アメリカ企業イメージ』雄松堂出

版,1989年)

The White House Conference on the Industrial World Ahead, *A Look at Business in 1990,* 1972(経団連事務局訳『企業の責任と限界―1990年のビジネス』ダイヤモンド社,1974年)

猪狩誠也編『企業の発展と広報戦略―50年の歩みと展望』日経BP出版センター,1998年。

北野邦彦他「日本の広報・PR史の基礎的研究」(吉田秀雄記念事業財団助成研究論文),2008年。

小倉重男「PRオフィスと占領軍」日本PR懇談会編『わが国PR活動の歩み』1980年。

小宮山恵三郎「日本におけるパブリック・リレーションズの導入―前史」『GHQと広報』(日本広報学会占領期の広報研究会報告書),1999年。

佐藤卓己『現代メディア史』岩波書店,1998年。

渋谷重光『大衆操作の系譜』勁草書房,1991年。

徳山二郎『日米現代史に橋を懸ける』私家版,2000年。

難波功士『撃ちてし止まむ―太平洋戦争と広告の技術者たち』講談社,1998年。

山口昌男『「敗者」の精神史』岩波書店,1995年。

執筆者紹介

猪狩誠也（いかりせいや）（1933年生れ）――――――第2章2・3，第7章5・6
　　早稲田大学商学部卒
　　東京経済大学名誉教授
　　日本広報学会副会長
　　日本ＰＲ協会ＰＲ大賞第1回特別賞・教育部門賞受賞
　　主要編著『エディター的発想』『社会心理学読本』『企業広報とは』『経営と広報』『企業の発展と広報戦略』『広報・パブリックリレーションズ入門』など。

上野征洋（うえのゆきひろ）（1943年生れ）――――――第1章，第2章1，第5章1，第7章1～4
　　静岡文化芸術大学教授（副学長）
　　早稲田大学卒，東京大学新聞研究所研究本科修了
　　法政大学講師，コミニュケーション科学研究所専務を経て2000年より現職。
　　政府広報評価委員，科学技術会議専門委員，日本広報学会理事長などを歴任。
　　主要著作に『広報・コミュニケーション戦略』『企業文化論を学ぶ人のために』『企業の発展と広報戦略』『文化政策を学ぶ人のために』『市民力』など。

剣持　隆（けんもちたかし）（1945年生れ）――――――第4章，第5章2
　　早稲田大学商学部卒
　　現代広報研究所所長を経て，江戸川大学メディアコミュニケーション学部教授
　　日本広報学会理事
　　『経営と広報』（共著）日本経済新聞社，1993年。
　　『企業の発展と広報戦略』（共著）日経BP企画，1998年。
　　『コーポレート・コミュニケーション戦略』（共著）同友館，2002年。
　　『日本の広報・PR史の基礎的研究』（共著）吉田秀雄記念財団，2008年。

清水正道（しみずまさみち）（1948年生れ）――――――第3章，第6章
　　横浜国立大学経済学部卒。
　　淑徳大学国際コミュニケーション学部教授。
　　日本能率協会広報部長・主任研究員，参議院客員調査員等を経て2002年から現職。現在，日本広報学会及び環境プラニング学会理事。専門は広報戦略及び環境／CSRコミュニケーション。共著に『企業文化と広報』（日本経済新聞社），『広報・広告・プロパガンダ』（ミネルヴァ書房），『CSRマネジメント』（生産性出版），『CSRイニシアチブ』『やさしいCSRイニシアチブ』（日本規格協会），『環境経営学の扉』（文眞堂）などがある。

2008年8月10日　第1刷発行	
CC戦略の理論と実践	
——環境・CSR・共生——	
©著　者	猪　狩　誠　也
	上　野　征　洋
	剣　持　　　隆
	清　水　正　道
発行者	脇　坂　康　弘

発行所	株式会社 同友館	東京都文京区本郷6-16-2 郵便番号113-0033 TEL.03(3813)3966 FAX.03(3818)2774 http://www.doyukan.co.jp/

落丁・乱丁本はお取り替えいたします。　シナノ印刷／松村製本
ISBN978-4-496-04443-4　　　　　Printed in Japan